단단한 믿음

믿음이 흔들리는 이들에게

이인호 목사의
깊이 읽는 히브리서 복음

단단한 믿음

믿음이 흔들리는 이들에게

이인호 지음

익투스

차 례

PART

2 예수 그리스도의 대제사장 되심

PART

3 신자의 삶

그러므로 함께 하나님의 부르심을 받은
거룩한 형제들아 우리가 믿는 도리의 사도이시며
대제사장이신 예수를 깊이 생각하라
(히 3:1)

서론

믿음이 흔들리는 이들에게

히브리서는 누가, 언제, 누구에게 썼을까요?

히브리서를 쓴 사람은 사도들 이후 2세대 지도자였을 가능성이 높습니다. "이 구원은 처음에 주로 말씀하신 바요 들은 자들이 우리에게 확증한 바니"(히 2:3하)에 보면, 주님께서 하신 말씀을 들은 자가 사도들인데, 이 히브리서 말씀은 그들이 이 저자에게 "확증한" 것이라고 말합니다. 그러므로 저자는 사도가 아닙니다. 한때 바울이라는 말도 있었지만, 루터와 칼빈 모두 바울은 아니라고 합니다. 바나바도 많이 언급되곤 합니다. 그가 레위인이었기 때문에 히브리서에서 언급된 성전제도를 잘 알았을 것이라는 이유입니다. 또는 아볼로라고도 하고, 누가라고 하기도 합니다. 하지만 오리겐은 "하나님만 아신다"라고 하였습니다. 저는 그 말이 맞다고 생각합니다.

신앙생활을 처음 시작할 땐 뜨겁습니다. 그런데 10년, 20년, 30년 세월이 지나면 어떻게 될까요? 그때까지도 잘 믿는 것이 어렵습니다. 저자는 신앙이 흔들리는 위기의 때를 살고 있습니다. 아마도 예수님께서 부활 승천하시고 한 30여 년쯤 지난 후, 아직 유대 성전이 무너지지 않았을 때라고 보는 견해가 많습니다. A.D. 70년에 로마에 의해서 예루살렘이 함락되어 성전이 무너지고, 성전 제사가 그칩니다. 그런데 히브리서를 보면 아직 성전 제사가 드려지고 있는 것처럼 현재형으로 서술되고 있습니다. 무엇보다 히브리서의 중심 주제가 성전 제사를 그리스도께서 폐지하고 완성하셨다는 것인데, 이미 성전이 무너졌다면 그 증거로 예루살렘 함락 사건을 언급하지 않았을 리 없습니다. 그러므로 아마도 예루살렘 함락 이전인 A.D. 60년대 어디쯤에 히브리서가 기록되었을 것이라고 봅니다.

히브리서라고 했으니, 일단 수신자는 히브리인, 그중에서도 예수를 믿은 유대인이라는 견해가 많습니다. 유대 성전제도를 깊이 알고 체험적으로 유대교를 아는 그리스도인들에게 쓴 것이라는 것입니다. 또 수많은 구약을 인용하는 것으로 보아 저자는 구약의 배경지식이 아주 충분한 사람일 것으로 보는 것이 통설입니다.

히브리서를 왜 썼을까요?

히브리서를 기록한 이유는 예수님을 믿은 유대인 중에 복음에 대한 믿음이 흔들린 사람이 있었기 때문입니다. 그들에게 다시 유대교로 돌아가고 싶은 유혹이 닥쳤습니다. 유대 그리스도인들에게는 오랫동안 믿어온 유대교의 영향이 있습니다. 그들은 율법 중심, 제사장 중심의 생활에 익숙했습니다. 죄 사함을 받기 위해늘 성전에 가서 제사를 지냈습니다. 그런데 예수님을 믿고 난 후 그들은 그 문화에서 멀어졌습니다. 그러자 신앙이 흔들리고 의심이 찾아왔습니다. "예수님으로만 죄 사함을 받는 게 아닐 거야. 오랜 역사와 전통이 있는 저 성전을 중심으로 제사장들을 통해 피의 제사를 드릴 때 뭔가 하나님이 일하셨잖아." 그래서 그들에게 다시 율법 중심의 성전제도로 돌아가고 싶은 유혹, 즉 복음에 대한 의심이 생긴 것입니다. 왜 이런 배교의 유혹이 생겼을까요?

보이지 않는 예수님을 믿어야 하기 때문입니다.

기독교는 보이지 않는 예수님을 믿는 종교입니다. 그분이 다 이루시고 하늘에 올라가셨습니다. 예수님은 눈에 보이는 제도나 손으로 만질 만한 것을 이 땅에 남기지 않으셨습니다. 모두 영적이고 초월적이고 내면적입니다. 그러므로 유혹이나 핍박이 와서 성령의 은혜가 식고 믿음이 흔들리면 그들 손에 잡히는 실체가 없습니다.

반면에 유대교는 제도화되어 있습니다. 국가적인 종교입니다. 앞에는 웅장한 성전이 있고, 근엄한 제사장과 눈에 보이는 제물도 있으며, 수없이 많은 동물의 피를 뿌리면서 죄 사함을 선포합니다. 그들은 제도적으로 인정받고 있고, 제사장들은 권세를 가지고 존경을 받고 있습니다. 믿음이 살아 있을 때는 눈에 보이는 것이 그다지 중요하게 여겨지지 않습니다. 그러나 믿음이 식으면 눈에 보이는 것에 끌려갑니다. 얼마나 건물이 웅장한가, 얼마나 숫자가 많은가, 얼마나 규모가 대단한가, 얼마나 역사와 전통이 있는가, 이런 것을 따지기 시작합니다. 사람들이 얼마나 인정하는가, 여론이 어떤가에 흔들립니다.

우리는 지금 기독교가 전 세계적으로 대세인 시대에 살고 있습니다. 그래서 다른 모든 종교가 착하게 살고 자기 공로를 의지해야 구원받는다고 말해도, 오직 예수님을 믿음으로 구원받는다는 진리를 담대하게 외칩니다. 만약 우리가 소수라고 생각해 보십시오. 아무도 인정하지 않는 집단이라면 어떨까요? 의심이 생기기 쉽습니다. 세상에서 알아주는 교수, 철학자, 학자, 존경받는 종교인들이 기독교와 반대되는 진리를 말하면 흔들리기 쉽습니다. 더구나 예수님이 진정한 제물이자 제사요 대제사장이며, 성전은 모형이고 예수님이 완성하셨다는 설교를 들었는데, 여전히 성전은 멀쩡하고 제사장들은 존경받으며, 수많은 유대인이 늘 성전에 와서 제사를 지내며 죄 사함 받기 위해서 줄을 선다면, 과연 흔들리지 않을 수 있을까요? '정말 예수님만 믿어야 죄 사함을 받는 것일까? 나도 가서 제사를 드려야 하는 것은 아닐까? 저들은 저렇게 웅장하고 대단한데 과연 예수님이 정말 진리일까?' 이렇게 흔들릴 것입니다. 눈에 보이는 웅장하고 강력한 유혹이 있는데 보이지 않는 것을 붙들고 믿는 것은 정말 엄청난 싸움입니다.

저는 이 시대에 한 교회가 대형교회가 되는 것이 주의 뜻이 아니요, 분립개척 및 개척운동을 통해서 많은 교회가 함께 자라나

숲을 이루어 생태계를 회복하는 것이 하나님의 뜻이라는 확신을 가지고 복음적 분립개척운동 및 개척지원 사역을 하고 있습니다. 그런데 주변의 많은 교회들이 이러한 일에는 아랑곳하지 않고 오직 내 교회 키우기에 전념하고, 세상이 규모 있는 교회를 주목하며, 그러한 교회들이 더욱 열심히 그 길을 가는 것을 볼 때 제 생각이 흔들리곤 합니다. 정말 눈에 보이는 것이 영향력이 있다는 생각이 듭니다. 보이지 않는 것을 따라서 걸어가는 길은 믿음이 없이는 안 됩니다.

결국 유대인들의 눈에 보이는 성전과 제사 제도는 A.D. 70년에 무너졌습니다. 사실 눈에 보이는 것이 사라지는 것은 한순간입니다. 그리고 그리스도는 영원합니다. 하지만 그 시점에서 눈에 보이는 것은 큰 유혹입니다. 지금도 마찬가지입니다. 따라서 눈에 보이는 것으로만 판단하면 우리는 하나님의 영원한 가치를 좇을 수 없습니다. 이것이 우리에게 주어진 싸움입니다.

핍박으로 흔들렸기 때문입니다.

지금 히브리서 수신자들이 예수를 믿는다는 이유로 핍박을 받고 있습니다. “전날에 너희가 빛을 받은 후에 고난의 큰 싸움을 견디어 낸 것을 생각하라 혹은 비방과 환난으로써 사람에게 구경거리가 되고 혹은 이런 형편에 있는 자들과 사귀는 자가 되었으니 너희가 갇힌 자를 동정하고 너희 소유를 빼앗기는 것도 기쁘게 당한 것은 더 낫고 영구한 소유가 있는 줄 앎이라"(히 10:32-34).

초대교회는 박해와 핍박을 받았습니다. 반면에 성전과 제사는 유대 사회에서 견고한 권세를 가진 종교로 문화화되었습니다. 더 나아가 로마제국에서도 유대교를 공식적으로 인정해주어 유대교를 믿으면 어디 가나 안전했습니다.

하지만 기독교는 점점 핍박이 심해졌습니다. A.D. 70년대 중반으로 가면서 네로 황제를 비롯한 로마의 핍박이 거세져 사도들이 순교를 당하는 일이 일어났습니다. 환란의 터널을 통과하고 있습니다. 여기서 흔들립니다. '정말 하나님이 그리스도 안에서 우리를 자녀로 받으셨다면 왜 이 땅에서 보호해 주시지 않는가? 오히려 유대교가 보호받는 것을 보니 저들이 진정한 하나님의 백성이 아닌가?' 이런 의심이 들었습니다. 핍박에 대한 두려움으로 다시 예전으로 돌아가고자 하는 유혹이 몰려왔습니다. 교회가 미약하고 핍박이 휘몰아치던 그 시절에 '끝까지 예수님만 믿는 것'이 얼마나 어려운 과제였을까요? 그래서 많은 사람이 믿음을 버립니다. 예수님을 버리고, 복음을 버리고 돌아섰습니다.

예수님을 처음에 믿는 것도 어렵지만, 정말 어려운 일은 끝까지 믿는 것입니다. 예수님을 믿고 30년, 40년 지나신 분들, 지금도 여전히 예수님만이 나의 주인이시고, 내 모든 것 되시며, 내 생명, 내 소망이라고 고백합니까? 지금도 예수님만 생각하면 눈물이 나고, 주님만 사모합니까? 이것이 중요합니다. 그런데 많은 사람들이 시간이 지나, 교회에서 누가 눈물을 흘리고 감격해서 열심히 신앙생활 하는 것을 보면, "나도 옛날엔 다 그랬어"라고 하면서 "너만 예수 믿는 것처럼 그러지 마"라고 합니다. 예수님을 오래 믿으면 마치 이것이 정상인 것처럼 말합니다. 이제는 옛날처럼 예수님만 의지하지 않고 기도하지도 않은 채 자기 힘으로 잘살 수 있다고 여깁니다. 시간이 지나면 지날수록 예수님을 더 사랑하는 것이 믿음입니다. 믿음이 식어버려서 예수님에게서 졸업하면 예수님이 계시지 않은 지옥으로 가야 합니다.

메시지의 주제는 무엇일까요?

믿음에서 떨어지지 않게 하려는 경고입니다.

히브리서는 복음을 소홀히 여기고, 그들이 얻은 구원을 우습게 여기며 돌아서는 이들을 향해 아주 냉엄하게 경고합니다. 히브리서만큼 배교에 대한 경고가 가득한 성경도 없습니다.

2장에 "우리가 이같이 큰 구원을 등한히 여기면 어찌 그 보응을 피하리요"(히 2:3)로부터 시작해서 3장도 아주 긴 부분을 경고에 할애합니다. 그중에 한 절만 보면 다음과 같습니다. "형제들아 너희는 삼가 혹 너희 중에 누가 믿지 아니하는 악한 마음을 품고 살아 계신 하나님에게서 떨어질까 조심할 것이요"(히 3:12). 4장도 경고로 시작합니다. "그러므로 우리는 두려워할지니 그의 안식에 들어갈 약속이 남아 있을지라도 너희 중에는 혹 이르지 못할 자가 있을까 함이라"(히 4:1). 5장은 그들이 단단한 식물을 먹지 못하는 어린 상태에 있음을 책망합니다. 6장에서는 본격적으로 배교한 사람은 다시 회개하지 못한다고 못 박습니다. "타락한 자들은 다시 새롭게 하여 회개하게 할 수 없나니"(히 6:6). 7, 8, 9, 10장 초반부까지 진리를 설명한 히브리서 기자는 결론적으로 다시 경고합니다. "우리가 진리를 아는 지식을 받은 후 짐짓 죄를 범한즉 다시 속죄하는 제사가 없고 오직 무서운 마음으로 심판을 기다리는 것과 대적하는 자를 태울 맹렬한 불만 있으리라"(히 10:26-27). 12장에서도 경고를 그치지 않습니다. "너희는 삼가 말씀하신 이를 거역하지 말라 땅에서 경고하신 이를 거역한 그들이 피하지 못하였거든 하물며 하늘로부터 경고하신 이를 배반하는 우리일까보냐"(히 12:25).

한마디로 히브리서는 그리스도가 주신 복음의 말씀을 떠나면 영원한 심판밖에 없다는 경고를 반복합니다.

왜 이렇게 엄중하게 경고하는 것일까요? 배신한 자들을 망하라고 저주하는 것일까요? 그런 차원이 아닙니다. 히브리서를 보면 그리스도로 말미암아 얻은 구원을 소홀히 여기는 것이 왜 중대한 범죄인지 나타납니다. 왜냐하면 예수님을 통해 전해 주신 구원의 말씀이 최종적인 하나님의 권위를 가진 최후의 계시이기 때문입니다. 복음은 완성된 계시입니다. 이것이 히브리서가 강조하는 내용입니다. 성경은 딱 한 가지를 이야기합니다. "사도들을 통해 우리에게 전해준 복음의 말씀을 떠나면, 이제 다른 길은 없다." 최종적 구원의 계시인 복음을 버리는 것이 그들의 운명에 아주 치명적이라는 것입니다. 히브리서는 이렇게 배교에 대해 강력하게 경고하면서 왜 복음이 소중한지, 왜 그리스도가 이룬 구원이 엄청난지 설명해 줍니다.

우리가 이 소망을 가지고 있는 것은
영혼의 닻 같아서 튼튼하고 견고하여
휘장 안에 들어 가나니
(히 6:19)

PART

1

예수 그리스도는 누구인가?

한마디로 히브리서는
그리스도가 주신 복음의
말씀을 떠나면 영원한
심판밖에 없다는 경고를
반복합니다.

1 장

왜 예수 그리스도인가?

: 예수, 영광스러운 하나님
(히 1:1-3)

CHAPTER 01

왜 예수 그리스도인가?

: 예수, 영광스러운 하나님 (히 1:1-3)

복음의 최종 권위를 선포하다

"옛적에 선지자들을 통하여 여러 부분과 여러 모양으로 우리 조상들에게 말씀하신 하나님이 이 모든 날 마지막에는 아들을 통하여 우리에게 말씀하셨으니 이 아들을 만유의 상속자로 세우시고 또 그로 말미암아 모든 세계를 지으셨느니라"(히 1:1-2).

히브리서는 인사말도, 소개도 없이 단도직입적으로 복음의 최종적인 권위를 선포하면서 서두를 엽니다. 히브리서 1장 1, 2절은 서로 대조하며 비교하는 구절입니다.

시대의 대조: 옛적 VS 마지막

먼저 '옛적'과 '이 모든 날 마지막'을 시대적으로 대조합니다. '옛적'은 단지 오래전을 의미하는 것이 아닙니다. '옛적'과 대조하려면 '지금'이나 '현재'라고 해야 합니다. 그러나 여기서는 '이 모든 날 마지막에는'이라고 합니다. '마지막 날'이란 말세입니다. 성경은 시대를 '옛날'과 '마지막 날'로 나눕니다. 마지막 날은 예수님이 이 땅에 오심으로써 시작되었습니다. 즉 예수님이 십자가에서 죽으시고 부활하시고 승천하셔서 온 땅의 권세를 잡으셨습니다. 주권자가 되셨고, 하나님 나라가 시작되었습니다. 그리고 이 땅에 당신의 백성들인 교회가 번성해가기 시작합니다. 이제 역사는 최종적으로 새 하늘과 새 땅이 도래하면서 거대한 하나님의 백성들이 나타나는 그 나라를 향해 흘러가고 있습니다. 하나님 나라가 시작된 순간부터 세상 나라는 종말을 향해 가고 있습니다. 성경은 예수님이 오셔서 하나님 나라가 시작된 그 순간부터 세상 역사를 '말세'라고 이야기합니다.

그래서 성경이 구분하는 시대는 두 가지입니다. 바로 예수님이 오시기 전 '옛날'과 예수님이 오신 이후 '말세'입니다. A.D.와 B.C.는 단지 역사의 기원전, 기원후가 아니라 영적으로 보았을 때 과거와 말세입니다. '옛적'은 말세에 해당되지 않는 구약시대로 아직 그리스도가 오시지 않은 모형의 시대, 그림자의 시대, 계시가 완성되지 않은 시대를 말합니다. '말세'는 그리스도 안에서 모든 것이 이루어진 하나님 나라가 도래하는 시대 그리고 세상은 종말을 향해 달려가는 시대입니다. 이것이 곧 구약과 신약의 구분이기도 합니다.

말씀하는 분의 대조: 선지자 VS 예수님

시대뿐만 아니라 말씀을 전하는 이도 대조합니다. 옛적에는 누구를 통해서 말씀하셨나요? 선지자입니다. 하나님께서는 조상들에게 여러 부분, 여러 모양으로 즉 천사, 꿈, 환상, 음성, 기적 등으로 말씀하셨습니다. 그런데 마지막 날에는 아들, 예수님을 통해서 말씀하셨다는 것입니다. 예수님이 오시기 전 옛날은 모형의 시대입니다. 계시가 부분적이고 희미했습니다. 그런데 예수님이 오심으로 하나님 나라가 시작되었습니다. 이 땅이 종말을 향해 달려가고 있는 지금은 계시가 완성된 시대입니다. 이제 그림자가 아니라 실체가 왔습니다. 히브리서 1장 2절에는 "이 모든 날 마지막에는 아들을 통하여 우리에게 말씀하셨으니"라고 기록하고 있습니다. 이렇게 아들을 선지자와 대조합니다.

한 나라의 대통령이 취임하면 주변 나라에 칙사를 보냅니다. 그때 누가 가는지가 중요한 의미를 지닙니다. 특별히 어떤 메시지를 전할 때 일개 외교관이 가져가는가, 아니면 대통령의 최측근 실세가 가는가에 따라 그 메시지의 무게와 권위가 달라집니다. 하나님의 말씀도 선지자를 보내셔서 하시는 것과 아들을 보내셔서 하시는 것은 그 무게가 다릅니다. 구약에서 하나님이 천사도 보내고 기적도 행하며 전하셨다 해도, 결국 선지자를 통해서 하신 말씀입니다. 그런데 마지막 날에는 하나님이 당신의 아들을 직접 이 땅에 보내셔서 말씀하셨습니다. 2절에 보면 아들을 통해서

'말씀하신다'가 아니라 '말씀하셨다'고 합니다. 즉 권위를 말하는 것입니다.

포도원 주인이 농부들에게 종을 보냈더니 때리고 죽이기에 아들을 보내면 말을 들으리라 생각해서 아들을 보냅니다. '최후통첩'이란 의미입니다. 마찬가지로 하나님이 아들을 통해 말씀하셨다는 것은 최종적인 말씀이라는 것입니다. 하나님이 당신의 독생자를 보낸다는 것은 이제 더 보내지 않는다는 의미입니다. 이 이상의 계시는 없다는 선언입니다. 그것이 아들을 보낸다는 의미입니다.

지금 이 편지의 수신자들은 그리스도의 십자가 복음을 의심하고 있습니다. 그래서 구원의 복음의 권위를 말해 주는 것입니다. "너희가 의심하고 소홀히 여기는 그 복음은 마지막 날에 아들을 통해서 하나님이 말씀하신 최종적인 구원의 계시다. 다른 복음은 없다. 어떤 천사도 어떤 사람도 그 이후에 하나님이 다른 이야기를 하라고 보내지 않으신다." 최후통첩의 말씀이자 생명을 구원하는 유일한 말씀이라는 것입니다. 이 말씀을 듣지 않으면 더 이상 다른 구원의 길은 없다는 것입니다. 이것을 소홀히 여기고 돌아서면 다시 회개할 방법이 없습니나. 복음에서 떠난 인생은 끝난 인생입니다. 이것이 바로 "아들을 통하여 말씀하셨다"라는 말의 의미입니다.

말씀하신 분이 누구신가?

히브리서 기자는 아들이 누구인지를 설명함으로써 복음의 무게를 더합니다. 우리에게 말씀하신 분이 얼마나 대단한 분인지를 깨달으면, 그 권위를 충분히 인지할 수 있기 때문입니다. 유대인들은 지금 하나님의 아들이 누구인지 잘 모르고 있습니다. "때가 오래되었으므로 너희가 마땅히 선생이 되었을 터인데 너희가 다시 하나님의 말씀의 초보에 대하여 누구에게서 가르침을 받아야 할 처지이니"(히 5:12)라는 말씀에서 보듯이 그들은 아직도 도의 초보에 머물고 있기 때문입니다. 그들은 예수님이 멜기세덱의 반차를 좇은 대제사장임을 잘 이해하지 못하고 있습니다. 그만큼 하나님의 아들인 예수님을 잘 모릅니다. 그저 십자가에서 죽으신 예수님, 부활, 심판, 세례, 회개 이런 것들만 알지, 더 깊은 구원의 지혜, 하나님의 아들이 누구인가에 대한 깊은 이해가 없습니다. 이것이 지금 히브리서 수신자들의 믿음이 흔들리는 이유입니다. 그 아들이 얼마나 영광스러운 분인지 모르기에 그분의 말씀을 함부로 여기고 그분이 주신 구원을 소홀히 여기는 것입니다.

우리는 예수님을 얼마나 압니까? 예수님이 내 인생의 구주이시고, 전부이고, 내 영혼의 운명을 좌우할 분이라고 말하면서 정작 그분에 대해 잘 모르지 않습니까? 예수님을 아는 지식이 너무나 얄팍하기 때문에, 복음을 말씀하신 그분을 아는 일에서 자라가지 않기 때문에 믿음이 흔들리는 것입니다. 그런 면에서 히브리서 전체는 예수님이 누구신지 우리에게 소개하며 깊은 통찰을 줍니다. 우리가 목숨처럼 여겨야 하는 복음을 전해 주신 하나님의 아들, 우리를 위해서 죽으시고 부활하셔서 구원자가 되신 그 아들은 과연 누구인가? 그것을 서론에서 선언하는 것입니다.

"이 아들을 만유의 상속자로 세우시고"

그 아들은 하나님께서 '만유의 상속자로 세우신 분'(히 1:2중)입니다. 포도원 주인이 포도원 농부들에게 아들을 보내자 그들이 뭐라고 합니까? "그는 상속자니 그를 죽이자. 그러면 이 포도원이 우리 소유가 될 것이다." 이처럼 아들은 하나님께서 모든 만물을 유업으로 물려주기로 작정하신 상속자입니다. 모든 만물을 아들의 손에 맡기고 아들을 통해서 다스리는 것이 하나님의 계획입니다. 우리도 이 세상에서 누가 다음 대통령이 될까, 하늘이 누구를 점지할까 궁금해합니다. 그러나 정말 중요한 것은 면면히 흐르는 이 세상 역사의 끝에 누가 만물의 주인으로 설 것인가 하는 것입니다.

"그 뜻의 비밀을 우리에게 알리신 것이요 그의 기뻐하심을 따라 그리스도 안에서 때가 찬 경륜을 위하여 예정하신 것이니"(엡 1:9). 에베소서에 보면 '때가 찬 경륜'이라는 말이 나옵니다. 때가 되면 하나님의 일, 경영이 나타난다는 말입니다. "하늘에 있는 것이나 땅에 있는 것이 다 그리스도 안에서 통일되게 하려 하심이라"(엡 1:10). 그리스도를 중심으로 모든 만물을 통일하는 때가 올 것입니다. 많은 지도자가 자신이 이 땅에 평화를 가져오겠다고 나서지만, 우리가 이 작은 대한민국 땅에서 40, 50, 60년 인생을 살면서 느끼는 것이 무엇입니까? 세상은 서로 싸우는데, 이 작은 나라마저도 동서남북을 하나로 만들 사람이 없다는 것입니다. 한 민족인 우리도 이러할진대 다른 민족은 또 어떻습니까? 남북 관계, 한일 관계, 미중 관계를 봐도 서로 바라보는 시각이 다릅니다. 어느 나라든 해결되지 않은 깊은 상처로 싸우는 일이 많이 있습니다. 빈부 격차, 인종 차별 등 온갖 다툼이 가득한 이 세상을 누가 와서 하나님의 계획대로 다스릴 수 있겠습니까? 이런 세상을 통일시킬 분이 누구인가요? 제각각의 죄인들을 변화시켜 온전히 평화하며 사자와 어린 양이 하나 되게 만들 분은 누구인가요? 그분이 바로 예수님이십니다.

하나님의 궁극적인 계획은 예수님뿐입니다. 때가 되면 나타날 하나님의 경륜, 곧 예수님을 만물의 상속자로 삼는 것이 하나님의 큰 그림이며 예정입니다. 이분이 이 역사의 주인이며, 하나님의 모든 전권을 이어받은 아들입니다. 그 아들을 통해서 말씀하신 것이 바로 '복음'입니다. 그러므로 이 복음이 얼마나 권위 있는 말씀입니까?

"또 그로 말미암아 모든 세계를 지으셨느니라"

하나님께서는 또한 그 아들을 통해서 모든 세계를 창조하셨습니다(히 1:2하). "만물이 그에게서 창조되되 하늘과 땅에서 보이는 것들과 보이지 않는 것들과 혹은 왕권들이나 주권들이나 통치자들이나 권세들이나 만물이 다 그로 말미암고 그를 위하여 창조되었고 또한 그가 만물보다 먼저 계시고 만물이 그 안에 함께 섰느니라"(골 1:16-17).

요한복음에서는 바로 그 성자 하나님이 태초에 말씀으로 계셨음을 선언하고 있습니다. "태초에 말씀이 계시니라 이 말씀이 하나님과 함께 계셨으니 이 말씀은 곧 하나님이시니라 그가 태초에 하나님과 함께 계셨고 만물이 그로 말미암아 지은 바 되었으니 지은 것이 하나도 그가 없이는 된 것이 없느니라"(요 1:1-3). 결국 우리의 구원자이신 예수님은 당신의 놀라운 지혜의 말씀으로 인간과 천사와 모든 피조물을 만드시고, 천지 만물을 창조하셨습니다.

이것이 왜 중요합니까? 말씀으로 세상을 창조하신 예수님이 말씀으로 어찌 피조 세계를 향한 구원을 이루시지 못하겠습니까? 복음은 우리를 단지 고치는 것이 아니라 새로운 생명으로 재창조합니다. 새 하늘과 새 땅도 창조하는 사역입니다. 이런 엄청난 구원을 누가 할 수 있다고 생각합니까? 어떤 성인이나 천사 같은 신령한 존재가 할 수 있을까요? 아니면 어떤 이단의 교주가 할 수 있을까요? 천만의 말씀입니다. 원래 이 세상을 지으신 창조자만

이 할 수 있습니다. 첫 창조자이신 예수님이 구원의 새 창조를 이루시는 분인 것은 당연합니다. 그 아들은 우리에게 놀라운 구원을 주시고 새 하늘과 새 땅을 통해 당신의 나라를 세워 가실, 바로 이 세상을 창조하신 하나님이십니다. 그래서 우리는 그 아들 예수님을 통해 오게 될 새 하늘과 새 땅을 기다리며 구원을 기다리는 것입니다.

아들을 통해 하나님의 영광을 비추시다

"이는 하나님의 영광의 광채시요 그 본체의 형상이시라 그의 능력의 말씀으로 만물을 붙드시며 죄를 정결하게 하는 일을 하시고 높은 곳에 계신 지극히 크신 이의 우편에 앉으셨느니라"(히 1:3).

"이는 하나님의 영광의 광채시요 그 본체의 형상이시라"

이 말씀은 존재론적으로 정말 기가 막힌 말씀입니다. '영광'은 눈에 보이지 않습니다. 그런데 예수님이 보이지 않는 하나님의 영광을 드러내는 빛이시라는 말입니다. 우리는 빛을 통해서 모든 사물을 봅니다. 하나님의 영광이 얼마나 아름다운지를 드러내는 광채가 예수님입니다. 예수님을 통해서 하나님이 얼마나 영광스럽고 아름다운 분인지 우리가 볼 수 있습니다. 예수님은 말씀으로 천지를 창조하셨습니다. 말씀은 '표현'입니다. 서로 이야기를 나누어보면 상대방이 어떤 사람인지 파악할 수 있습니다. 그와 같이 말씀이신 예수님이 천지를 창조하신 하나님의 표현입니다. 예수님은 당신의 구속사역으로 재창조라는 놀라운 사역을 이 땅에 보여주심으로써 하나님이 얼마나 놀랍고 영광스러운 분인지를 나타냅니다.

그리스도를 떠나서는 하나님의 영광의 광채를 지각할 수 없습니다. 그리스도가 없으면 어둠에 싸여 하나님에 대해 무지해집니다. 그분이 하나님을 아는 빛이요, 그분께 나아가는 구원의 빛이 되십니다. 예수님이 없으면 세상은 어둠일 뿐입니다.

또한 예수님은 보이지 않는 하나님의 '본체의 형상'입니다. 본체는 보이지 않는 하나님의 속성입니다. 그런데 그것을 눈에 보이도록 드러내는 형상이 곧 예수님이십니다. 바울은 "그는 보이지 아니하는 하나님의 형상"(골 1:15)이라고 말했습니다. 예수님을 통해서 우리는 하나님을 보며 하나님을 완전히 알 수 있습니다. 이 세상에 하나님을 완벽하게 보여줄 분은 오직 예수님뿐입니다. "나를 본 자는 아버지를 보았거늘 어찌하여 아버지를 보이라 하느냐"(요 14:9하). 예수님이 하나님의 영광의 광체요, 본체의 형상이시라는 것은 예수님이 하나님과 동등한 삼위일체의 하나님이시며, 하나님을 가장 완벽하게 계시해 주시는 분이라는 것입니다. 하나님이 그 아들을 통해서 말씀하신다는 것은 당신의 계시를 가장 완벽하게 전하신다는 의미입니다. 예수님의 말씀보다 더 완벽한 하나님의 말씀은 없습니다. 하나님은 이 아들을 통해서 가장 분명하고 명확하며 최종적 권위를 가진 자신의 구원계획을 이 세상에 나타내 보이셨습니다. 그것이 바로 신약의 말씀입니다.

"그의 능력의 말씀으로 만물을 붙드시며"

천지 만물을 창조하신 예수님이 '능력의 말씀으로 만물을 붙들고' 계시다는 말은 '만물의 보존, 보호, 운행'을 의미합니다. 이것은 두 가지로 이해할 수 있습니다.

첫째, 만물을 운행하는 자연과학 법칙도 역시 그리스도의 지혜의 말씀에서 나왔습니다. 그 법칙으로 세상을 붙드시는 분도 그리스도이십니다. 중력의 법칙, 만유인력의 법칙 등도 그리스도께서 당신의 지혜로 자연 속에 두신 법칙을 인간이 발견해냈을 뿐입니다.

둘째, 그 법칙들이 제대로 운행되게 하려고 그리스도는 지금도 능력으로 붙들고 계십니다. 세상의 어떤 천재지변이 일어나도 망하지 않는 이유는 예수님이 붙들고 계시기 때문입니다. 지금이라도 예수님이 손을 떼시면 세상은 끝입니다. 하지만 주님이 붙잡고 계시는 한, 아무리 사람들이 뭐라고 해도 이 세상은 끝나지 않습니다.

말씀으로 세상을 창조하신 예수님은 말씀으로 이 세상을 붙들고 계십니다. 그러므로 이 피조계의 세상에서 그분의 말씀보다 높은 권위는 없습니다. 그래서 피조계가 주님의 말씀 앞에 복종합니다. 말씀은 바람과 바다도 잔잔케 합니다. 말씀하시니 백부장의 하인도 낫습니다. 그렇게 주님의 말씀이 미치지 않는 곳이 없습니다. 주님이 통치하십니다.

구원도 마찬가지입니다. 저는 구원에 관한 한 오직 예수님의 말씀만 신뢰합니다. 가끔 '우리가 죽고 나면 그 이후의 운명은 어떻게 될까?'라는 생각이 들 때가 있습니다. 〈신과 함께〉 같은 영화를 보면 참 스산하고 이상한 세상이 나옵니다. 우리가 죽으면 정말 그런 낯선 광경, 이방 종교에서 이야기하는 그런 저승이 펼쳐질까요? 저는 아니라고 확신합니다. 왜냐하면 말씀으로 세상을 만드시고 지금도 붙들고 계신 주님의 말씀만이 정확하게 이루어질 것이기 때문입니다. 죽은 후에는 성경에서 주님이 말씀하신 대로 새 하늘과 새 땅이 펼쳐질 것이며, 구원도 오직 주님이 하신 말씀대로만 이루어질 것입니다.

그러므로 죽음 이후에 우리가 붙잡아야 하는 말씀은 복음밖에 없습니다. 다른 것을 붙들면 끝장납니다. 아무리 멋진 옷을 차려입고 근사한 이야기를 할지라도, 오랫동안 노를 닦고 이야기한다 해도 다 아닙니다. 오직 말씀으로 천지를 창조하시고 말씀으로 붙들고 계시는 우리 주 예수님이 하신 말씀 외에 효력 있는 것은 아무것도 없습니다. 마치 암행어사의 마패가 그 왕이 다스리는 모든 고을에 효력을 발하듯이, 예수님을 믿는 믿음, 이 복음의 능력은 예수님이 창조하시고 예수님께서 말씀으로 붙드시는 모든 피조 세상에 효력을 미칩니다. 어그러지고 병든 세상을 고치시고 치유하실 분은 세상 만물의 속성을 아시고 다스리시는 예수님 외에는 없습니다. 그러므로 우리는 그분의 말씀을 들어야 합니다.

"죄를 정결하게 하는 일을 하시고"

이 아들은 이 세상의 죄를 정결케 하는 일을 하셨습니다. 세상의 문제가 무엇입니까? 아담의 죄로 인해서 세상에 죄가 들어왔습니다. 사람들이 죄로 오염되어 하나님께 반역하고, 세상이 타락해서 망가졌습니다. 인간의 딜레마가 여기에 있습니다. 아무리 능력이 있어도, 아무리 아름다워도, 아무리 대단한 신이어도, 그가 우리의 죄 문제를 해결해줄 수 없다면 우리와 아무 상관이 없습니다. 결코 그는 우리에게 구원의 길을 알려줄 수 없습니다. 그런데 죄의 절망 속에 빠진 이 세상을 위해서 예수님은 친히 사람이 되시어 죽으심으로 죄를 정결케 하셨습니다. 누구든지 예수님을 믿으면 그분의 피로 죄가 씻깁니다. 비천한 인간을 사랑해서 당신의 목숨을 내어주신 이는 이 땅에 예수님 외에는 없습니다. 아무리 근사한 능력과 지혜, 아름다움을 가지고 있으면 뭐합니까? 그가 나를 사랑하지 않고 나를 위해 자신을 내어줄 수 없다면, 죄인 된 우리에게 그는 아무런 의미가 없는 존재입니다. 우리를 심판에서 구원하지 못합니다. 그러나 하나님의 아들 예수님은 우리를 위해서 죽으시고 죄를 정결케 하신 유일한 분입니다. 그러므로 그분의 말씀을 통해서만 우리가 죄 사함을 받고 구원을 받을 수 있습니다. 다른 어느 곳에도 우리의 죄 문제를 해결하고 구원을 줄 복음이 없습니다. 모세의 율법도 성전 제사도 죄 문제를 해결하지 못합니다.

"높은 곳에 계신 지극히 크신 이의 우편에 앉으셨느니라"

십자가에서 죽으심으로 죄를 정결케 하신 예수님은 하나님 우편에 앉아 계십니다. 여기에는 두 가지 의미가 있습니다. 첫째로 그분이 통치자란 의미입니다. 즉 주님이 왕으로 등극하셨습니다. 계시록에서 보는 것처럼 주님은 승천하셔서 지금 하늘 보좌에 앉아 인을 떼시며 이 세상의 역사를 주관하시는 주관자로 계십니다. 그러므로 우리는 그분의 말씀을 들어야 합니다. 그분이 이 세상의 주권자이십니다.

둘째로 예수님이 하나님 우편에 앉으신 것은 히브리서에서 또 다른 의미가 있습니다. 그분이 죄를 정결케 하시는 대제사장으로 앉아 계시다는 것입니다. 거기서 우리를 위해 기도하시고, 우리 죄를 용서하시며, 우리를 하나님 나라의 백성으로 이끄는 일을 하십니다. 그렇게 주님은 모든 구속사역을 완성하시고, 이제 온전한 심판의 때까지 앉아 계십니다. 그러므로 하나님의 아들은 구원의 모든 역사를 다 이루시고 승천하셔서 다스리시며 지금도 구원하고 계신 왕 같은 제사장이십니다. 복음은 바로 그 아들이 하신 말씀입니다. 그분이 말씀하신 복음만이 우리를 구원하는 생명의 말씀입니다.

이 복음 외에 다른 계시는 없다

우리가 결론적으로 취할 교훈은 무엇인가요? 하나님께서 아들을 통해 우리에게 주신 복음이 최종적 계시라는 사실입니다. 말씀을 하신 분이 누구인가가 바로 그 말씀의 권위를 결정합니다. 그분이 곧 하나님입니다. 그렇기에 그분보다 더 뛰어난 분은 없습니다. 그분이 이 세상을 만드시고 운행하시는 분이요, 하나님을 가장 완벽하게 계시하시는 분이요, 죄를 정결케 하시는 유일한 분입니다. 그분이 지금 하늘 보좌에 계십니다. 그분이 하신 말씀보다 더 나은 말씀과 계시를 해줄 분은 없습니다. 그러므로 그리스도를 통한 구원의 계시는 최종적이요 완성된 것이며 유일한 것입니다. 주님이 재림하셔서 세상을 심판하실 때까지 구원의 길은 오직 예수님 한 분뿐입니다. 예수님이 다시 오실 때까지 주님은 다른 누구도 보내시지 않습니다. 이미 누군가를 보내는 시대는 끝났습니다. 그분이 직접 오셨는데 또 다른 누군가를 보내신다면, 그것은 스스로 권위를 허무는 일입니다. 이제 성경이 예수님 안에서 보여주신 구원의 복음 외에 다른 계시는 없습니다. 이 복음이 최종 계시입니다.

우리는 예수를 얼마나 깊이 아는가?

히브리서 수신자들은 그 아들을 잘 몰랐습니다. 그래서 그 아들의 복음을 소홀히 여겼습니다. 소돔성에 있던 롯의 사위들이 내일 이 성이 유황불로 멸망하게 될 것이라는 천사의 말을 하나님의 말씀으로 알았다면 귀 기울여 들었을 것입니다. 하지만 그들은 그냥 미치광이 노인이 실성해서 한 말로 흘려들었습니나. 소중한 생명이 걸린 경고를 알아듣지 못했습니다. 우리가 오늘 복음을 무겁게 받아들이지 못하는 이유도 동일합니다. 믿음이 연약하고 하나님의 말씀에 믿음을 화합하지 못하는 가장 큰 이유는 말씀하시는 아들이 누구인지 잘 모르기 때문입니다. 내가 평생 번 돈을 투자하는 중요한 사업을 그저 피상적이고 단편적으로 아는 사람과 동업하여 할 수 있겠습니까? 예수님을 내 영혼의 구세주요, 내 삶의 주인이며 내 영생을 결정할 유일한 분이라고 고백하며 끝까지 믿고 따라가려면 그분을 깊이 알아야 합니다.

성경에 나오는 제자들과 우리의 차이가 무엇입니까? 그들이 아는 예수님과 우리가 아는 예수님이 다른 것입니다. 제자들은 예수님이 하나님이심을 발견합니다. 그래서 예수님의 임재 앞에 고

꾸라졌습니다. 물 위를 걸어오시는 예수님을 바라보며 예수님을 재발견했을 때, 그들은 세상이 무서운 것을 잊었습니다. 그분 앞에 엎드리고 물 위를 걷겠다고 했습니다. 바울도 부활하신 예수님 앞에서 엎드러집니다. 그 이후 그가 어떻게 주를 위해서 차원이 다른 삶을 살았는지 보십시오. 예수님을 제대로 아는 그들은 핍박이 일어나는 세상에서 죽음도 두려워하지 않고 예수님을 따라 그 길을 걸어갔습니다. 바로 그 차이입니다. 예수님이 얼마나 영광스러운 분인지 그들은 알았습니다. 그런데 우리는 우리의 구원자 되신 예수님을 너무 모릅니다. 베드로가 뭐라고 했습니까? "오직 우리 주 곧 구주 예수 그리스도의 은혜와 그를 아는 지식에서 자라가라"(벧후 3:18). 예수님을 알아야 합니다. 우리 주 예수님이 얼마나 영광스럽고 얼마나 아름다운 분인지, 그분이 어떤 하나님이신지 알아야 합니다.

히브리서가 제시하는 믿음에서 떨어지지 않는 방책도 마찬가지입니다. "그러므로 함께 하늘의 부르심을 받은 거룩한 형제들아 우리가 믿는 도리의 사도이시며 대제사장이신 예수를 깊이 생각하라"(히 3:1). 그냥 묵상하라는 것이 아니라 도대체 예수님이 누구인지 깊이 연구하고 살펴보라는 말입니다. 특별히 대제사장으로서 예수님이 어떤 분이신지 깊이 이해하라고 합니다. 우리는 정말 예수님이 누구이신지 깊이 알아가고 있습니까? 주님을 아는 지식이 얼마나 자랐습니까? 믿음의 선진들은 예수님을 알기 때문에 세상을 이기고, 죽음을 이기고, 하나님의 영광을 향해 걸어갔습니다. 이처럼 우리도 주님만 바라보며 믿음으로 승리할 수 있도록 말씀을 통해 예수 그리스도를 아는 은혜가 넘치길 기도합니다. 이것이 우리 삶에 얼마나 중요하고 놀라운 일인지 깊이 생각해야 합니다.

예수님을 내 영혼의 구세주요, 내 삶의 주인이며 내 영생을 결정할 유일한 분이라고 고백하며 끝까지 믿고 따라가려면 그분을 깊이 알아야 합니다.

2장

예수 그리스도가 누구시길래?

: 예수, 천사보다 뛰어나신
하나님의 아들
(히 1:4-2:4)

CHAPTER 02

예수 그리스도가 누구시길래?

: 예수, 천사보다 뛰어나신 하나님의 아들 (히 1:4-2:4)

히브리서는 인사말도 없이 복음을 선포하더니, 갑자기 "그가 천사보다 훨씬 뛰어남은"(히 1:4)으로 시작합니다. 참 뜬금없어 보입니다. 예를 들어 누군가가 저에게 와서 "목사님은 김구라보다 뛰어납니다"라고 한다면, 도대체 외모가 뛰어나다는 것인지, 말을 더 잘한다는 것인지 알 수 없습니다. 연관성이 별로 없기 때문입니다. 또는 "손흥민이 김병훈보다 뛰어납니다"라고 했다고 합시다. 그러면 '왜 김병훈이지? 누구지?'라는 생각이 들 것입니다. 김병훈은 우리 교회에서 축구를 제일 잘하는 목사입니다. 아무리 그래도 감히 손흥민을 김병훈에게 비교하다니, 말도 안 된다고 생각하실 것입니다. 그런데 지금 이 구절에서 나온 비교가 꼭 그렇습니다. 히브리서 서두에서 예수님이 얼마나 영광스러운 하나님이신지 선언해 놓고, 기껏 천사보다 뛰어나다고 합니다. '도대체 왜 천사와 비교하는 거지?'라는 생각이 듭니다. 먼저 왜 이런 비교를 하는지 이해해야 합니다.

왜 천사와 비교하는가?

하나님께서 천사를 통해 율법을 주셨기 때문이다.

지금 히브리서 서신을 받은 성도들은 복음을 버리고 율법의 성전 제사로 돌아가려는 위기에 처했습니다. 그들을 붙들려면 복음이 율법보다 더 권위 있는 구원의 말씀임을 알려주어야 합니다. 메시지의 권위는 그것을 전해준 사람이 누구인가에 따라 달라집니다. 그래서 오늘 성경은 복음을 주신 예수님과 율법을 준 천사를 비교하는 것입니다.

우리는 모세가 하나님께 직접 율법의 말씀을 들었다고 생각하지만, 사실 시내산에서 빽빽한 구름과 천둥과 번개 속에서 우레처럼 말씀하시는 하나님의 음성을 전해준 이는 천사입니다. 하나님이 천사를 통해서 모세에게 율법을 말씀하시고, 이것을 모세가 백성들에게 전해준 것입니다.

"너희는 천사가 전한 율법을 받고도 지키지 아니하였도다 하니라"(행 7:53).

"그런즉 율법은 무엇이냐 범법하므로 더하여진 것이라 천사들을 통하여 한 중보자의 손으로 베푸신 것인데"(갈 3:19).

율법이 더 중요한가, 복음이 더 중요한가를 결정하려면 하나님께서 천사와 예수님 중에 누구를 더 소중히 여기시는지 알면 됩니다. 그래서 성경은 하나님 앞에서 이 두 존재 중에 누가 더 탁월한지를 밝힙니다.

예수님이 왜 천사보다 뛰어나신지 증명하다.

처음에는 하늘의 시각으로 아들이 얼마나 영광스러운 하나님이신지 말했습니다. 그러나 땅의 시각으로 보면 어떨까요? 복음은 나사렛에서 난 한 청년에게서 시작되었습니다. 그의 삶과 죽음과 부활로부터 비롯되었습니다. 그의 부활을 목격한 증인들을 통해서 소식이 힘 있게 번져나가기 시작한 지 불과 30년 남짓 지났습니다. 아직 세력은 미미한데 핍박은 엄청납니다. 눈에 보이는 것도, 만져지는 것도 없습니다.

하지만 유대인에게 율법을 전해준 천사는 그들에게 어떤 존재로 여겨졌을까요? 천사는 유대 묵시문학에 자주 등장합니다. 대표적으로 계시록이 있습니다. 계시록을 보면 천사가 얼마나 대단한지, 하나님께서 그들을 통해 세상을 심판하시고 통치하시는 것을 볼 수 있습니다. 천사가 외치면 영웅이 나타나기도 하고, 전염병이 생기기도 하며, 전쟁이 일어나기도 합니다. 또 천사가 얼마나 큰지 한 발은 바다를, 한 발은 육지를 밟고 서 있기도 하고, 지구의 사방 모퉁이에서 심판의 바람이 불지 않도록 바람을 잡고 있기도 합니다. 유대 랍비 문헌에 보면 천사의 발에서 머리까지 도달하는 데 500년이 걸린다는 이야기도 있습니다. 또 사도 요한이 천사를 보고 그 천사가 너무나 영광스럽고 대단해서 그 앞에 경배하기 위해 무릎을 꿇으려고 하자, 천사가 말렸다고 할 정도입니다. 인간 입장에서는 실로 대단한 존재가 바로 천사입니다. 이 정도면 우리가 친근하게 떠올리는 요정이나 아기 천사 같은 존재가 아닙니다.

천사를 통해서 전해진 율법은 유대 나라를 기둥처럼 떠받들고 있습니다. 그 율법을 따라 제사장들이 권위의 옷을 입고 제사를 지냅니다. 그 중심에 성전이 있습니다. 유대인이 볼 때 율법은 신적 기원이 명확했습니다.

그런 율법에 비해서 복음은 초라해 보입니다. 승천하신 예수님이 다시 오신다고 했는데, 30년이 지나도 오시지 않고 핍박만 더 해졌습니다. 처음에는 열심히 믿던 사람들이 슬슬 의심하면서 복음을 버리고 오랫동안 젖어 있던 유대교로 돌아가려고 합니다. 그러한 위기에 처한 성도들을 향해서 히브리서 기자는 예수님이 천사보다 얼마나 뛰어난 분인가를 유대인이 모두 신뢰하는 구약성경을 통해서 논증합니다. 과연 구약성경에서 하나님은 예수님을 누구라고 하셨을까요? 또 천사에 대해서는 어떻게 설명하셨을까요?

예수 그리스도는 천사보다 더욱 아름다운 이름을 얻으셨다

"그가 천사보다 훨씬 뛰어남은 그들보다 더욱 아름다운 이름을 기업으로 얻으심이니 하나님께서 어느 때에 천사 중 누구에게 너는 내 아들이라 오늘 내가 너를 낳았다 하셨으며"(히 1:4-5상).

"너는 내 아들이라 오늘 내가 너를 낳았도다"

예수님이 기업으로 얻으신 '천사보다 더욱 아름다운 이름'은 바로 '내 아들'입니다. 이 말씀은 시편 2편에서 인용되었습니다. "내가 여호와의 명령을 전하노라 여호와께서 내게 이르시되 너는 내 아들이라 오늘 내가 너를 낳았도다"(시 2:7). 장차 다윗의 왕위를 이을 메시아에 대한 예언의 말씀이 바로 예수님에 대한 말씀이라는 것입니다. 즉 하나님은 예수님에게 "너는 내 아들이다"라고 말씀하셨습니다.

인간으로 오신 예수님 안에 있는 하나님의 영광에 제자들의 눈이 본격적으로 열린 것은 부활 이후입니다. 그전에도 예수님이 여러 표적과 기적으로 당신이 하나님의 아들이심을 계시하시고, 제자들도 입술로 고백하긴 했지만 진정으로 예수님에 대한 생각이 완전히 바뀐 것은 부활하신 예수님을 만나고 난 뒤였습니다. 그때 그들은 예수님이 그냥 한 선지자나 랍비가 아니라 '하나님이시구나!', '구약에서 예언한 메시아시구나!'라는 것을 확실하게 깨달았습니다. 율법과 선지자와 시편에 나타난 예언이 바로 예수님에 대한 기록임을 안 것입니다.

히브리서 기자도 바로 이 예언이 예수님에 대한 말씀인 것을 믿었습니다. 그래서 "하나님이 예수님에 대해 뭐라고 하셨는지 알아? 아들이라고 하셨어!"라고 설명합니다. "과연 천사 중에 누구에게 하나님이 '너는 내 아들이다 내가 너를 낳았다'고 하신 적이 있느냐"고 반문합니다. 물론 욥기에서 천사들을 향해 통칭해서 '하나님의 아들들'이라고 한 적은 있지만 그것은 일반적인 호칭이었습니다. 한 사람을 콕 집어서 "너는 내 아들이다. 내가 너를 낳았다"고 말씀하신 적은 없었습니다.

"또 다시 나는 그에게 아버지가 되고 그는 내게 아들이 되리라 하셨느냐"

하나님께서 이스라엘 백성의 아버지가 되시고, 그들이 하나님의 아들이 된다는 말씀 역시 사무엘하 7장 14절에서 예언된 말씀입니다. 하나님은 성전을 건축하겠다는 다윗의 마음이 예뻐서 그에게 다음과 같은 약속을 해주셨습니다. "네가 아니라 네 아들이 성전을 건축할 것이고 나는 그의 왕위를 견고하게 해주겠다." 그런데 우리가 아는 것처럼 솔로몬은 타락했고, 그 이후 왕국은 분열되어 왕위는 끊어졌습니다. 그렇다면 과연 다윗을 향한 하나님의 약속은 끝난 것일까요? 선지자들은 다윗의 후손 중에 메시아가 와서 그 왕위를 잇고 이스라엘을 다스릴 것이라고 예언했습니다. 그러므로 이 말씀도 솔로몬이 아니라 장차 오실 메시아, 즉 그리스도에 대한 말씀이라는 것입니다.

솔로몬을 통해 모형으로 말씀하시긴 했지만, 진짜로 집을 지을 예수님이 오셔서 십자가에 죽으시고 부활하심으로 결국 그리스도께서 당신의 몸으로 진정한 성전을 건축하셨습니다. 그리고 부활 승천하셔서 하나님 보좌 우편에 앉으신 영원한 왕으로 등극하셨습니다. 구약에서 그리스도에 대하여 예언된 말씀이 성취되었음을 깨달은 것입니다. 이렇게 하나님은 장차 오실 메시아인 예수 그리스도에 대해서 '내 아들'이요, '내가 너의 아버지'라고 하셨습니다. 구약성경 어디에도 하나님이 천사에게 '내 아들'이라고, '내가 너의 아버지'라고 한 적이 없습니다. 그러므로 예수님은 천사와 존재론적으로 다른 분입니다.

이 말은 혹시 예수 그리스도가 천사 중의 한 분이 아니냐는 생각을 반박하기도 합니다. 지금도 여호와의 증인 같은 이단들을 보면 예수님을 하나님과 동등한 분으로 여기지 않습니다. 삼위일체 하나님을 인정하지 않고, 그냥 피조된 천사 중에 으뜸이라고 말합니다. 그러나 히브리서 기자는 확실하게 밝힙니다. "과연 천사 중에 하나님이 그를 내 아들이라고 한 적이 있느냐? 없다! 예수님은 천사 중의 하나가 아니요, 하나님과 동등한 분으로서 하나님의 아들이시다."

초대교회 사도들과 성도들은 이를 확고하게 믿었습니다. 불과 30년 전까지만 해도 사람이었던 한 청년 예수가 승천하여 하나님 우편에 앉아 왕으로 등극하신 것을 믿었습니다. 성령의 능력으로 말미암아 예수 그리스도를 믿는 모든 사람 안에 '예수님은 사람이 되신 하나님이자 하나님의 아들'이시라는 확고한 믿음이 있었습니다. 예수님이 천사와는 차원이 다른 분임을 분명히 알았습니다. 그래서 예수님이 천사보다 뛰어난 하나님의 아들이심을 선포한 것입니다.

예수 그리스도는 하나님의 아들로 선포되셨다

장미는 진흙 속에서도 향기를 내고, 보석은 돌무더기 속에서도 빛납니다. 예수님은 비록 천한 몸을 입고 사람으로 성육신하셨지만, 천사들을 통해서 하나님의 아들로 증거되고, 또한 그분의 사역과 죽음과 부활을 통해서 하나님의 아들로 선포되셨습니다.

예수님은 동정녀 마리아를 통해 이 땅에 오실 때부터 하나님의 아들로 일컬음을 받으셨습니다. "성령이 네게 임하시고 지극히 높으신 이의 능력이 너를 덮으시리니 이러므로 나실 바 거룩한 자는 하나님의 아들이라 일컬어지리라"(눅 1:35). 공생애를 시작하시면서 세례 받으실 때도 하나님께서는 예수님을 '내 사랑하는 아들'이라고 하셨습니다. "하늘로부터 소리가 있어 말씀하시되 이는 내 사랑하는 아들이요 내 기뻐하는 자라 하시니라"(마 3:17). 변화산에서 예수님이 능력으로 변화되셨을 때도 하늘에서 음성이 들렸습니다. "구름 속에서 소리가 나서 이르시되 이는 내 사랑하는 아들이요 내 기뻐하는 자니 너희는 그의 말을 들으라 하시는지라"(마 17:5하). 이렇게 반복적으로 하나님은 예수님을 '내 아들'이라고 하셨습니다.

또한 예수님은 하나님을 언제나 '내 아버지'라고 부르셨습니다. 그리고 하나님의 아들로 순종하며 사셨습니다. 예수님 가운데 충만히 임재하신 성령님은 여러 가지 기적과 능력으로 예수님이 하나님의 아들이심을 증거하셨습니다. 그래서 제자들이 뭐라고 합니까? "시몬 베드로가 대답하여 이르되 주는 그리스도시요 살아 계신 하나님의 아들이시니이다"(마 16:16). 이 고백은 성령께서 그에게 가르쳐주신 것이라고 주님은 말씀하셨습니다. 또 예수님이 십자가에서 운명하실 때 백부장이 뭐라고 합니까? "백부장과 및 함께 예수를 지키던 자들이 지진과 그 되는 일들을 보고 심히 두려워하여 이르되 이는 진실로 하나님의 아들이었도다 하더라"(마 27:54). 그리고 예수님은 죽음에서 부활하심으로써 온 땅에 하나님의 아들로 선포되셨습니다. "그의 아들에 관하여 말하면 육신으로는 다윗의 혈통에서 나셨고 성결의 영으로는 죽은 자들 가운데서 부활하사 능력으로 하나님의 아들로 선포되셨으니 곧 우리 주 예수 그리스도시니라"(롬 1:3-4). 예수님은 선재하시는 하나님의 아들이셨기에 이 땅에 낮고 천하게 오셨어도 여전히 하나님의 아들이셨고, 그분의 삶과 모든 사역을 통해서도 하나님의 아들로 선포되셨습니다.

천사가 대단한 존재 같지만 한 번도 '내 아들'이라고 불린 적이 없습니다. 다른 존재는 어떻습니까? 이 세상에 어떤 영웅, 어떤 뛰어난 위인이나 어떤 성인에게 하나님이 '내 아들'이라고 하신 적이 있습니까? 없습니다. 신화나 동화가 아닌 실제 역사 속에서 하나님의 아들로 예언되고, 증거되고, 선포된 분은 오직 예수님밖에 없습니다. 이 땅에서 진정한 역사적 사건으로서 유일하게 하나님의 아들이셨던 분, 유일하게 하나님에서 사람이 되신 분, 그분은 오직 한 분 예수 그리스도뿐입니다. 예수 그리스도는 위인이 아닙니다. 천사도 아니고 성인도 아닙니다. 그분은 하나님의 아들입니다!

이것이 우리의 믿음입니다. 우리는 이 결론을 다 압니다. 하지만 우리의 문제가 무엇입니까? 세례 받을 때 예수님이 누구냐고 물으면 답만 외워서 교리문답에 고백하고, 정말 그렇게 믿는다고 생각합니다. 진짜로 예수님이 하나님의 아들이심을 확신한다면, 우리가 이렇게 살겠습니까? 흔들리겠습니까? 그럴 수 없습니다. 그래서 말씀을 통해 확실하게, 이것이 진실임을 확증해야 합니다. 히브리서 3장 1절에서 “예수를 깊이 생각하라”고 한 말씀은 단순히 ‘묵상하라’는 차원을 뛰어넘습니다. 예수님이 어떤 분인지 깊이 연구하고, 살펴보고, 이해하라는 것입니다.

예수 그리스도는 의롭고 영원한 왕으로 하나님께 기름 부음 받으셨다

히브리서 기자가 구약성경의 예언을 통해서 보니, 메시아로 오신 예수 그리스도는 바로 ‘왕’이셨습니다. 하나님께서는 다윗의 후손에게 왕위를 견고히 해주겠다고 약속하셨고, 메시아는 다윗의 후손으로 와서 영원한 왕이 된다고 하셨습니다. 히브리서 기자는 구약의 예언 속에서 천사와 예수님이 누구인지를 비교합니다. 천사는 ‘왕을 섬기는 종’에 불과하고, 예수님은 ‘통치하시는 왕’이라고 설명합니다.

“또 그가 맏아들을 이끌어 세상에 다시 들어오게 하실 때에 하나님의 모든 천사들은 그에게 경배할지어다 말씀하시며” (히 1:6).

이 구절에서 초점은 천사들의 위치입니다. 천사는 궁극적으로 하나님의 아들을 경배하는 존재입니다. 여기 “맏아들을 이끌어 세상에 다시 들어오게 하실 때”가 초림인지, 부활 승천하셔서 하늘에 올라가셨을 때인지, 이 세상에 다시 오실 재림의 때인지는 논란이 많습니다. 분명한 것은 예수님의 초림 때도 천사가 목자들에게 나타나 그 탄생을 알리며 찬양하였고, 부활 승천하셔서 하나님 우편에 오르신 지금도, 계시록을 보면 그 하늘에 등극한 어린 양 예수 그리스도를 향해서 모든 천사와 장로들과 수많은 무리들이 찬양과 경배를 드리고 있습니다. 재림의 때에는 천사장의 나팔소리와 호령으로 호위를 받으면서 주님이 오셔서 세상을 심판하십니다. 그때 천사들은 주님의 사역자가 되어 이 땅을 심판할 것입니다.

"또 천사들에 관하여는 그는 그의 천사들을 바람으로, 그의 사역자들을 불꽃으로 삼으시느니라 하셨으되"(히 1:7). 이렇게 천사는 하나님의 아들을 경배하는 자요, 그 아들의 통치를 위하여 바람과 불꽃처럼 사역하는 도구입니다.

하나님의 아들을 누구라고 소개하는가?

"아들에 관하여는 하나님이여 주의 보좌는 영영하며 주의 나라의 규는 공평한 규이니이다 주께서 의를 사랑하시고 불법을 미워하셨으니 그러므로 하나님 곧 주의 하나님이 즐거움의 기름을 주께 부어 주를 동류들보다 뛰어나게 하셨도다 하였고"(히 1:8-9).

하나님께 기름 부음 받은 왕

시편 45편을 인용하여 히브리서 기자는 그리스도가 의를 사랑하시고 불법을 미워하시기에 하나님께서 왕으로 기름 부어 동류들보다 뛰어나게 하셨다고 합니다. 시편 말씀은 다윗 왕을 향한 말씀이지만 다윗이 왕으로 오실 메시아의 모형이기 때문에, 히브리서 기자는 이 말씀이 곧 진정한 왕, 메시아 그리스도에 대한 예언임을 알려줍니다. 즉 예수님이 하나님께 기름 부음을 받은 왕이라는 것입니다. 히브리서 기자는 다윗의 왕권은 물론이고, 하나님의 말씀조차도 메시아에 대한 말씀으로 서슴없이 인용합니다. 이를 보면 예수님이 그리스도(기름 부음 받은 자)라는 확신이 그의 마음 안에 얼마나 분명했는지를 알 수 있습니다.

의로운 왕

또한 하나님은 그리스도가 의를 사랑하셔서 그를 의와 정의로 다스리는 왕으로 세우셨다고 합니다. 사실 하나님은 다윗을 통해 의와 정의의 나라, 환난 받고 억울하고 빚진 자들이 숨 쉴 수 있는 나라를 세우길 원하셨습니다. 하지만 우리가 알고 있듯이 다윗은 완전하게 의롭지 못했습니다. 자기 힘으로 우리야의 아내를 빼앗았고, 충성된 부하를 죽였습니다. 그러므로 하나님께서 다윗을 통해 의의 나라를 세우시겠다는 말씀은 후손으로 오실 메시아가 영원히 정의와 공의의 나라를 세우리라는 예언입니다. "그날

그때에 내가 다윗에게서 한 공의로운 가지가 나게 하리니 그가 이 땅에 정의와 공의를 실행할 것이라"(렘 33:15). 예수님이 바로 구약이 예언한 메시아로서 다윗의 왕권을 잇는 의로운 통치자요, 기름 부음 받으신 왕이라는 것입니다.

의로운 왕은 "상한 갈대를 꺾지 아니하며 꺼져가는 등불을 끄지 아니하고 진실로 정의를 시행할 것"(사 42:3)이라고 합니다. 오로지 예수 그리스도의 통치 아래에서만 상한 갈대와 꺼져가는 심지가 살아난다는 것입니다. 사울의 통치 아래에서 환란 당하고 빚지고 억울한 자들도 숨 쉬고 살아갈 수 있도록 다윗이 의로운 통치를 한 것처럼, 양육강식의 세상에서 오직 예수님만이 사자가 어린 양을 잡아먹지 않고 함께 뛰노는 나라를 만드실 유일한 왕이십니다. 하나님은 이 땅의 정의와 평화를 위해 그 어떤 천사도 약속하지 않으셨습니다. 오직 한 분, 예수 그리스도만을 예정하셨습니다. 모든 만물의 상속자로 누누이 예언된 분이 바로 다윗의 왕권을 잇는 메시아 예수 그리스도이십니다. 오직 그리스도 안에서만 이 땅에 참된 공의와 평화의 나라가 세워지는 것입니다.

영원한 왕

"또 주여 태초에 주께서 땅의 기초를 두셨으며 하늘도 주의 손으로 지으신 바라 그것들은 멸망할 것이나 오직 주는 영존할 것이요 그것들은 다 옷과 같이 낡아지리니 의복처럼 갈아입을 것이요 그것들은 옷과 같이 변할 것이나 주는 여전하여 연대가 다함이 없으리라 하였으나"(히 1:10-12).

그런데 예수 그리스도는 잠시 있다가 사라지는 인간 왕이 아니라 영원한 왕이십니다. 모든 만물이 그로 말미암아 창조되었으나, 피조된 것들은 모두 옷처럼 낡고 의복처럼 갈아입혀질 것입니다. 사람도 잠시 있다가 사라지고, 왕도 그렇습니다. 종국적으로 이 세상은 멸망할 것입니다. 하지만 그리스도는 이 세상을 창조하신 하나님이십니다. 그러므로 그분은 영존하시는 왕입니다. 그분의 통치는 그 연대가 다함이 없습니다. 다윗처럼 잠시 다스리다 사라지는 임기가 있는 통치가 아니라 영원히 다스리십니다.

하늘 보좌 우편에 오르신 분

"어느 때에 천사 중 누구에게 내가 네 원수로 네 발등상이 되게 하기까지 너는 내 우편에 앉아 있으라 하셨느냐 모든 천사들은 섬기는 영으로서 구원 받을 상속자들을 위하여 섬기라고 보내심이 아니냐"(히 1:13-14).

히브리서 서두에는 "높은 곳에 계신 지극히 크신 이의 우편에 앉으셨느니라"(히 1:3하)고 하였습니다. 곧 통치의 자리에 앉으셨다는 말입니다. 하나님은 예수님을 온 땅의 왕으로 세우셨습니다. 이제 원수 마귀가 불못에 들어갈 때까지 거기서 세상을 통치하시며 이 세상을 심판하시는 왕으로 나타나길 기다리고 계십니다.

그런데 이 말씀은 결코 천사에 대한 것이 아닙니다. "어느 때에 천사 중 누구에게 내가 네 원수로 네 발등상이 되게 하기까지 너는 내 우편에 앉아 있으라 하셨느냐"(히 1:13). 하나님은 한 번도 천사에게 이 세상을 다스리는 왕이자, 온 우주 만물을 다스리는 통치자의 약속을 주신 일이 없습니다. "모든 천사들은 섬기는 영으로서 구원 받을 상속자들을 위하여 섬기라고 보내심이 아니냐"(히 1:14). 심지어 천사는 구원받을 하나님의 백성들을 섬기는 영으로, 인간보다 하위에 있는 신분이라고 하십니다.

결국 예수님은 누구입니까? 그분은 왕으로서 하나님 보좌 우편에 앉아 계신 분입니다. 만유의 상속자이십니다. 평화가 없는 이 불의한 세상에서 고통 받는 인류를 위해 하나님이 예고하신 바로 그 평화의 왕, 의로운 왕이십니다. 그분은 천사보다 월등히 뛰어난 하나님의 아들로서 세상을 통치하시고, 이제 마지막 심판의 때에 나타나실 왕이십니다. 인류가 기다리는 메시아입니다.

구약성경은 예수님에 대해서 어떻게 예언하고 있는가?

"이는 한 아기가 우리에게 났고 한 아들을 우리에게 주신 바 되었는데 그의 어깨에는 정사를 메었고 그의 이름은 기묘자라, 모사라, 전능하신 하나님이라, 영존하시는 아버지라, 평강의 왕이라 할 것임이라 그 정사와 평강의 더함이 무궁하며 또 다윗의 왕좌와 그의 나라에 군림하여 그 나라를 굳게 세우고 지금 이후로 영원히 정의와 공의로 그것을 보존하실 것이라 만군의 여호와의 열심이 이를 이루시리라"(사 9:6-7). 성경은 지속적으로 예수님을 '왕'으로 예언합니다. 이사야가 예언한 것뿐만 아니라 신약에도 예수님에 대한 증언이 쏟아집니다.

예수님이 탄생하실 때 천사가 어떻게 예고합니까? "보라 네가 잉태하여 아들을 낳으리니 그 이름을 예수라 하라 그가 큰 자가 되고 지극히 높으신 이의 아들이라 일컬어질 것이요 주 하나님께서 그 조상 다윗의 왕위를 그에게 주시리니 영원히 야곱의 집을 왕으로 다스리실 것이며 그 나라가 무궁하리라"(눅 1:31-33).

동방박사들은 '유대인의 왕'으로 나신 예수님을 찾아와서 유향, 몰약, 황금으로 경배합니다. 또 예수님이 예루살렘에 입성하실 때 사람들은 "호산나, 주의 이름으로 오시는 왕이여!"라고 하면서 찬양합니다.

비록 불리한 상황이긴 하지만, 예수님도 자신의 '왕' 되심을 증거하십니다. "예수께서 총독 앞에 섰으매 총독이 물어 이르되 네가 유대인의 왕이냐 예수께서 대답하시되 네 말이 옳도다 하시고"(마 27:11). 주님은 자신이 왕이라고 진실대로 말씀하십니다. 그리고 죽으시고 부활하신 후 제자들에게 나타나셔서 말씀하십니다. "예수께서 나아와 말씀하여 이르시되 하늘과 땅의 모든 권세를 내게 주셨으니"(마 28:18). 즉 왕권을 받으셨다는 말입니다. "주 예수께서 말씀을 마치신 후에 하늘로 올려지사 하나님 우편에 앉으시니라"(막 16:19). "그는 하늘에 오르사 하나님 우편에 계시니 천사들과 권세들과 능력들이 그에게 복종하느니라"(벧전 3:22). 이렇게 예수님은 부활 승천하셔서 하나님 보좌 우편에 앉아 세상을 통치하시는 왕이요, 천사들은 그에게 복종하며 섬기는 존재입니다.

예수 그리스도의 권위를 확증하다

유대인 입장에서 보면 천사는 정말 대단한 존재입니다. 신적 능력을 가진 탁월한 존재입니다. 그래서 그들은 천사가 전해준 율법을 귀하게 여기며 성전제도를 신성하게 생각했습니다. 하지만 우리에게 복음을 전해 주신 예수님은 누구입니까? 어느 천사도 불려본 적이 없는 아름다운 이름, 하나님이 '내 아들'이라고 부르시는 분입니다. 그분은 하나님이 사랑하시는 아들입니다. 어느 천사에게도 준 적이 없는 직분, 하나님이 기름 부어 세우신 의로운 왕, 영원한 왕이십니다. 지금 하나님 보좌 우편에 앉아 계신 분입니다.

이것이 왜 중요합니까? 말씀을 전한 분의 권위가 그 메시지의 권위이기 때문입니다. 히브리서 기자는 그리스도가 천사보다 훨씬 탁월한 분임을 말하면서 그들이 복음을 버리고 율법으로 돌아가는 일이 얼마나 어리석은지 말합니다. 여기서 우리는 성경의 변증 방법에 주목해야 합니다. 성경이 성도들의 흔들리는 믿음을 붙잡아주는 방법이 무엇입니까? 바로 복음을 전해 주신 예수 그리스도가 누구인지 구약성경을 인용해서 꼼꼼하게 알려주는 것입니다. 우리가 이 시대에 흔들리지 않고 굳게 복음 안에 서며, 믿음으로 모든 유혹과 어려움을 이기고 예수님만 굳게 붙들면, 믿음으로 승리하는 역사가 일어나고, 그것이 곧 우리가 증인 되는 비결이라는 것입니다. 우리는 예수님을 잘 모르기 때문에 흔들립니다. 우리가 이 세상에서 영향력 있는 지도자, 종교인, 리더, 연예인, 스포츠 스타가 하는 말과 가치관에 흔들려 믿음이 약해지는 이유가 무엇일까요? 우리 주님을 그들보다 크게 여기지 않기 때문입니다. 우리가 주님을 아는 믿음이 그만큼 작고 일천하기 때문입니다. 정말 위대한 주님을 안다면, 우리가 어떻게 하루살이요 먼지 같은 인생의 말에 휘둘리겠습니까?

구약이든 신약이든 성경에는 믿음의 선조들이 메시아 예수님이 하나님이시요, 온 땅의 통치자요, 하나님 보좌 우편에 앉으신 왕이라고 고백하는 말씀이 얼마나 많이 나오는지 모릅니다. 그들이 바라보는 예수님은 만왕의 왕, 만유의 주, 통치자였습니다. 말씀과 지혜로 온 땅을 창조하시고, 세상을 붙들고 계시며, 역사의 주관자요, 온 인류와 세상 역사를 심판하실 분이십니다. 그들의 삶과 가치의 중심은 예수님의 말씀이었습니다.

천사보다 뛰어난 예수님을 알면 어떻게 해야 하는가?

이제 히브리서 기자는 그들을 향한 경고와 권면으로 눈을 돌립니다. 우리 주 예수 그리스도가 하나님의 아들이요, 온 땅의 왕으로서 천사보다 월등히 뛰어난 분임을 안다면 어떻게 해야 하겠습니까? 그분의 말씀에 어떤 반응을 보여야 할까요?

들은 것에 더욱 유념하여 흘러 떠내려가지 않도록 하라.

"그러므로 우리는 들은 것에 더욱 유념함으로 우리가 흘러 떠내려가지 않도록 함이 마땅하니라"(히 2:1).

먼저, 들은 것에 더욱 유념해야 합니다. '들은 것'이 무엇입니까? 바로 복음의 말씀입니다. '유념'한다는 것은 마음을 기울이고 주의를 집중하는 것입니다. 우리는 복음의 말씀을 바로 이해하고 그것을 견고하게 붙들어야 합니다. 거기에 애정을 두어야 합니다. 그 말씀을 어느 한순간만 공부하고 잊어버리면 안 됩니다. 각 성경의 말씀을 듣고 유념하며, 하나의 성경이 아니라 성경 66권 전체를 통해서 흐르는 복음의 영광이 내 마음과 삶을 주장하도록 늘 생각하고 지켜야 합니다. 예수님의 십자가와 부활의 복음이 늘 내 안에 살아서 내 삶의 방법이 되고, 사고방식이 되고, 가치관이 되어야 합니다. 그래서 언제나 주님이 내 안에 거하시고, 나는 믿음 안에 있어야 합니다. 그것이 '흘러 떠내려가지 않게' 붙드는 것입니다.

'흘러 떠내려간다는 것'은 두 가지 의미가 있습니다. 첫째, 배가 닻을 고정하지 않으면 흘러 떠내려가듯, 견고하게 복음을 붙잡지 않으면 나도 모르게 이 세상 교훈 속에 흘러 떠내려간다는 말입니다. 둘째, 반지가 손가락에서 미끄러져 간다는 의미입니다. 만약 우리가 굉장히 소중한 보석을 손가락에 끼고 있다면 그것이 빠지지 않을까 계속 신경을 쓸 것입니다. 평소에는 그냥 다니다가도 은행에서 큰돈을 찾아 소지하게 되면 굉장히 신경이 쓰입니다. 여행할 때도 가방의 여권이나 돈을 잃어버리지 않으려고 계속 신경을 씁니다. 이처럼 우리는 복음을 항상 간직하기 위해서 유념해야 합니다. 그렇지 않으면 복음이 아닌 세상의 교훈, 인간의 공로와 선행을 의지하는 일반 종교와 율법의 원리로 흘러갑니다. 우리는 복음을 보물처럼 간직해야 합니다. 복음은 하나님의 아들이 우리에게 직접 전해 주신 구원의 말씀이기에 그 어떤 것보다 소중합니다. 다이아몬드가 아무리 귀해도 우리 영혼보다 귀합니까? 이 땅의 모든 다이아몬드를 다 합해도 예수 그리스도의 복음이 우리에게 주신 구원과 영생을 우리에게 절대 주지 못합니다. 하나님의 아들로 상속자가 되어 살아가는 영광스러운 은혜의 삶을 주지 못합니다. 우리 삶의 가장 귀한 보물은 바로 우리에게 구원을 주시는 그리스도의 복음입니다. 이보다 더 귀한 것이 어디 있습니까? 그러므로 잃어버리지 않게, 늘 유념해야 합니다.

큰 구원을 등한히 여기지 말라.

"천사들을 통하여 하신 말씀이 견고하게 되어 모든 범죄함과 순종하지 아니함이 공정한 보응을 받았거든 우리가 이같이 큰 구원을 등한히 여기면 어찌 그 보응을 피하리요"(히 2:2-3상).

하나님의 심부름꾼에 불과한 천사를 통해서 이스라엘 백성에게 전한 율법의 말씀도 그들이 순종하지 않아서 보응을 받았습니다. 광야에서 그랬고, 가나안 땅에서도 율법의 말씀을 어기고 우상을 숭배하여 심판을 받았습니다. 천사가 전해준 율법도 그렇다면, 하나님의 아들이 우리에게 전해준 복음을 등한히 여길 때 그 운명이 어떻게 되겠습니까?

'큰 구원을 등한히 여기는 것'이 무엇입니까? 오직 예수님만 붙들지 않는 모습입니다. 다른 방식으로도 구원받을 수 있다고 생각하는 것입니다. 구원의 확신을 잃어버리고 믿음이 흔들리도록 자기 신앙을 방치하는 것입니다. 그저 교회생활, 종교생활을 하며 자기 의를 자랑하고 남이 나를 인정해 주는가 아닌가에만 신경 쓰면서 주님을 바라볼 줄 모르는 상태를 말합니다. 구원받았을 때의 감격도 없이 미지근하게 타성에 젖어서 다니는 모습입니다. 기도와 찬양과 감사가 사라진 신앙입니다. 예수님 말고 구원을 완성한 다른 누군가가 있다고 하는 가르침에 넘어가서 다른 교주를 섬기는 것입니다. 이 세상 유혹에 넘어져 죄를 짓고 세상과 벗하여 살아감으로써 구원의 소망을 잃어버린 모습입니다.

소중한 보물을 아무 데나 두듯이 구원을 아무렇게나 취급하고, 그러다가 잃어버리면 아주 참혹한 비극이 기다릴 뿐입니다. 보물을 흘려서 잃어버리면 얼마나 큰 손실입니까? 구원을 잃어버리는 것은 일생의 비극이 아닐 수 없습니다. 결국 그렇게 살아가면 큰 보응이 있습니다. 이것이 히브리서의 주된 경고입니다.

왜 복음이 함부로 소홀히 할 수 없는 말씀인가?

"이 구원은 처음에 주로 말씀하신 바요 들은 자들이 우리에게 확증한 바니 하나님도 표적들과 기사들과 여러 가지 능력과 및 자기의 뜻을 따라 성령이 나누어 주신 것으로써 그들과 함께 증언하셨느니라"(히 2:3하-4).

첫째, 하나님의 아들이 직접 하신 말씀이기 때문입니다. 선지자나 종들이 전한 말이 아닙니다. 제자들이 지어낸 말도 아닙니다. 히브리서 기자는 '주로 말씀하신 바'라고 분명히 이야기합니다.

둘째, 직접 들은 증인(사도)들이 확증해 주었기 때문입니다. 복음에는 증인이 있습니다. 예수님의 사역과 삶을 함께한 제자들이 증언했으며, 부활과 승천을 목격한 증인들이 확증했습니다.

셋째, 성령님이 표적과 기사와 능력으로 증언하셨기 때문입니다. 성령님은 복음을 증거할 때 역사하십니다. 표적과 기사와 능력으로 함께하심을 보이시고, 말씀이 진실임을 확증하십니다. 인간적인 교훈과 감동은 사람을 울리고 웃길 수 있지만, 변화시키지는 못합니다. 하지만 성령님이 역사하시면 복음을 듣고 회개하는 역사가 일어납니다. 사람들의 눈이 뜨이고 거듭나는 일이 일어납니다. 성령의 감동으로 말씀이 진리임을 알 수 있다고 성경이 친히 증거합니다. 복음을 증거할 때 성령님이 역사하십니다. 우리 삶을 변화시키시고, 우리 삶에 들어와 함께하시며 이끌어주십니다. 이것이 우리가 받은 큰 구원이요, 우리가 믿고 전할 복음입니다.

이 땅에서 진정한 역사적
사건으로서 유일하게
하나님의 아들이셨던 분,
유일하게 하나님에서 사람이
되신 분, 그분은 오직 한 분
예수 그리스도뿐입니다.

3장

왜 천사보다 낮아지셔야 했을까?

: 예수, 구원의 창시자

(히 2:5-18)

CHAPTER 03

왜 천사보다 낮아지셔야 했을까?

: 예수, 구원의 창시자 (히 2:5-18)

예수님은 하나님이시고, 하나님의 아들이시며, 왕이시고, 천사보다 뛰어난 분입니다. 그런데 왜 그분이 잠시 천사보다 낮아지셨을까요? 히브리서 2장은 바로 그 문제를 주제로 다룹니다. 천사는 육체가 없어서 육체가 주는 제약도 없습니다. 그런데 예수님이 우리처럼 사람이 되시면 육체의 제약을 입게 됩니다. 그래서 시험과 고난, 죽음의 고통을 받으셔야 했습니다.

정말 예수 그리스도가 천사보다 뛰어난 하나님의 아들이고 통치자라면 왜 그분이 죽으셔야 했을까요? 그보다 못한 천사도 죽지 않는데, 왜 하나님의 아들이 인간이 되어 시험을 받고 고난과 죽음의 길을 가셔야 했을까요? 만물의 상속자요, 왕이요, 통치자이신 주님이 육체를 입고 천사보다 못하게 되신 이유를 알아야 합니다.

예수님을 구원의 창시자로 세우기 위하여

"하나님이 우리가 말하는 바 장차 올 세상을 천사들에게 복종하게 하심이 아니니라"(히 2:5).

'장차 올 세상'은 주님의 재림 때에 펼쳐질 세상입니다. 그런데 하나님의 계획은 그때 만물이 천사들에게 복종케 하는 것이 아니라고 말씀하십니다. 왜 이런 말을 할까요? 지금은 마치 천사가 하나님의 종으로서 세상을 다스리는 것처럼 보이기 때문입니다. 타락한 천사인 마귀가 인간을 속여 꼬임으로써 이 세상 임금이 되었습니다. 그들의 이름을 '정사와 권세와 세상 주관자들과 하늘에 있는 악한 영'이라고 하는 것을 보면 세상 권력의 배후에 마귀가 있음을 알 수 있습니다. 마귀가 분명히 예수님께 이 세상 영광을 자신이 가지고 있다고 이야기했습니다. 이런 세상 속에서 인간은 참으로 비천해 보이고 천사는 월등해 보입니다. 하지만 결코 천사는 이 세상의 주인공, 종국적인 통치자가 아닙니다.

그러면 하나님의 계획은 무엇인가?

"그러나 누구인가가 어디에서 증언하여 이르되 사람이 무엇이기에 주께서 그를 생각하시며 인자가 무엇이기에 주께서 그를 돌보시나이까"(히 2:6).

히브리서 기자는 이 부분에 대해서 시편 8편 말씀을 인용합니다. 시편 8편은 "여호와 우리 주여 주의 이름이 온 땅에 어찌 그리 아름다운지요"로 시작합니다. 다윗이 창조 세계의 아름다움을 노래하면서, 그중에서도 인간을 특별하게 생각하시는 하나님의 은총을 찬양합니다. 화가가 아름다운 그림을 그리고 자신의 작품이라고 서명을 하듯이, 이 세상은 하나님의 손길이 담긴 아름다운 작품입니다. 그런데 그 아름다운 피조 세상에서 압권이 바로 '사람'입니다. 그래서 다윗은 도대체 사람이 무엇이기에 주님이 그를 그렇게 생각하고 돌보시느냐고 감탄합니다. 바로 하나님이 자연 만물 속에서 인간을 특별하게 창조하시고 사랑하신다는 의미입니다.

"그를 잠시 동안 천사보다 못하게 하시며 영광과 존귀로 관을 씌우시며 만물을 그 발아래에 복종하게 하셨느니라 하였으니"(히 2:7-8상).

그런데 하나님께서 인간을 잠시 동안 천사보다 못하게 하셨습니다. 이것은 약간 못하다는 의미로, 인간이 타락해서 죄로 오염된 후 마귀 아래 있기 때문이기도 하지만, 첫 창조의 육체를 입은 인간은 천사보다 약간 못한 상태임도 암시합니다. 첫 창조된 육체는 궁극적으로 우리가 장차 예수님이 재림하실 때 부활할 몸과는 다른 상태입니다. 우리가 부활하여 입게 되는 몸은 죄를 지을 수 없는, 완전히 영광스럽게 된 몸입니다. 아담과 하와의 육체는 비록 지금과는 다른 영광을 가지고 있었지만, 죄를 지을 수 있는 육체였습니다. 그래서 결국 사탄의 꼬임에 굴복하고 말았습니다. 이때의 육체는 죄에 넘어졌습니다. 천사보다 조금 못하게 지으신 데다 타락하기까지 한 인간은 정말 천사보다 못한 상태에 처해졌습니다.

하지만 그것도 잠시일 뿐, 하나님께서는 결국 인간을 더 멋지게 하시려는 계획을 가지고 계셨습니다. 궁극적으로는 예수님과 같이 부활하는 영광스러운 모습이 되게 하는 것이 인간을 향한 하나님의 계획입니다. 잠시 천사보다 못하게 하셨지만, 하나님은 인간에게 영광과 존귀로 관을 씌우셨습니다. 즉 만물을 다스리는 위치에 인간을 세우셔서 영적 존재인 천사를 포함한 만물이 그 발아래 복종하게 하셨습니다. 이것이 인간이 창조될 때의 특별한 위치입니다.

"만물로 그에게 복종하게 하셨은즉 복종하지 않은 것이 하나도 없어야 하겠으나 지금 우리가 만물이 아직 그에게 복종하고 있는 것을 보지 못하고"(히 2:8하).

하지만 우리는 아직 만물이 인간에게 복종하는 것을 보지 못하고 있습니다. 오히려 지금 자연 만물이 가시와 엉겅퀴를 내고, 동물이 인간을 공격하기도 합니다. 태풍, 지진, 기근, 전염병 등이 인간을 위협합니다. 사탄은 인간을 속여서 노예로 삼았고, 귀신은 인간을 괴롭힙니다. 이 세상 임금은 사탄입니다. 즉 인간은 하나님께서 원래 작정하신바 주님의 깊은 사랑으로 인한 영광스런 지위를 누리지 못하고 있습니다. 이것이 죄 아래 있는 인간의 상태입니다.

인간을 향한 하나님의 계획과 은총은 좌절되었는가?

하나님은 인간 대신에 그 무대에 천사를 두실까요? 이에 대한 직접적인 대답 대신 히브리서 말씀은 '보는' 것에 대해 말합니다. "오직 우리가 천사들보다 잠시 동안 못하게 하심을 입은 자 곧 죽음의 고난 받으심으로 말미암아 영광과 존귀로 관을 쓰신 예수를 보니"(히 2:9상).

우리가 예수님을 봅니다. 어떤 예수님을 봅니까? '천사보다 잠시 동안 못하게 하심을 입은 자', 곧 우리와 똑같은 사람이 되신 예수님을 봅니다. 그리고 '죽음의 고난을 받으심으로 영광과 존귀로 관을 쓰신 예수', 곧 죽음의 고난을 받고 부활 승천하셔서 영광과 존귀로 관을 쓰신 예수님을 봅니다.

인간은 하나님의 원래 의도대로 만물을 다스리는 영광스러운 자리에 있지 않습니다. 오히려 마귀에게 종노릇하고 있습니다. 하지만 하나님은 이대로 인간이 천사나 마귀에게 다스림을 받도록 놔두지 않겠다고 말씀하셨습니다. 인간을 향한 하나님의 사랑과 계획은 좌절되지 않았습니다. 그래서 지금 우리는 인간이 되어 죽으시고 하늘 보좌에 오르셔서 영광과 존귀로 관을 쓰신 예수님을 보아야 합니다. 그러면 왜 천사보다 뛰어나신 예수님이 천사보다 낮아지셔서 죽음을 경험하셔야 했을까요?

예수님이 천사보다 낮아지신 이유는 무엇인가?

예수님이 모든 사람을 위하여 죽음을 맛보기 위해서

"이를 행하심은 하나님의 은혜로 말미암아 모든 사람을 위하여 죽음을 맛보려 하심이라"(히 2:9하).

예수님이 이 땅에 오신 이유는 궁극적으로 우리를 향한 하나님의 은혜입니다. 우리를 불쌍히 여기시는 그분의 사랑입니다. 그래서 하나님이 사랑하는 아들에게 우리 대신 죽음을 맛보게 하셨습니다. 여기서 '맛보다'라는 말은 맛만 보고 먹지 않았다는 것이 아니라 죽음의 큰 고통과 저주를 온전히 경험하셨다는 의미입니다. 모든 사람을 위해서 말입니다. 이것이 예수님이 천사보다 잠시 못한 모습으로 오신 이유입니다.

하나님의 궁극적인 구원 계획을 이루기 위해서

"그러므로 만물이 그를 위하고 또한 그로 말미암은 이가 많은 아들들을 이끌어 영광에 들어가게 하시는 일에"(히 2:10상).

'만물이 그를 위하고 그로 말미암은 이'는 성부 하나님을 의미합니다. 하나님은 '많은 아들들' 곧 인간을 구원해서 원래 의도하신 영광으로 데려가실 계획을 갖고 계셨습니다. 비록 인간이 타락했고 천사보다 못하게 되었지만 하나님이 창조하실 때 인간을 향하여 품으신 계획은 끝나지 않았습니다. 이 일을 위해서 어떻게 하셨습니까?

"그들의 구원의 창시자를 고난을 통하여 온전하게 하심이 합당하도다"(히 2:10하).

예수님을 '구원의 창시자'로 세우셨습니다. '구원의 창시자'란 구원을 시작하신 분, 인간을 구원으로 이끄시는 분, 즉 '구세주'를 말합니다. 구원의 창시자로 세우기 위해서 고난을 통해 온전하게 하셨다는 말은 예수님이 불완전하고 성화가 덜되어 인간처럼 고난의 불로 연단하셨다는 의미가 아닙니다. 구원의 창시자로서의 온전함이 무엇입니까? 예수님이 인간을 위해서 고난, 즉 죽음을 당하셔야만 구세주로서 자격을 갖추실 수 있다는 의미입니다. 인간을 구원하려면 그가 누구이든지 인간의 죄를 대신하여 죗값인 사망을 감당하고 죽어야 합니다. 예수님이 바로 그 고난을 받으셨고, 그 결과 구원의 창시자가 될 수 있는 합당한 자격을 얻으셨다는 말이 '온전하게 되셨다'는 의미입니다.

인간을 구원하기 위한 창시자가 되기 위해서

예수님이 천사보다 못한 모습으로 잠시 오신 이유는 바로 하나님의 아들이 그 영광스러운 계획을 위해서, 즉 인간을 구원하기 위한 창시자가 되시기 위해서입니다. 예수님이 쇼생크 감옥 같은 이 세상에 오셔서 죽으시고 부활하시어 천국으로 향하는 터널을 뻥 뚫어주셨습니다. 누구든지 예수님을 믿는 순간 죄와 죽음과 마귀 아래에서 벗어나 천국으로 갑니다. 영광스러운 하나님 나라의 시민이 되는 것입니다. 따라서 예수님이 구원의 창시자이십니다. 그분만이 구원의 길입니다. 천하 만민에게 구원을 얻을 만한 다른 이름을 주신 적이 없습니다.

저는 이 말씀을 생각하면 내가 죽은 후에 어떻게 될지 그려집니다. 그분이 십자가에서 죽으시고, 부활하시고, 승천하셔서 하늘로 가셨습니다. 그러므로 우리가 죽으면 예수님이 먼저 길을 닦아 개척하고 계신 그곳에 예수님과 연합하여 우리 영혼도 같이 있는 것입니다. 하나님이 계신 그 나라 말입니다. 바로 그곳이 우리가 예수님과 함께 갈 곳입니다. 예수님이 먼저 죽으시고 부활하셔서 우리가 심판 이후에 갈 곳, 우리 운명을 다 보여주셨습니다. 그러므로 내가 죽으면 어디로 갈지, 죽고 난 다음의 길은 무엇인지 걱정할 필요가 없습니다. 이미 예수님이 다 보여주셨습니다. 자꾸 두려운 마음이 드는 이유는 우리가 믿지 않기 때문입니다. 예수님이 직접 오셔서 친히 보여주시고 말씀하셨는데도, 우리가 아직 하나님 아들의 말씀을 우습게 여기고, 소홀히 듣기 때문입니다.

말씀을 많이 알고 들어도 아주 무겁게 유념해서 듣지 않으면 소용이 없습니다. 말씀을 들을 때 믿음을 화합하지 않으면 아무런 소용이 없습니다. 다 알아도 믿지는 않는데, 알면 뭐합니까? 믿지 않기에 두려운 것입니다. 제가 어느 교역자 모임에서 로마서를 강의하며 몸의 궁극적인 부활에 대한 이야기를 했습니다. 강의가 끝나고 어느 젊은 목사님이 조용히 찾아와 진지하게 물었습니다. "목사님, 부활이 정말 있죠? 목사님은 그것을 믿으세요?" 회의적인 마음으로 의심하는 질문이 아니라 확신을 얻고 싶어 하는 질문이었습니다. 그래서 저는 확신 있게 대답했습니다. "부활이 없으면 우리 믿음도 소망도 다 헛것입니다. 우리는 이 몸으로 부활합니다. 예수님처럼 부활해서 예수님과 함께 영원히 살게 될 것입니다." 그러자 그분은 고개를 끄덕거리며 뭔가 믿음의 확신을 얻은 듯 돌아가셨습니다. 부활에 대해 아무리 설명을 잘하고 부활 교리를 아무리 잘 알아도, 믿음으로 화합하지 않으면 아무 의미가 없습니다.

기억하십시오. 천지가 사라지고 모든 만물이 불타 없어져도 하나님의 말씀은 일점일획도 변하지 않습니다. 그러므로 오로지 하나님 말씀만 믿고 그냥 가면 됩니다. 예수님이 바로 유일한 구원의 창시자, 구원의 길, 우리를 구원으로 이끄시는 구세주입니다. 제 신앙 경험으로는, 온갖 난리를 치고 감정적으로 난리법석을 떨며 울고불고 해봐야 결론은 내가 예수님을 확신하고 말씀대로 걸어가는 데 있었습니다. 말씀대로 걸어가니 말씀대로 됐습니다. 그래서 저는 '믿으면 되는데, 말씀에 대한 믿음이 없어서 이렇게 오두방정을 떨었구나!'라고 느끼곤 합니다.

우리가 기적이나 체험, 초자연적인 현상을 아무리 구해도, 결국 우리에게 진정한 도움은 믿음입니다. 말씀을 믿으십시오. 굳이 엄청난 감정적 체험과 이적을 구하지 않아도 됩니다. 그냥 믿으면 기적이나 체험이 없어도 다 이루어집니다. 구원의 말씀을 무겁게 믿으십시오. 그렇지 않으면 우리의 죄, 죽음, 심판, 지옥, 천국에 대해서 무슨 해답과 확신을 얻겠습니까?

우리를 형제라 부르시길 부끄러워하지 않으시는 그리스도

"거룩하게 하시는 이와 거룩하게 함을 입은 자들이 다 한 근원에서 난지라 그러므로 형제라 부르시기를 부끄러워하지 아니하시고"(히 2:11).

더 놀라운 일은 이렇게 우리의 구원의 창시자가 되신 예수님은 우리를 형제라 부르시길 부끄러워하지 않으신다는 사실입니다.

저자는 예수님을 '거룩하게 하시는 이'로 소개합니다. 구약에서 거룩하게 하는 존재는 바로 '제사장'입니다. 제사장은 동물의 피로 제사를 드려 그 피를 뿌림으로 거룩하게 하는 일을 합니다. 그런데 그것은 불완전했습니다. 하지만 예수님은 자신의 피로 그에게 나아오는 자를 거룩하게 하시는 대제사장입니다. 이것이 히브리서의 아주 중요한 주제입니다. 예수님을 생각할 때, '예수님은 나를 거룩하게 하시는 분'이라는 이미지를 머릿속에 깊이 각인해야 합니다. 성경이 우리에게 알려주는 예수님에 대한 이미지를 다양하고 풍성하게 늘 마음에 새겨야 합니다. 4영리, 즉 일차적인 구원 지식만 가지고 예수님을 이해하면 풍성한 은혜를 다 누리지 못합니다.

예수님이 누구십니까? 나를 죄에서 거룩하고 깨끗하게 씻겨주시는 분입니다. 우리를 죄에서 거룩하게 해주실 분은 오직 예수 그리스도뿐입니다. 그런데 이 거룩은 단지 몸에 묻은 무엇을 씻어주는 차원이 아닙니다. '거룩하게 함을 입은 자'란 존재 자체의 변화를 말합니다. 예수님의 죽음과 부활과 연합하여 새로운 신분을 얻고, 성령님을 통해서 새롭게 중생하게 된 것입니다. 그래서 신의 성품에 참여한 자가 되어 하나님의 자녀가 되는 권세를 얻는 것입니다.

이 거룩하게 하심을 통해서 우리는 예수님과 한 근원에서 나게 됩니다. '한 근원'이란 한 아버지에게서 나왔다는 말입니다. 즉 하나님이 아버지가 되시기에 신분상 우리는 예수님과 같은 하나님의 아들입니다. 예수님은 맏아들이 되시고, 우리는 그의 형제가 됩니다.

이것은 우리가 거듭나서 단숨에 삼위일체 하나님과 같은 신의 반열에 올라갔다는 의미가 아닙니다. 우리는 부활하여 천국에서 하나님과 함께 거할 때도 영원히 피조물이고, 하나님은 영원히 우리에게 경배와 찬양을 받으실 하나님이십니다. 그런 우리를 그리스도 안에서 하나님이 자녀로, 영광스러운 하나님의 아들로, 우리 주 예수 그리스도의 형제로 삼아주셨습니다. 양자로 입양해 주셨다는 말입니다. 쉽게 말하면 거지로 생활하던 나를 어느 날 어마어마한 귀족 집안에서 입양을 한 것과 같습니다. 그 집에 고귀한 친아들이 있는데도 말입니다. 그런데 그 친아들이 나를 형제라고 부르기를 전혀 부끄러워하지 않는 것입니다. 신분상 같은 아들이지만 그는 고결한 귀족 집안 자녀이고 나는 천한 거지 출신입니다. 이처럼 예수님과 우리는 근본적으로, 존재적으로 차이가 있습니다. 하지만 예수님은 우리를 형제라 부르시길 부끄러워하지 않으십니다.

"이르시되 내가 주의 이름을 내 형제들에게 선포하고 내가 주를 교회 중에서 찬송하리라 하셨으며"(히 2:12).

실제로 죽으시고 부활하신 예수님은 부활을 최초로 목격한 막달라 마리아에게 이렇게 말씀하셨습니다. "너는 내 형제들에게 가서 이르되 내가 내 아버지 곧 너희 아버지, 내 하나님 곧 너희 하나님께로 올라간다 하라"(요 20:17). 즉 예수님은 제자들을 '내 형제들'이라고 부르셨습니다.

그뿐만이 아닙니다. 히브리서 2장 12절은 시편 22편에서 인용한 말씀입니다. 시편 22편은 메시아가 오셔서 십자가에서 고난받으실 것을 예언한 굉장히 중요한 말씀입니다. "내 하나님이여 내 하나님이여 어찌 나를 버리셨나이까"란 탄식으로 시작하는 이 시편은 예수님이 십자가의 고난과 죽음의 고통 속에서 절규하는 기도로 가득합니다. 그런데 고난의 내용 뒤에 바로 다음 구절이 나옵니다. "내가 주의 이름을 형제에게 선포하고 회중 가운데에서 주를 찬송하리이다"(시 22:22). 결국 이 찬송은 고통 속에서 부르짖음에 응답하시는 하나님을 형제들에게 선포하겠다는 것입니다. 예수님은 이 시편처럼 십자가 고난 속에서 절규하며 기도하셨고, 하나님께 모든 것을 의탁하고 운명하셨습니다. 그리고 하나님은 예수님을 죽음 가운데 내버려두시지 않고 부활시키셨습니다. 부활하신 예수님은 먼저 형제인 제자들을 찾아가 하나님께서 행하신 그 일을 알리셨습니다. 그리고 무덤에 온 여자들에게 이렇게 말씀하십니다. "무서워하지 말라 가서 내 형제들에게 갈릴리로 가라 하라 거기서 나를 보리라"(마 28:10).

실제로 예수님은 부활하신 후에 제자들에게 나타나셨습니다. 그리고 그들과 함께 하나님께 찬송하셨습니다. 특별히 여기 히브리서 2장 12절 말씀에 보면 '교회 중에서' 찬송하리라고 합니다.

이것은 부활하신 예수님의 일차적인 관심사가 바로 형제들이요, 교회임을 말합니다. 부활하시고 승천하신 예수님은 거룩하게 된 백성들, 성도들과 늘 함께하십니다. "두세 사람이 내 이름으로 모인 곳에는 나도 그들 중에 있느니라"(마 18:20). 주님이 교회를 자신의 몸이요, 신부라고 하신 것을 보십시오. 주님은 이렇게 우리를 같은 아버지의 형제라고 부르시길 부끄러워하지 않으시고 우리를 존귀하게 대해주셨습니다.

우리를 동등하게 여겨주시는 예수 그리스도

"또 다시 내가 그를 의지하리라 하시고 또 다시 볼지어다 나와 및 하나님께서 내게 주신 자녀라 하셨으니"(히 2:13).

이 말씀은 이사야에서 인용한 것입니다. '내가 그를 의지하리라'는 말은 극심한 고통 속에서 온전히 하나님만 붙드는 믿음의 표현입니다. 이처럼 주님은 십자가에서 하나님만 의지하셨습니다. 그리고 십자가의 고통 속에서 얻은 사들, 즉 구속으로 말미암아 구원 얻은 성도들을 '나와 하나님이 내게 주신 자녀'라고 하셨습니다. 하나님은 만물의 상속자인 예수님에게 십자가로 말미암아 구원을 얻은 하나님의 자녀들을 주셨습니다. 그리고 주님은

"아버지께서 내게 주시는 자는 다 내게로 올 것이요 내게 오는 자는 내가 결코 내쫓지 아니하리라"(요 6:37)라고 하셨습니다. 성경을 보면 '제자들', '성도들'을 아버지께서 예수님에게 주신 자들이라고 하는 표현이 여러 번 나옵니다. 여기에서 초점은 '나와 하나님께서 내게 주신 자녀'입니다. 그리스도께서 자신과 그 자녀들, 즉 성도들을 동등하게 말씀하신 이유는 그들을 형제로 여기셨기 때문입니다. 우리를 예수님의 위치까지 격상시켜 주셨습니다. 그리하여 당신과 함께 만물을 다스리는 위치에 두셨습니다. 그 결과 우리가 하나님의 계획대로 영광의 자리에 올라가게 되었습니다.

사실 우리는 자기 교회나 자기 소그룹에 근사한 사람이 오길 바랍니다. 내가 원치 않는 사람이 오면 만족스러워하지 않습니다. 구성원이 맘에 들지 않으면 소그룹을 바꿔 달라고 하기도 합니다. 아버지께서 우리를 예수님에게 주실 때, 주님은 우리가 마음에 들지 않으실 수도 있었습니다. 그러나 예수님은 우리를 부끄러워하지 않으셨습니다. 오히려 기뻐하셨다고 합니다. 우리를 만족하시고 기뻐하시어 끝까지 사랑하실 뿐만 아니라 우리와 자신을 동일시하시고 한 형제가 되어 주셨습니다. 신분과 존재의 차원이 전혀 다른데 말입니다.

우리가 이렇게 주님의 은혜를 입고 대접받고 있다면, 어떻게 동일한 그리스도의 피로 구원받은 다른 형제자매들을 세상의 기준으로 차별하겠습니까? 차별은 결코 그리스도의 놀라운 은혜를 입고 있는 성도가 할 행동이 아닙니다. 교회 안에서는 사장과 직원이 한 형제가 되고, 종과 상전, 가난한 자와 부자, 못 배운 사람과 배운 사람이 동등한 형제가 됩니다. 막 포도원에 와서 일하기 시작한 늦깎이 일꾼이나 아침부터 일한 일꾼이나 동등한 품삯을 받는 곳이 바로 교회입니다. 무슨 차별이 있습니까? 우리는 주 예수님이 우리를 이렇게 올려주신 은혜를 함께 누리고 살 뿐입니다.

혈과 육을 지니시고 우리를 위해 죽으신 예수 그리스도

이제 히브리서 기자는 이 논점의 결론을 향해 나아갑니다. 왜 예수님이 천사보다 못하게 되었는지를 단도직입적으로 설명합니다.

우리를 마귀와 죽음에게 종노릇하는 삶에서 놓아주시려고

"자녀들은 혈과 육에 속하였으매 그도 또한 같은 모양으로 혈과 육을 함께 지니심은 죽음을 통하여 죽음의 세력을 잡은 자 곧 마귀를 멸하시며 또 죽기를 무서워하므로 한평생 매여 종 노릇 하는 모든 자들을 놓아 주려 하심이니"(히 2:14-15).

죽음에게 종노릇하는 우리를 놓아주시려고 죽으셨다는 말입니다. 즉 죽음의 세력을 잡은 마귀 아래에서 죽음을 무서워하며 살아가는 인간을 해방시켜 그리스도께서 이루신 그 영광스러운 자리에 이르게 하시려고, 예수님이 친히 혈과 육을 지니시고 죽으셨다는 것입니다.

여기에서 또다시 예수님이 죽으신 이유가 나옵니다. 단지 죄를 사하시려는 차원이 아니라 인간이 원래의 영광스러운 지위와는 다르게 마귀의 압제 아래서 죽음의 종노릇을 하자, 우리를 해방시키시려고 우리와 같은 모양으로 죽으셨다는 말입니다. 그래서 우리를 더 이상 죽음을 두려워하며 살아가는 존재가 되지 않게 해주셨습니다.

첫째, 그러기 위해서 죽음의 세력을 잡은 마귀를 멸하셨습니다. 예수님의 십자가 권세로 마귀는 심판을 받았습니다. 요한계시록에 보면 그는 아직 지옥 불못에 들어가진 않았지만, 천사에 의해서 무저갱에 갇힌 상태입니다. 지금 예수님은 하늘에서 하나님 우편에 앉아 다스리고 계시고, 마귀는 쫓겨나서 갇혀 있습니다. 그리고 신자들은 주님과 함께 다스리는 상태입니다. 이 모든 일이 십자가로 이루어졌습니다. 아직 마귀가 완전히 결박되지 않았기에 마지막 날을 바라보며 발악을 하지만, 주님이 재림하실 때 결국 멸망하게 될 것입니다.

둘째, 신자들을 죽음의 두려움에서 해방시켜 주셨습니다. 우리가 마귀를 보면서 확대 해석을 하지도 말아야 하고, 저평가하지도 말아야 합니다. 마귀는 여전히 믿지 않는 자들에게는 세상 임금입니다. 그러나 믿는 우리에게는 패주입니다. 그는 멸망 받았고 우리는 해방되었습니다. 이것이 예수님이 십자가에서 죽으심으로 이루어주신 일입니다. 동시에 주님은 우리를 죽음에서 건져주셨습니다. 우리를 이미 하늘에 앉히셨습니다. 구원의 창시자인 예수님을 통해서 신자들은 그리스도와 함께 이미 하늘에 앉아 있고, 하늘 생명을 얻었고, 하늘 시민이 된 상태입니다. 중요한 것은 신자는 이미 마귀와 죽음에서 벗어났다는 사실입니다. 그래서 신자는 더 이상 죽음이 무서워서 매여 사는 존재가 아닙니다. 마귀에게 매여 있는 존재가 아닙니다. 우리는 이미 영생을 얻었고 하늘에서 다스리는 존재입니다.

원래 하나님이 인간을 향해 가지신 의도는 만물을 다스리는 데 있었습니다. 그런데 인간이 죄를 짓고 죽었습니다. 그래서 죽음에 매인 인간은 죽지 않으려고 삽니다. 돈을 많이 벌어서 죽지 않으려고 하고, 권력과 힘을 축적해서 누구도 죽음으로 위협하지 못하게 하려고 합니다. 좋은 음식, 좋은 약을 먹고 오래 살려고 합니다. 노후에도 어떻게 해서든지 죽지 않고 살기 위해 대부분의 시간을 보냅니다. 결국 인간은 죽음의 노예로 살아가기에, 세상 만물을 다스리도록 하는 목적에 부합된 삶을 살지 못하고 있습니다. 이처럼 우리가 죽음의 노예가 되면 아무것도 하지 못합니다. 하지만 그리스도께서 십자가에서 죽으심으로써 우리를 해방시켜 하늘 생명을 가진 자로, 주님과 함께 다스리는 자리에 세워주셨습니다.

저는 은퇴하는 그날까지 매해 가을 특별새벽기도회마다 성경을 한 권씩 강해하는 것이 소망입니다. 할 수만 있으면 신·구약 성경 66권을 함께 나누고 싶습니다. 그런데 사실 작년 가을 특별새벽기도회를 마치고 그 여파로 많이 아팠습니다. 고통의 긴 시간을 지나면서 '내 목회가 여기서 끝날 수도 있겠구나'라는 생각도 여러 번 들었습니다. 아직 그 여파가 남아 있기에 '과연 내가 이번 가을 특별새벽기도회를 할 수 있을까' 하는 염려도 했습니다. 간신히 여름에 쉬면서 체력을 회복하고 이렇게 다시 특별새벽기도회를 맞이했습니다. 그런데 이번 여름 내내 히브리서를 준비하면서 이 복음의 말씀이 저를 사로잡고 제 마음은 그리스도의 영광으로 가득해졌습니다. 준비하다 보니 '내가 할 수 있을까, 아프면 어쩌지?' 하는 생각은 사라지고 이 영광스러운 말씀을 전할 수 있는 특권을 주셨음에 가슴이 벅찼습니다. '이러다 죽으면 어떡하지?' 하는 생각은 전혀 없고, 하나님이 내게 힘 주셔서 이렇게 말씀을 전할 수 있는 것이 감사하고, 성도들과 말씀을 나누는 특권을 누리는 것이 황송하고 영광스러울 뿐입니다.

그리스도께서 저를 죽음에게 종노릇하는 인생에서 놓아주신 것에 저는 깊은 감사를 드립니다. 저라고 왜 순간순간 건강, 노후, 자녀 양육 등의 걱정과 죽음의 세력의 위협이 없겠습니까? 하지만 내가 그리스도께 나아갈 때, 주님은 언제나 나를 죽음의 두려움에서 해방시키시고, 저를 하늘에 함께 앉게 하셔서 이렇게 복음을 위해 진력하게 하셨습니다. 하나님이 저의 병약한 인생을 붙드셔서 죽음이 두려워 종노릇하며 살지 않게 하시고, 영광스러운 부름을 따라 그리스도와 함께 다스리게 하시니 얼마나 감사한지 모릅니다. 이것은 저의 의지도, 저의 인격이나 가치관의 힘도 아닌, 오직 그리스도께서 저를 붙들어 주시기 때문에 가능한 것입니다. 이것이 바로 우리에게 주시는 예수 그리스도의 복음의 능력인 줄 믿습니다.

만물의 통치자를 세워 우리를 붙들어 주시려고

"이는 확실히 천사들을 붙들어 주려 하심이 아니요 오직 아브라함의 자손을 붙들어 주려 하심이라"(히 2:16).

히브리서 2장 서두에서 하나님은 세상을 천사에게 복종시키려 함이 아니라고 하셨습니다. 하나님은 원래 의도대로 장차 올 세상에서 사람에게 원래 계획하신 영광과 존귀로 관을 씌우실 것입니다. 이것이 하나님의 계획이고, 바로 이를 위해서 예수님이 십자가에서 죽으셨습니다. 결국 그리스도께서 혈과 육을 가지고 죽으신 이유는 천사가 아니라 아브라함의 자손, 즉 우리를 붙들어 주시기 위함입니다. 우리가 죽음에 종노릇하지 않게 하시려고 말입니다. 이것이 결론입니다. 우리가 마귀와 죽음에서 놓여 그리스도와 함께 이 땅에서 다스리고, 이제 저 세상에서 영원토록 하나님이 주신 그 영광과 존귀의 관을 쓰도록 하기 위해서 그리스도께서 죽으셨습니다.

여기서 우리가 기억해야 할 것이 무엇입니까? 주님이 우리를 붙들어 주신다는 사실입니다. 그날에 결국 우리를 그리스도와 함께 만물을 통치하는 자로 세우시기 위해 주님이 우리를 붙들어 주십니다. 바로 그 붙들어 주심을 위해서 주님이 우리와 같은 모양이 되셨습니다.

예수님은 어떻게 우리를 붙들어 주시는가?

죄를 속량해 주심으로 붙들어 주신다.

"그러므로 그가 범사에 형제들과 같이 되심이 마땅하도다 이는 하나님의 일에 자비하고 신실한 대제사장이 되어 백성의 죄를 속량하려 하심이라"(히 2:17).

드디어 히브리서의 가장 중요한 주제인 '대제사장'이란 단어가 나옵니다. 주님은 자비하고 신실한 대제사장이 되시기 위해 범사에 형제들과 같이 되셨습니다. 그래서 지금 주님은 하나님 보좌 우편에 대제사장으로 계시며, 백성의 죄를 속량하는 일을 하고 계십니다.

이 표현은 주님이 우리 죄를 속량하시려고 죽으셨다는 의미가 아닙니다. 우리 죄를 위해서 죽으시고 부활하시어 하나님 보좌 우편에 앉으신 주님이 바로 대제사장이 되셔서, 누구든지 이 땅에서 실수하고 넘어질 때마다 주님께 나아가면 우리 죄를 용서해 주신다는 의미입니다. 하나님 앞에서 우리를 위해서 기도하고 변호해 주신다는 것입니다. 그래서 우리가 이 땅을 살아가는 동안 우리를 붙들어 주신다고 하는 것입니다.

연약한 우리가 어떻게 죄를 짓지 않을 수 있겠습니까? 왜 유혹과 정욕에 넘어지지 않겠습니까? 그러나 범사에 우리와 같이 되신 주님은 우리의 약함을 다 아십니다. 그래서 죽으셨습니다. 그분이 대제사장으로 지금 계십니다. 그러므로 우리가 회개하며 그분을 의지하여 나아가면 우리 죄를 속량해 주시고 다시 일으켜 세워주십니다.

시험 받는 자들을 도우심으로 붙들어 주신다.

"그가 시험을 받아 고난을 당하셨은즉 시험 받는 자들을 능히 도우실 수 있느니라"(히 2:18).

대제사장 예수님은 시험 받는 자를 도와주십니다. 주님 자신이 우리와 같은 사람이 되셨고, 시험을 받아 고난을 당하셨기에 우리 형편을 다 아십니다. 그러므로 우리를 도우실 수 있습니다. 약이 있어도 어디가 아픈지 모르면 도와줄 수 없습니다. 하지만 주님은 다 아십니다. 우리가 어디가 약하고 어떤 문제가 있는지 다 아십니다. 그러므로 우리가 이 땅에서 주님을 의뢰하면 주님이 능히 도와주십니다.

그리스도는 인성의 연약함을 입으셨기에 배고픔, 슬픔, 두려움, 답답함, 조롱, 모욕, 피곤, 질병, 연약함, 인간적인 정, 외로움, 가족에 대한 걱정, 편안의 유혹, 자기 과시와 증명의 유혹, 분노, 억울, 배신, 세상의 즐거움과 쾌락, 정욕 등 육체를 가진 인간이라면 육신의 본능을 따라 경험할 수밖에 없는 모든 감정과 어려움을 겪으셨습니다. 주님이 먼저 다 경험하셔서 아시기에 아주 적절하게 우리를 위로하시고, 우리가 도움을 청할 때 아주 적절하게 도와주십니다. 우리가 시험당할 때 피할 길을 내시고 승리하게 하십니다.

그러므로 우리는 시험당할 때 부르짖어야 합니다. 기도하며 도움을 요청해야 합니다.

이것이 바로 연약한 인간이 하나님이 원래 품으셨던 영광과 존귀의 모습으로 살아갈 수 있는 비결입니다. 그리스도께서 우리를 위해 죽으셨기에, 그분이 우리를 형제로 여기시고 부끄러워하지 않으시기에, 우리를 함께 하늘에 앉히셨기에, 우리를 마귀와 죽음의 두려움에서 건져주셨기에, 대제사장이 되어 지금도 우리를 붙들어 주시고 도와주시기에, 우리가 부르심의 길을 갈 수 있습니다.

예수 그리스도를 깊이 생각하라

"그러므로 함께 하늘의 부르심을 받은 거룩한 형제들아 우리가 믿는 도리의 사도이시며 대제사장이신 예수를 깊이 생각하라" (히 3:1).

이 구절이 이 단락의 결론이자 그다음 시작입니다. 대제사장이신 예수님을 깊이 생각하십시오. 깊이 알아가고 그분을 바라보십시오. 이 세상을 살아가는 동안 연약하여 넘어질 때, 대제사장이신 예수님을 바라보면 도와주십니다. 그분이 우리를 아시고 도우십니다. 원래 우리를 부르신 영광스러운 부름을 향해서 달려가게 하십니다. 예수님을 깊이 생각하십시오.

예수님은 자신의 피로
그에게 나아오는 자를
거룩하게 하시는
대제사장입니다.

4장

마음을 완고하게 하지 말라!

: 예수, 모세보다 뛰어난 믿음의 사도
(히 3:1-19)

CHAPTER 04

마음을 완고하게 하지 말라!

: 예수, 모세보다 뛰어난 믿음의 사도 (히 3:1-19)

왜 예수를 모세와 비교하는가?

히브리서 3장은 예수 그리스도를 모세와 비교합니다. 왜 예수님을 율법을 전해준 천사에 이어 이제는 모세와 비교하며, 예수님이 그들보다 뛰어나신 분임을 드러내는 것으로 시작할까요?

모세는 이스라엘을 애굽에서 구원해낸 사람입니다. 천사를 통해 율법을 받아 이스라엘 백성에게 전했고, 무엇보다 광야 40년 동안 율법으로 이스라엘의 국가적 기틀을 만들었습니다. 율법 국가인 이스라엘에서 모세의 위치는 절대적이었습니다. 그래서 바울은 유대교로 돌아가려는 성도들을 바라보면서 모세와 예수님을 비교하는 것입니다.

모세가 아니라 예수가 믿는 도리의 사도이다

"그러므로 함께 하늘의 부르심을 받은 거룩한 형제들아 우리가 믿는 도리의 사도이시며 대제사장이신 예수를 깊이 생각하라" (히 3:1).

'함께 하늘의 부르심을 받은 거룩한 형제들' 즉 성도는 마귀와 사망의 종노릇에서 해방되어 그리스도와 함께 저 하늘에 앉은 사람들입니다. 그들은 하늘 시민이요, 백성입니다. 더 이상 민족적인 유대인이 아닙니다. 만약 이 땅에 살고 있고 유대교에 속해 있다면 모세를 생각해야겠지만, 그들은 하늘의 백성이기 때문에 '믿는 도리의 사도이시며 대제사장이신 예수'를 깊이 생각해야 합니다.

사도란 '하나님께 보냄 받은 자'란 의미입니다. 예수님의 열두 사도는 주님과 함께 지내며 모든 것을 직접 보고 들은 특별한 존재인 동시에 그들에게는 다른 성도들과 구별되는 특별한 성령의 능력인 '감동'이 주어졌습니다. 사도는 그리스도께서 직접 가르쳐 주신 말씀을 전하는 권위를 가집니다. 우리는 그들이 전하는 말씀의 절대적인 계시성을 거절할 수도, 부인할 수도 없습니다.

반면에 모세는 이스라엘 백성에게 율법의 사도입니다. 하나님은 "내가 선지자에게는 꿈과 환상으로 이야기하지만, 내 종 모세에게는 직접 대면해서 이야기한다"라고 하실 정도로 남다른 권위와 능력을 모세에게 주셨습니다. 그의 누이이자 선지자인 미리암은 하나님이 너를 통해서만 말씀하시느냐고 모세의 권위에 도전하다가 문둥병이 걸리는 저주를 받습니다. 모세는 율법을 전해주기 위해서 하나님이 선택하신 사도였습니다.

그런데 저자는 히브리 성도들에게 모세가 아니라 예수님이 '믿는 도리의 사도'시라고 합니다. '믿는 도리'란 성도들이 믿고 고백하는 진리를 말합니다. 하나님이 성도들과 교회가 믿고 따라야 할 최종 진리를 전하기 위해 예수님을 사도로 세우신 것입니다. 앞에서 우리는 예수님이 어떻게 영광스러운 하나님이신지, 그분이 어떻게 천사보다 높으신 하나님의 아들이요, 하나님 보좌 우편에 등극하신 왕이신가를 살펴보았습니다. 그분의 말씀이 최후 통첩이요, 최종 권세를 가진 말씀인 것입니다. 그러므로 우리가 이 최종적 복음의 말씀을 전해준 사도이신 예수님을 깊이 생각해야 이 말씀을 소홀히 여기지 않게 됩니다.

아울러 저자는 그분이 대제사장이시라고 합니다. 율법의 중요한 축이 성전입니다. 대제사장은 이 성전을 대표하는 자입니다. 그런데 십자가에서 죽으시고 부활하신 그리스도가 지금 대제사장으로서 하나님 보좌 우편에 계시다는 것입니다. 바로 이 부분이 앞으로 우리가 살펴볼 주님의 중요한 모습입니다. 히브리서를 보고 나면 대제사장 되신 예수님이 머릿속에 선명하게 자리 잡아야 합니다. 눈을 감고 기도할 때마다 하늘 보좌 우편에 앉아계신 분이 단순한 왕이나 통치자가 아니라 대제사장이란 사실을 깨닫게 되면 기도가 엄청나게 달라집니다.

예수를 깊이 살피고, 연구하고, 이해하라.

히브리서는 바로 그 예수님을 깊이 생각하라고 합니다. 여기서 '깊이 생각하라'는 말은 '깊은 관심을 가지고 자세히 보라'는 뜻입니다. 이것은 단순히 '묵상하라', '생각하라', '감상하라'는 의미가 아닙니다. 물론 우리는 예수님을 자주, 하루에도 순간순간 생각해야 합니다. 하지만 생각만 하면 안 됩니다. 그분을 알아가야 합니다. 성경이 계시하신 우리 주 예수 그리스도가 누구신지, 그분이 하신 일이 얼마나 영광스러운지를 알아야 합니다. 그리할 때 우리가 주님을 더 깊이 생각하게 되고, 주님이 우리에게 더 큰 사랑의 존재로 다가오십니다.

남편이 아내를 자주 생각한다면 좋은 일입니다. 생각날 때마다 일기를 쓰는 것도 아주 좋습니다. 하지만 더 좋은 것은 아내와 얼굴을 마주 보고 이야기를 나누며 깊이 교제하는 일입니다. 그래야 알아갈수록 관계가 깊어집니다.

우리가 예수님을 자주 생각하고 그 생각을 영성 일기로 남기는 일은 참 좋습니다. 하지만 더 좋은 것은 말씀을 읽고 듣고 묵상하며 예수님이 어떤 분인지 날마다 알아가고, 그분과 인격적으로 교제하는 일입니다.

우리에게 주님을 깊이 생각하라고 하는 이유는 우리 주님이 얼마나 놀라운 분인지 먼저 알아야 하기 때문입니다. 뒤에 가보면 알겠지만, 배교의 위험에 빠진 사람들은 이미 주님을 아는 자들입니다. 놀라운 체험이 있는 자들입니다. 하지만 그들의 문제는 주님을 깊이 알지 못했다는 데 있습니다. 그들이 아는 주님이 너무 작아서 눈앞에 펼쳐지는 우람한 성전과 모세의 절대적인 권위 앞에 그들은 한없이 작아졌습니다. 거대한 권력과 핍박 앞에 설 때면 그분은 도움이 되지 않는 분입니다. 이단으로 넘어간 사람들이 주님을 몰라서 넘어간 것이 아닙니다. 한때 뜨거웠던 사람들입니다. 그런데 주님을 깊이 알지 못해서 넘어갔습니다. 믿는 일과 아는 일에 하나가 되지 못하면 결국 흔들립니다.

에베소 성도들은 두란노 서원에서 매일 하루 네 시간 이상씩 2년 넘게 바울에게 말씀을 배웠습니다. 그래서 초대교회 성도들은 이 어려운 히브리서, 로마서, 계시록 등을 다 이해했습니다. 그들이 이해하기에 그 수준으로 편지를 쓴 것입니다. 오늘날 이 수준으로 설교할 수 없다면, 그것은 우리가 그 말씀을 이해하지 못하기 때문입니다. 히브리서 말씀을 깊이 묵상하기 위한 우리의 노력은 초대교회 성도들에 비하면 결코 대단한 것이 아닙니다.

제가 젊은이들을 지도할 때 대학부 수련회를 4박 5일간 했습니다. 그들을 모두 조별로 앉히고 성경 본문을 연구하는 법을 가르친 후, 준비한 연구자료를 가지고 오전 네 시간 동안 말씀만 연구하게 했습니다. 전부 힘들어합니다. 아마 자기 인생에서 네 시간을 앉아서 성경의 한 본문을 그렇게 연구해본 적이 없었을 것입니다. 처음에는 몸을 비틀고 난리가 납니다. 그런데 그렇게 연구하고 말씀을 나누다 보니 서로가 발견한 주님이 너무나 놀라운 것입니다. 거기서 도전을 받고 감동을 합니다. 후에 그 본문을 가지고 제가 설교를 하는데, 자신들이 다 안다고 생각한 그 말씀에 더 깊은 진리가 있는 것을 깨닫습니다. 우리 주님이 얼마나 놀라우신 분인가를 더 깊이 알게 됩니다. 그렇게 4박 5일을 말씀 앞에 앉아서 예수님을 깊이 생각하다 보니 스스로 깨지는 것입니다. 설교 말씀도 목사님의 말이 아니라 하나님의 말씀임을 깨닫고 회개하기 시작합니다. 저녁기도회를 하면 두 시간 이상을 기도해도 회개가 끊이지를 않습니다. 저는 그렇게 대학생 시절 동안 최소한 성경 20권은 연구해서 내 것으로 삼아야 한다고 했습니다. 그래야 세상에 나가서 흔들리지 않는다고 말입니다. 그들은 정말 강건한 믿음의 사람들이 되었습니다.

주님의 제자들은 3년간 주님을 알았습니다. 하루 24시간 중 잠자고 심부름 다니는 등의 시간으로 10시간을 빼면, 주님을 직접 보며 함께 먹고, 자고, 생활하고, 그분의 말씀을 들은 시간은 하루 14시간입니다. 14시간×365일×3년이면 15,330시간입니다. 우리가 매일 두 시간씩 말씀을 연구하며 주님을 알아가길 21년을 해야 제자들 수준이 됩니다. 이것이 그들과 우리의 차이입니다. 제자들이 그렇게 주님을 깊이 알았기 때문에 그들이 성령의 은혜를 경험했을 때, 세상의 지축을 흔들 수 있었습니다. 그냥 성경을 조금 알고, 성령 충만하면 세상을 이길 수 있다고요? 천만의 말씀입니다. 세상에 나가서 조금만 다른 이론이 들어와도 우리는 흔들려 자빠지고 넘어지고 맙니다. 그렇게 해서는 절대 이길 수 없습니다.

우리는 제자들의 편지를 통해서 우리와 그들 사이에 얼마나 큰 차이가 있는지 발견하지 않습니까? 지금 우리는 정말 잘못하고 있습니다. 남들이 하든 말든, 다른 교회가 하든 말든, 이 시대가 달라졌든 말든 우리는 예수를 깊이 생각해야 합니다. 주님을 깊이 알아가야 합니다. 그것이 정상적인 신앙의 길입니다.

모세보다 뛰어나신 예수 그리스도

"그는 자기를 세우신 이에게 신실하시기를 모세가 하나님의 온 집에서 한 것과 같이 하셨으니"(히 3:2).

이제 본격적으로 예수님을 모세와 비교합니다. 그리스도는 모세가 하나님의 집에서 한 것처럼, 그를 세워주신 하나님께 신실하셨습니다. 즉 모세가 하나님의 백성들을 섬겼듯이 그리스도는 하나님의 집인 교회를 위해서 신실하셨다는 말입니다. 성경은 둘의 차이점이 아니라 공통점으로 시작합니다. 히브리서 기자는 하나님의 종으로서 신실했던 모세의 권위를 결코 부정하지 않습니다. 그러나 둘 사이에는 차이점이 있습니다.

주님은 집을 지은 분이고 모세는 그 집의 일원이다.

"그는 모세보다 더욱 영광을 받을 만한 것이 마치 집 지은 자가 그 집보다 더욱 존귀함 같으니라"(히 3:3).

바로 집과 집을 지은 사람의 존귀함의 차이입니다. 당연히 집을 지은 집주인이 집보다 귀합니다. 그런 면에서 집은 하나님의 백성들입니다. 모세는 하나님의 백성들의 한 일원으로 그 집에 속한 자입니다. 그런데 그리스도는 그 집을 지은 분입니다. 비록 이스라엘이 모세를 통해서 출애굽을 했지만, 실상 모든 장자가 죽을 때 그들을 어린 양의 피로 구출해낸 분은 그리스도입니다. 홍해를 지나갈 때 그들은 그리스도의 죽음과 더불어 죽고 새로운 백성으로 태어났습니다. 그래서 고린도전서에서 그들이 홍해에서 세례를 받았다고 합니다(고전 10:1-2). 이 모든 것이 그리스도를 상징합니다. 그리스도께서 그 백성을 창조하셨고, 모세는 그렇게 창조된 백성 중의 하나입니다. 그러니 당연히 모세보다 예수 그리스도가 존귀합니다.

"집마다 지은 이가 있으니 만물을 지으신 이는 하나님이시라"(히 3:4).

그런데 히브리서 기자는 예수 그리스도의 존귀함을 이야기하다가 갑자기 모든 만물을 지으신 하나님이 최종적인 존귀함을 받으실 분임을 이야기합니다. 결국 여기에서 순서를 말하라면 모세보다 예수님, 예수님보다 하나님입니다. 예수님은 하나님과 동등한 분이시지만 언제나 하나님께 영광을 돌리며 아버지의 말씀에 순종하셨고, 성령님은 언제나 그리스도를 증거하고 그를 영화롭게 하셨습니다. 아버지는 아들을 통해서 모든 일을 하시며 그를 만물의 상속자로 세우셨고, 아들 예수님은 성령님을 통해서 당신이 이루신 사역을 펼쳐 가십니다.

우리는 꼭 기억해야 합니다. 교회의 주인은 예수님입니다. 아무리 목사가 훌륭하고 사람이 대단해도 그리스도의 소유이고 그의 종일 뿐이기에 결코 집을 지으신 예수님의 존귀함을 대신할 수 없습니다.

모세는 하나님의 집의 종으로, 주님은 주인으로 신실하였다.

"또한 모세는 장래에 말할 것을 증언하기 위하여 하나님의 온 집에서 종으로서 신실하였고"(히 3:5).

이 말씀을 보면 모세가 종으로서 신실했다고 하는데, 그 종의 임무가 무엇인가요? 5절 앞부분에 "장래에 말할 것을 증언하기 위하여"라고 나옵니다. 결국 모세는 장차 주인이 오시면 하실 일을 보여주는 모형이자 그림자였습니다.

"그리스도는 하나님의 집을 맡은 아들로서 그와 같이 하셨으니"(히 3:6상).

하지만 그리스도는 하나님의 집을 맡은 아들로서 충성하셨습니다. 예수님은 집을 지으신 분이지만 최종적인 소유는 만물을 지으신 하나님의 것입니다. 이전에 살펴본 것처럼 예수님께로부터 나와서 변화된 사람들은 모두 하나님이 예수님께 준 사람들입니다. 하나님이 그리스도에게 주셔서 그리스도를 통해 우리가 그의 자녀가 되었습니다. 이처럼 예수님은 하나님의 집을 상속받은 소유자입니다. 교회의 주인이며 머리이십니다. 모세는 그저 종으로서 그분을 증거했을 뿐입니다. 그것이 율법의 역할이기도 했습니다. 다시 말해 예수님은 하나님의 백성들 즉 집을 소유한 주인입니다. 그리고 모세는 그 백성 중의 한 명으로서 백성들을 섬기는 종입니다. 그리하여 백성들에게 장차 오실 그리스도를 알려주는 모형의 역할을 했습니다. 그렇다면 하나님의 집인 우리는 누구의 소유입니까? 하나님의 소유입니다. 그러므로 우리가 바라보아야 할 분은 모세가 아니라 예수 그리스도입니다.

고린도교회 성도들이 "나는 바울파다", "나는 아볼로파다", "나는 게바파다"라고 하면서 나누어지니 바울이 뭐라고 합니까? 굉장히 충격적인 말을 합니다. "바울이 너희를 위하여 십자가에 못

박혔으며 바울의 이름으로 너희가 세례를 받았느냐"(고전 1:13). 예수님이 우리를 위해서 죽으셨습니다! 목사나 장로가 죽은 것이 아닙니다. "바울이나 아볼로나 게바나 세계나 생명이나 사망이나 지금 것이나 장래 것이나 다 너희의 것이요 너희는 그리스도의 것이요 그리스도는 하나님의 것이니라"(고전 3:22-23).

교회의 주인은 예수님입니다. 예수님이 십자가의 죽음과 부활로 교회를 지으셨습니다. 예수님이 피 값으로 교회를 세우셨음을 우리는 영원토록 한순간도 잊지 말아야 합니다. 그리고 성도들을 하나님이 예수님께 맡기셨습니다. 그러므로 예수님이 '내 교회'라고 하시는 것입니다. 그래서 바울이 사람을 자랑하고, 심지어 바울파라고 하는 사람들을 향해 뭐라고 합니까? 우리가 교회의 주인이 예수님이심을 잊고 교회에서 주인 행세를 하는 순간, 하나님의 채찍이 그 사람을 향할 것이라고 합니다.

오늘날 목사, 장로, 교회의 중직자들이 교회의 주인 행세를 하고, 본인들이 교회를 위해서 존재하는 것이 아니라 교회가 그들을 위해서 존재하는 것인 양 착각하는 것, 이것은 중대한 죄악입니다. 철저히 회개하고 돌아서지 않으면 하나님 앞에서 반드시 심판받고 책임을 묻게 되는 큰 죄입니다.

또한 우리는 목사, 장로, 중직자들의 잘못을 지적하고 비판하면서, 혹시 자신이 내로남불은 아닌지 돌아보아야 합니다. 순장이든 교사든 부장이든 그 자리에서 종으로 있으려고 노력해야 합니다. 주인 행세를 하려는 순간 우리는 그리스도의 자리를 찬탈하는 것입니다. 직분을 섬김이 아니라 권한으로 착각하고, 하나님의 집인 교회에서 함부로 목소리를 높이고, 자기주장을 내세우는 순간부터 그 직분은 불행이 될 것입니다.

그러므로 우리는 하나님의 집에서 주인이 아니라 그 집이 되려고 노력해야 합니다. 그리스도의 집이 되어야 합니다. 어떻게 그렇게 합니까?

"우리가 소망의 확신과 자랑을 끝까지 굳게 잡고 있으면 우리는 그의 집이라"(히 3:6하).

여기서 '소망'은 무엇일까요? 바로 그리스도 안에서 장차 우리가 어떤 영광과 존귀를 얻을 것인가를 기억하는 것입니다. 그래서 오직 우리의 주 되신 그리스도만 붙들고 그분 안에 머무는 것입니다. 그리고 '확신과 자랑을 끝까지 굳게 잡고' 있으라고 합니다. 거듭 이야기하지만 끝까지 믿는다는 것이 정말 어렵습니다. 어느 순간 주인이 되려 하고, 주의 음성을 듣고 순종하기보다 내 주장을 내세우고, 복음보다 율법의 가치를 우선하며, 세상의 방식을 따르고, 교회가 영광스러울 때는 자랑하다가 교회가 손가락질과 핍박을 당할 때는 부끄러워한다면, 진정 내가 그의 집인가 의심해봐야 합니다. 만약 그렇다면 우리는 주님께 위로가 아니라 경고를 들어야 합니다. 어떤 경고입니까?

이스라엘이 광야 40년 동안 왜 망했는가?

"그러므로 성령이 이르신 바와 같이 오늘 너희가 그의 음성을 들거든"(히 3:7).

'오늘'이 중요합니다. 우리가 그리스도의 음성 앞에서 어떤 태도를 가지고 무엇을 조심해야 하는지를 알기 위해서 저자는 구약의 예를 듭니다.

마음을 완고하게 하지 말라

"광야에서 시험하던 날에 거역하던 것같이 너희 마음을 완고하게 하지 말라"(히 3:8).

이스라엘 백성은 하나님을 시험하고 거역했습니다. 왜요? 그들의 마음이 완고했기 때문입니다. 완고했다는 것은 무엇입니까? 하나님의 말씀을 들을 때 그들의 마음이 그 말씀을 수용하지 않는 굳은 마음이었다는 뜻입니다. 그래서 어떻게 했습니까?

"거기서 너희 열조가 나를 시험하여 증험하고 사십 년 동안 나의 행사를 보았느니라"(히 3:9).

이스라엘 백성은 하나님을 시험하고 늘 의심했습니다. "우리를 죽이시려나 봐. 우리를 사랑하시지 않는가 봐." "우리를 이 광야 혹은 저 가나안 땅에서 몰살시키려고 데려오신 게 분명해." "하나님이 계신다면 이럴 수가 없지." "그분은 우리를 버리신 게 분명해." 조금만 어려움이 있으면 이렇게 불평했습니다. 40년 동안 하나님의 행사를 보았는데도 말입니다. 그때마다 하나님은 기적과 표적을 보여주셨습니다. 아침마다 만나로 채워주시고, 구름 기둥과 불기둥으로 늘 함께하시는데도 하나님의 말씀을 믿지 않았습니다. 이것이 바로 마음이 완악한 것입니다. 조금 좋을 때는 헤헤거리고 찬양하다가, 조금만 어려우면 원망과 불평을 일삼고, 조금 힘든 일만 시키면 하나님이 자기를 착취하는 존재라도 되는 듯이 불평하는 마음에는 전혀 믿음이 없습니다.

어떻게 마음이 미혹되는가?

"그러므로 내가 이 세대에게 노하여 이르기를 그들이 항상 마음이 미혹되어 내 길을 알지 못하는도다 하였고"(히 3:10).

급기야 하나님은 그 세대에 노하셨습니다. 뭐라고 그들을 진단하십니까? "그들이 항상 마음이 미혹되어 내 길을 알지 못하는도다"라고 하십니다. 미혹된다는 것은 정욕, 유혹, 어두움, 과거 애굽의 향수, 눈에 보이는 이방 족속의 타락한 죄 등 세상에 마음을 빼앗기는 것입니다. 죄의 즐거움, 세상의 즐거움에 빠져 사는 것을 좋아하는 마음입니다. 미혹된 마음에 어찌 하나님의 말씀이 들리겠습니까? 마음이 완고해진 결과, 말씀을 듣지 않습니다. 아무리 은혜를 받아도 돌아서면 마음이 굳어지고, 냉랭해지고,

말씀이 잘 믿어지지 않는 이유가 무엇일까요? 마음이 미혹되어서 그렇습니다. 조금만 어려운 일이 생겨도 신뢰하기보다 원망하고 불평합니다. 마음을 이렇게 방치하면 결국 돌이킬 수 없는 정도로 완악해져 버립니다. 말씀 듣고 훈련받아도 맨날 마음이 미혹되는데, 40년 동안 교회를 다니면 뭐합니까? 조금만 어려운 일이 있어도 미혹되고, 세상 것에 미혹되고, 이웃집이 차를 바꾸거나 누구 집 애가 좋은 대학에 들어갔다는 이야기만 들어도 미혹됩니다. 그러다 보면 결국 마음이 완악해지고, 이 상태로 계속 놔두면 이스라엘 백성처럼 되는 것입니다.

마음을 완고하게 두면 어떻게 되는가?

"내가 노하여 맹세한 바와 같이 그들은 내 안식에 들어오지 못하리라 하였다 하였느니라"(히 3:11).

미혹된 이스라엘 백성에게 하나님이 어떻게 하셨습니까? 진노하셨습니다. 얼마나 진노하셨는지 맹세까지 하셨습니다. 결국 맹세하신 대로 이스라엘 백성은 광야에서 방황을 그치고 가나안 땅에 들어가서 정착하는 안식을 누리지 못했습니다. 모두 광야에서 죽었습니다. 우리는 그들이 출애굽 시 어린 양의 피를 문설주에 발라서 구원받았고, 영적으로 보면 홍해에서 세례를 받았기에 그들 모두가 천국에 갔을 것이라고 생각합니다.

그렇다면 이 경고가 우리에게 무슨 의미가 있습니까? 그들이 어린 양의 피를 바르고, 홍해를 건넌 것이 영적으로 구원의 모형이라면, 그들이 가나안 땅에 들어가는 것도 영적 모형입니다. 가나안 땅은 천국을 의미합니다. 그렇다면 그들이 주님의 공로로 마귀에게서(애굽에서) 구원받았지만, 마음이 완고하고 불순종하여 궁극적 목적지인 가나안, 즉 안식에 들어가지 못했다는 이야기 아닙니까? 모든 광야 유랑을 끝내고 최종적인 가나안 복지에서 안식을 얻어야 하는데 주님은 내 안식에 들어오지 못한다고 하셨으니, 어찌 그들이 천국에 갔다고 할 수 있겠습니까? 이것을 칼빈 교리에 꿰맞추려고 하지 말고, 그냥 히브리서를 통해서 주님이 하시는 말씀 그대로 들으십시오. 이 성경이 말하는 방식을 듣고 순종하며 마음의 띠를 동여매는 것이, 교리를 억지로 해석하여 안일한 신앙을 방치하며 안주하는 것보다 훨씬 안전하고 복된 줄 믿습니다.

살아계신 하나님에게서 떨어질까 조심하라

"형제들아 너희는 삼가 혹 너희 중에 누가 믿지 아니하는 악한 마음을 품고 살아 계신 하나님에게서 떨어질까 조심할 것이요"(히 3:12).

'혹 너희 중에'는 바로 '교회 중에'라는 말입니다. 즉 '우리 형제들 중에'입니다. 함께 신앙생활 하는 사람들, 지금 바로 저와 여러분이 그 대상입니다. 언제 우리가 하나님에게서 떨어지는 일이 일어난다고 합니까?

'믿지 아니하는 악한 마음'을 품을 때입니다. 저자는 하나님의 말씀을 믿지 않는 마음을 악한 마음이라고 합니다. 믿지 않는 마음이 생기는 것은 미혹되었기 때문이라고 했습니다. 우리의 마음은 늘 은혜로운 것이 아닙니다. 조금만 세상 유혹이나 죄에 노출되면 금방 굳어버립니다. 방금 예배 시간에 은혜 받고 나왔어도 주차장에서 기분 나쁜 일이 생기면 마음이 상해서 굳어버립니다. 그렇게 죄에 오래 노출되면 말씀의 감각이 사라집니다. 명절에 며칠만 기도하지 못하고, 텔레비전 보고, 일하면서 불평하고, 남 험담하며 고스톱 치고, 술 먹고 즐기면, 영혼과 마음이 피폐해져 말씀이 들어오지 않습니다. 마음이 굳기 시작하는 것입니다.

목사라고 예외이겠습니까? 제가 말씀을 전할 수 있는 마음을 준비하려면 주님 앞에 앉아서 말씀 듣는 일에 집중해야 합니다. 그러기 위해서 저는 세상으로부터 저를 가두어 둡니다. 마음이 세상에 덜 노출되니까 제가 은혜 속에 있는 것입니다. 그것이 저를 살립니다.

그러나 목사도 세상 따라가면 별수 없습니다. 저도 세상 걱정, 세상 유혹에 사로잡히면 아무리 말씀을 읽어도 깨닫지 못하고, 집중하지 못하고, 주님의 음성을 듣지 못합니다. 마음에 말씀을 사모하는 마음이 사라집니다. 예수 믿고 나서 구원을 따놓은 것처럼 마음을 방치하지는 않았는지 자신을 돌아보십시오. 계속 마음을 세상에 노출되도록 놔두면 믿지 않는 악한 상태로 변질되고 맙니다. 그래서 히브리서는 이렇게 될까 조심하고 두려워하라고 경고하는 것입니다.

성경공부나 훈련을 쉴 때 마음 상태가 어떻게 되었습니까? 교회도 옮기고 '이제 한 몇 년 쉬자' 하면서 쇼핑하듯 교회를 다닐 때 마음이 어떻게 되었습니까? 이런저런 어려운 일, 바쁜 일이 있어서 '주의 일은 나중에 하자'라고 생각하고 겨우 주일 성수만 하며 지내는 동안 마음이 어떻게 되었습니까? 교회를 멀리하고 세상일에 바쁘게 지낸 세월 동안 마음이 어떻게 되었습니까? 젊은 날엔 뜨거운 열정으로 주님을 사랑하다가, 결혼하고 직장 다니고 먹고사느라 정신없이 살다 보니 지금 마음이 어떻게 되었습니까? 주님을 섬기는데도 어렵고 힘든 일, 손해 보는 일, 억울한 일을 당해 맘 상해서 기도도 하지 않고, 교회도 가짜, 목사는 사기꾼이란 생각까지 들어 교회를 등한히 하다 보니 지금 마음이 어떻게 되었습니까?

히브리서 말씀에서 '조심하라고 하는 사람'에 예외를 두었습니까? '너희 중에 누군 제외하고'라는 말이 없습니다. 옛날에 어떻게 믿었든지 상관이 없습니다. 우리 모두가 그런 상태에 들어갈 수 있습니다. 어쩌면 이미 그런 상태에 들어왔을 수도 있습니다.

우리가 초대교회 성도들에 비해서 얼마나 비천한지를 깨달아야 합니다. 좀 낫다고 해 봐야 우리끼리 비교해서 좀 뜨거운 것이지, 초대교회의 모습에 비추어본다면 우리가 얼마만큼 떨어졌는지 모릅니다.

"듣고 격노하시게 하던 자가 누구냐 모세를 따라 애굽에서 나온 모든 사람이 아니냐"(히 3:16).

이스라엘 백성은 광야 40년 동안 단체로 신앙이 변질되어 타락했습니다. 여호수아와 갈렙 두 명만 빼고 아이들까지 수백만 사람들의 신앙이 뚝 떨어졌습니다. 이렇게 단체로 신앙이 저하되면, 자기 신앙이 저하된 줄 모릅니다.

우리가 지금 그런 위험 속에 있습니다. 목사부터 성도들에 이르기까지 수준이 너무나 경박해져서 우리 모두가 지금 이 경고 앞에 처해 있을 확률이 아주 높습니다. 주일날 겨우 20-30분 설교 듣고 일주일 내내 보내는 신앙인이 대한민국의 수백만 신앙인 중에 3분의 2 이상입니다. 우리가 새벽기도회에 나오고 교회 좀 섬긴다고 해서 대단하다고 생각한들 이 시대와 비교해서 그런 것이지, 성경 전체와 비교해 볼 때 우리가 과연 광야의 백성들과 다르다고 할 수 있을까요? 마음을 지키지 못하고 세상 것으로 채우며, 정욕과 쾌락을 즐기고, 새벽기도회나 성경공부는 숙제처럼 때우며, 빨리 끝내고 어떻게 놀까를 궁리하고, 늘 마음이 미혹되고 있다면 이미 우리 마음은 그들과 같습니다. 무게중심이 세상으로 기울어져 있어서 놀고 즐기는 것이 정상으로 느껴지는 것입니다. '빨리 말씀 묵상하고 텔레비전 봐야지', '빨리 주일예배 드리고 놀러 가야지'라고 생각한다면 그 마음은 항상 미혹됩니다. 말씀을 들어도 마음이 완악할 뿐입니다. 간경화로 치면 심각하게 굳어가는 상태입니다. 이것을 심각하게 생각하고 수술을 받지 않으면 항상 미혹되는 마음을 다시 돌리기는 어렵습니다. 요즘 스마트폰, 컴퓨터, 세상 즐거움, 바쁜 일, 정치까지 우리 마음은 미혹하는 것들에 둘러싸여 있습니다. 우리는 광야 세대 사람들보다 더 심각한 광야를 걷고 있습니다. 마음을 방치하면 결국 살아계신 하나님에게서 떨어지고 맙니다.

살아계신 하나님에게서 떨어진다는 것은 무슨 의미인가?

우리가 말씀을 멀리하는 것은 단지 신앙생활을 등한히 하는 수준이 아닙니다. 최고 권력자의 말을 무시하고 등한히 하면 어떻게 됩니까? 우리는 권력자의 눈치를 봅니다. 그를 향해 결코 악한 마음을 품지 않습니다. 왜냐하면 내게 올 타격이 크기 때문입니다. 우리가 하나님의 말씀을 믿지 않고 그의 복음을 거부하며 불순종하는 것은 창조자요, 심판자요, 최고의 권력자이신 하나님에게서 떨어져 나가는 일입니다. 그분의 긍휼과 자비, 은총에서 떨어지는 일입니다. 그 운명이 어떻게 되겠습니까? 우리가 하나님 앞에서 마음을 지키지 않으면 "불법을 행하는 자들아, 내게서 떠나가라!"는 말씀대로 매몰찬 거절의 운명을 맞을 수 있습니다.

그러면 어떻게 조심해야 하는가?

매일 피차 권면하라.

"오직 오늘이라 일컫는 동안에 매일 피차 권면하여 너희 중에 누구든지 죄의 유혹으로 완고하게 되지 않도록 하라"(히 3:13).

우리가 마음을 지키는 것은 '내일' 해야 하는 것이 아닙니다. 바로 '오늘' 해야 합니다. '언젠가 시간이 되면'이 아니라 '오늘'입니다. 우리가 하나님의 음성을 듣고 순종해야 하는 날은 즐길 것 다 즐기고 난 후 '나이 들면'이 아닙니다. 바로 '오늘'입니다. 매일매일 우리는 주님의 음성을 듣도록 우리 마음을 준비해야 합니다. 죄의 유혹에 빠지지 않도록 오늘 우리 마음을 지켜야 합니다. 더군다나 요즘은 스마트폰, 게임 등 눈만 뜨면 유혹이 주변에 널려 있기 때문에 죄의 유혹으로 마음이 굳어지지 않도록 눈 뜨자마자 바로 지켜야 합니다.

그러기 위하여 매일 피차 권면해야 합니다. 즉 믿음의 교제가 중요합니다. 우리는 결코 홀로 서지 못합니다. 넘어지는 지도자들을 보면 대부분 홀로 있는 사람입니다. 주변에 권면해 주거나 야단쳐주는 목사님이 없고, 옆에서 이야기해 주는 사람이 없습니다. 함께 마음을 내어놓고 교제하는 동역자 없이 홀로 분투하다가 지쳤을 때 유혹에 넘어집니다. 주변에 믿음과 말씀으로 교제하는 사람이 있어야 죄를 이길 수 있습니다. 그래서 이 세상에서 우리에게 가장 소중한 모임은 '다락방'과 같은 소그룹 모임입니다. 그 모임의 지체들이 나를 지켜줍니다. 가십이나 이야기하고 남을 험담하는 모임에는 가지 마십시오. 말씀과 기도로 피차 권면하는 모임이 중요합니다. 모이면 죄의 유혹을 이기도록 서로 권면해야 합니다. 그런 모임은 모이면 모일수록 믿음으로 섭니다. 죄의 유혹을 이기고 늘 확신 있는 믿음을 가질 수 있습니다.

말씀에 대한 확신을 견고히 끝까지 잡으라.

"우리가 시작할 때에 확신한 것을 끝까지 견고히 잡고 있으면 그리스도와 함께 참여한 자가 되리라"(히 3:14).

'시작할 때에 확신한 것'을 원문대로 번역하면 '처음의 확신'이란 의미입니다. 즉 우리가 처음에 확신한 그 믿음을 끝까지 유지해야 합니다. 확신 가운데 있어야 참여한 자가 됩니다. 집이 됩니다.

우리는 예수님을 믿으면 이제 그분이 우리를 지켜주어서 내가 확신이 없고 조금 시원찮아도 그분이 한 번 구원한 사람은 지키시고 놓지 않으신다고 배웠습니다. 확신이 우리를 지켜주지 않는다는 것입니다. 이것은 내 의, 내 행동을 의지하는 것이 아니라 그분이 하신 일을 신뢰해야 한다는 의미에서는 맞습니다. 하지만 그분이 하신 일을 내가 온전히 신뢰하고 확신하지 않아도 된다는 말로 이해한다면 큰 오해입니다. 우리가 이해하는 교리가 이 히브리서의 말씀을 훼손한다면 이 말씀이 잘못된 것입니까? 우리가 교리를 잘못 이해하는 것입니까? 신학이 혹여 확신을 굳게 붙드는 것을 그치게 한다면 그 신학을 버리십시오. 확신하면서 믿지도 않는데, 교리가 마치 자신이 지극히 정상적인 상태에 있는 것처럼 믿게 만든다면 당장 그 교리를 버리십시오. 그리고 성경의 분명한 권면을 보십시오. "처음 확신을 끝까지 견고하게 붙들라." 끝까지 믿음의 확신을 가지라는 것입니다. 우리 믿음을 미지근한 상태에 두면 위험합니다. 언제나 확신 가운데 두십시오. 그러기 위해서 피차 권면해야 합니다. 즉 교제하며 서로의 말을 들어야 합니다.

혼자 큐티 하고 말씀 묵상하지 마십시오. 다른 사람의 입술로 함께 나누는 신앙고백을 듣고, 나보다 어려운 사람이 주님을 따라가는 삶의 이야기를 들을 때 확신이 내게 계속 자리 잡습니다. 믿음의 도전을 받고 위로를 얻습니다.

누가 하나님을 격노케 하였는가?

그들은 어떻게 되었는가?

"성경에 일렀으되 오늘 너희가 그의 음성을 듣거든 격노하시게 하던 것같이 너희 마음을 완고하게 하지 말라 하였으니"(히 3:15).

결론적으로 다시 한 번 경고합니다. 그리고 마음을 완고하게 하지 말라는 말씀을 듣고도 하나님을 격노하시게 한 자들이 누구냐고 반복해서 묻습니다.

"듣고 격노하시게 하던 자가 누구냐 모세를 따라 애굽에서 나온 모든 사람이 아니냐"(히 3:16).

완고하게 하지 말라는 경고에도 불구하고 격노케 한 사람들이 누구입니까? 바로 애굽에서 나온 모든 사람입니다. 이미 열 가지 재앙의 능력과 홍해의 기적을 경험하고 이스라엘 공동체의 일원이 된 사람입니다. 매일 불기둥과 구름 기둥으로 인도함을 받고, 만나가 내리는 기적, 반석에서 물이 나오고 쓴물이 달게 되는 기적, 치유의 기적 등 하나님이 행하신 일을 40년간 경험한 사람들입니다. 그런 그들이 결국 하나님을 격노하시게 했습니다.

"또 하나님이 사십 년 동안 누구에게 노하셨느냐 그들의 시체가 광야에 엎드러진 범죄한 자들에게가 아니냐"(히 3:17).

여기서 초점은 하나님이 그들의 범죄 때문에 격노하셨고, 그들이 모두 광야에서 시체가 되었다는 것입니다.

"또 하나님이 누구에게 맹세하사 그의 안식에 들어오지 못하리라 하셨느냐 곧 순종하지 아니하던 자들에게가 아니냐"(히 3:18).

안식에 들어오지 못하리라고 하나님이 맹세하시기까지 한 자들은 바로 순종하지 않은 자들입니다.

마음을 방치하면 어떻게 되는가?

격노케 한 자들은 모두 복음을 듣고, 하나님을 경험한 사람들입니다. 그런데 그들이 범죄하고, 불순종했습니다. 그래서 모두 광야에서 죽고 안식의 땅, 가나안에 들어가지 못했습니다.

"이로 보건대 그들이 믿지 아니하므로 능히 들어가지 못한 것이라"(히 3:19).

그들이 하나님의 은혜를 경험하고, 기적을 보고, 말씀을 들었는데도 왜 범죄하고 불순종하였습니까? 믿지 않았기 때문입니다. 믿지 않기에 불순종했고, 그 결과 하나님이 진노하셨습니다. 결론은 그들이 하나님의 말씀을 믿지 않았다는 것입니다. '믿지 않는 악한 마음'을 가졌다는 말입니다. 즉 하나님의 말씀을 소홀히 듣고 유념하지 않으며, 마음을 세상 유혹에 다 빼앗겨서 말씀을 깨닫지 못하고 즐거워하지 않았다는 것입니다.

교회를 10년, 20년 다녀도 하나님 말씀을 믿지 않고, '교회 나오면 됐지. 말씀은 나와 상관없어'라고 생각하며 계속 세상 것들에 마음을 두기 때문에 삶이 변하지 않는 것입니다. 삶에 열매가 없습니다. "나 예수님 믿습니다. 천국은 따놓았습니다. 끝!" 이것은 믿음이 아닙니다. 정말 우리가 예수 그리스도를 '우리 믿은 도리의 사도요 대제사장'이자 하나님의 아들로 믿는다면 그리고 그분이 교회의 주인이시며 나의 주시라는 것을 믿는다면, 우리가 어떻게 반응해야 합니까? 만약 광야의 사람들처럼 반응한다면 우리는 하나님을 믿는 사람이 아닙니다. 예수님을 믿는 사람이 아닙니다. 그저 자기 의를 세우려고 도덕 배우듯이 종교생활을 하는 것에 불과합니다. 바리새인처럼 살아갈 뿐입니다. 그러면 장차 주님께 "불법을 행하는 자들아, 내게서 떠나가라!"는 말씀을 듣게 될 것입니다. 정말 예수 그리스도를 믿는다면 이렇게 살 수 없습니다. 그분의 생명의 복음 앞에서 이렇게 완악하게 살 수 없습니다.

이 말씀의 경고를 절대 무시하지 마십시오. 마음을 내버려두면 어떻게 되는지에 집중하십시오. 마음을 완고하고 강퍅하게 놓아두면 어떻게 되는지, 처음 믿음, 처음 사랑을 잃어버리면 어떻게 되는지, 믿음에서 떠나 세상에 끊임없이 미혹되면서 세상 사람을 부러워하며 살면 어떻게 되는지 그 결말을 경고한 것에 주목하십시오. 이 말씀이 바로 하나님의 아들의 말씀이며 결코 거역할 수 없는 믿는 도리의 사도이신 주님의 말씀이고, 우리를 구원하실 유일한 대제사장의 말씀이기에, 우리가 이 말씀에서 벗어나면 소망이 없습니다. 구원이 없습니다. 광야 백성들처럼 떨어지고 맙니다. 모세의 말을 어겨서 엎드러졌다면, 그보다 높으신 그리스도의 말씀 앞에서 우리 마음을 강퍅하게 할 때 어떻게 될지 반드시 유념해야 합니다.

예수 믿고 나서 구원을 따놓은 것처럼 마음을 방치하지는 않았는지 자신을 돌아보십시오. 계속 마음을 세상에 노출되도록 놔두면 믿지 않는 악한 상태로 변질되고 맙니다.

5장

과연 천국에 들어갈 수 있을까?

: 예수, 안식에 들어가게 해주실 분

(히 4:1-16)

CHAPTER 05

과연 천국에 들어갈 수 있을까?

: 예수, 안식에 들어가게 해주실 분 (히 4:1-16)

히브리서 4장은 다 읽고 나면 명확하게 이해되면서 우리 마음 속에 그림이 그려지고, 놀라운 눈이 열리는 말씀입니다. 그런데 그냥 읽으면 무슨 말인지 알기가 어렵습니다. 눈에 있는 꺼풀을 벗기는 마음으로 말씀을 잘 따라가 보면 이 안에 숨겨진 엄청난 보물을 발견할 수 있습니다. 히브리서 말씀이 다 그렇습니다.

참 안식이란 무엇인가?

히브리서 4장은 '안식'에 대해 말씀합니다. '안식'의 의미를 간단하게 설명하자면, 문자 그대로 '쉼'입니다. 창조 때 하나님은 일을 마치고 쉬셨습니다. 안식은 그때 시작되었습니다. 하나님이 다 이루어 놓으신 에덴동산에서 아담과 하와는 하나님과 교제하며 살았습니다. 그곳에 안식이 있었습니다. 하지만 인간이 타락해서 안식을 잃어버렸습니다. 하나님은 인간에게 "안식일을 지키라"고 말씀하시면서 그날을 사모하게 하셨습니다. 하지만 '안식일' 자체가 참 안식을 주지 못합니다. 출애굽한 백성들에게도 가나안 땅을 약속하시면서 그곳에서 안식하게 될 것이라고 말씀하셨지만 가나안 땅은 단지 완전한 안식의 모형일 뿐입니다. 모세도, 여호수아도 이스라엘에게 진정한 안식을 주지 못했습니다. 그러면 누가 주실까요? 우리를 최종적 안식에 들어가게 해주시는 분은 바로 '그리스도'이십니다. 참 안식이란 예수 그리스도가 이 땅의 일을 마치고 최종적으로 천국에 들어가는 것이기 때문입니다.

이것이 바로 히브리서 4장의 내용입니다. 이 말씀을 잘 따라가면 우리가 어떻게 천국에 들어가는지, 즉 어떻게 최종적 안식에 이를 수 있는지 잘 알 수 있습니다. '나는 복음을 아니까 천국에 들어갔어'라고 생각하면 안 된다는 것도 깨닫게 될 것입니다.

안식에 이르지 못할까 두려워하라

"그러므로 우리는 두려워할지니 그의 안식에 들어갈 약속이 남아 있을지라도 너희 중에는 혹 이르지 못할 자가 있을까 함이라" (히 4:1).

앞 장에서 히브리서 기자는 성도들에게 주님의 음성 앞에서 마음을 완고하게 하지 말라고 하였습니다. 그리고 여기에 이어지는 말씀이 '두려워할지니'입니다. 무엇을 두려워하라는 것입니까? 광야의 선조들이 안식에 들어갈 약속을 받았지만 이르지 못했습니다. 그들은 모세를 따라 애굽에서 나왔지만 믿지 않았기에 광야에서 40년 동안 다 엎드러지고, 가나안 땅에 들어가지 못했습니다. 그들처럼 우리도 혹 안식에 들어가지 못할 자가 있을까 두려워해야 한다는 말입니다. '안식에 들어갈 약속이 남아 있을지라도'를 원문으로 보면 '안식의 약속이 있는 동안에'란 의미입니다. 다시 말하면 천국의 문이 열려 있는데도 그 문에 이르지 못할 수 있음을 두려워하라는 것입니다.

누가 두려워해야 합니까? 히브리서를 쓰는 저자 자신을 포함해서 이 말씀을 듣는 모든 성도입니다. 즉 바로 우리가 두려워해야 합니다. 그러면 왜 어떤 사람들은 천국에 이르지 못하는 것일까요?

누가 안식에 이르지 못하는가?

믿음으로 화합하지 않은 자

"그들과 같이 우리도 복음 전함을 받은 자이나 들은 바 그 말씀이 그들에게 유익하지 못한 것은 듣는 자가 믿음과 결부시키지 아니함이라"(히 4:2).

그들이 천국에 이르지 못하는 이유는 복음을 받았지만 '듣는 자가 믿음과 결부시키지 아니함' 때문입니다. 우리도 광야에서 엎드러진 선조들처럼 똑같이 복음 전함을 받았습니다. 그들이 여호수아와 함께 들어간 가나안은 사실 예수님이 우리를 이끄시는 천국의 모형입니다. 그러므로 이미 구약에서 하나님은 여호수아를 통해서 예수님을 말씀하시고, 가나안을 통해서 천국을 말씀하셨습니다. 그 모형을 통해서 궁극적으로 우리가 동일하게 천국의 안식을 바라보게 하시고 그 안식을 약속하셨기 때문에, 우리도 그들과 똑같이 복음 전함을 받았다고 말씀합니다.

그런데 그들은 들은 복음에 믿음을 결부하지 않았습니다. 우리가 아는 것처럼, 그들은 믿지 않고 순종하지 않아서 결국 다 광야에 엎드러져 시체가 되었습니다. 이처럼 우리도 그들과 똑같이 믿음을 결부하지 않으면 약속을 받았어도, 천국문이 열려 있어도 천국에 들어가지 못하는 일이 일어날 수 있습니다.

믿음은 복음을 '들음'에서 납니다. 그러나 복음을 듣는 모든 자에게 믿음의 반응이 나오지는 않습니다. 씨 뿌리는 자의 비유를 보면, 하나님의 말씀인 씨를 뿌렸는데 말씀을 받는 밭이 여러 가지입니다. 길가밭, 돌짝밭, 가시밭에 뿌려진 씨는 말라버렸습니다. 오직 옥토에 뿌려진 씨만 인내로 열매를 맺었습니다.

바로 앞 1절에서 '너희 중에'라고 하는 것을 보면, 이것은 늘 교회에 나와서 말씀을 듣는 사람들에게 하는 말입니다. 매번 나와서 듣지만 모두 다 믿지는 않습니다. 어떤 사람은 사람들이 왕래하는 길가처럼 세상 것이 드나들며 딱딱해졌습니다. 씨앗이 길가에 뿌려져 마귀가 말씀을 다 먹어버리고 말았습니다. 말씀을 들었는데 나가자마자 잊어버리는 것입니다. 돌짝밭은 밑에 있는 마음은 바위 같고, 그 위에 흙이 덮여 있는 것과 같습니다. 말씀을 들으면 처음에는 기쁨과 감동으로 눈물을 흘리는데, 말씀의 뿌리가 내리지 못해 어려움과 고통이 오면 햇볕에 말라버리듯 말씀이 사라집니다. 어떤 사람은 가시밭에 씨가 뿌려져서 세상 염려, 재물에 대한 욕심이 가득하여 말씀의 씨가 가시에 막혀 질식해버리고 맙니다. 그러나 어떤 사람은 옥토처럼 씨를 품고 잘 간직해서 결실을 맺습니다. 믿음으로 말씀을 지켜서 열매를 맺는 데 이릅니다. 즉 말씀을 듣고 믿는다는 것은 그 말씀을 받아들이고 결실할 때까지 믿음으로 인내한다는 의미입니다. 이처럼 복음의 말씀을 듣는다고 다 믿는 것이 아닙니다. 믿음을 결부하지 않으면 아무리 들어봐야 그 말씀이 내게 어떤 유익도 가져다주지 못합니다.

1절에서 "그러므로 우리는 두려워할지니"라고 한 것은 자기를 돌아보라는 말입니다. 내가 듣는 즉시 잊어버리고 세상 생각이 마음에 가득한 길가밭은 아닌지, 잠시 기쁨으로 믿다가 인생에 환란과 어려움이 오자 믿음이 식어버린 돌짝밭은 아닌지, 이런저런 세상 걱정과 세상 즐거움에 마음이 미혹되어 말씀이 질식되어

버리는 가시밭은 아닌지 돌아보아야 합니다. 광야의 백성들은 40년 동안 마음이 항상 미혹되어서 믿지 않고 순종하지 않아 천국에 들어가지 못했습니다. 우리도 똑같을 수 있습니다. 교회에 나와서 20년, 30년 말씀을 들었는데, 마음이 항상 미혹되어서 믿지 않고, 결국 순종하지 않아 약속에 이르지 못하는 것입니다.

끝까지 붙잡지 못한 자

"우리가 시작할 때에 확신한 것을 끝까지 견고히 잡고 있으면 그리스도와 함께 참여한 자가 되리라"(히 3:14).

처음 확신을 끝까지 견고하게 붙들어야 안식에 참여할 수 있습니다. 로마서에서도 믿음으로 구원받은 이방인들에게, 너희도 교만해져서 믿음을 버리면 꺾인다고 합니다. "옳도다 그들은 믿지 아니하므로 꺾이고 너는 믿으므로 섰느니라 높은 마음을 품지 말고 도리어 두려워하라 하나님이 원 가지들도 아끼지 아니하셨은즉 너도 아끼지 아니하시리라"(롬 11:20-21).

우리가 처음 믿는 것이 중요한 것이 아닙니다. '왕년에'가 아니라 '지금 어떠하냐'가 중요합니다. '앞으로'가 중요합니다. 끝까지 예수님을 믿어야 하는데, 어느 순간 교만해져서 자기 의를 의지하고, 자기 열심과 행위를 내세우며 그리스도만을 의지하지 않으면, 결국 그리스도에게서 떨어지고 맙니다. 그러면 구원에서도 멀어집니다. 구원은 그리스도께서 주시는 것이기 때문입니다.

그러면, 누가 안식에 들어가는가?

"이미 믿는 우리들은 저 안식에 들어가는도다"(히 4:3상).

여기서 '들어가는도다'의 시제는 현재형입니다. 헬라어의 현재형은 현재적 의미도 있지만 미래적 의미도 있습니다. 그래서 우리가 예수님을 믿으면 현재적으로 이미 안식을 경험합니다. 주님은 "수고하고 무거운 짐 진 자들아 다 내게로 오라 내가 너희를 쉬게 하리라"고 하셨습니다. 우리가 주님 안에 거하고 그분을 의지하며 무거운 짐, 염려, 근심을 맡길 때 우리 삶에 안식이 임합니다. 하지만 그것도 완전하진 않습니다.

완전한 안식은 이 땅에서 모든 것을 내려놓고 하나님 앞에 나아가 천국에 이를 때에야 비로소 성취됩니다. 즉 우리가 끝까지 믿음을 지키고 주 안에서 죽으면 쉼을 얻습니다. "또 내가 들으니 하늘에서 음성이 나서 이르되 기록하라 지금 이후로 주 안에서 죽는 자들은 복이 있도다 하시매 성령이 이르시되 그러하다 그들이 수고를 그치고 쉬리니"(계 14:13상).

그런데 여기서 안식을 '저 안식'이라고 하였습니다. '저 안식'은 구약에서 약속한 안식을 말합니다. 궁극적으로 최종적 안식이며 '천국'을 의미합니다. 그러므로 여기서는 '들어가는도다'를 미래형, 즉 '들어갈 것이다'로 이해하는 것이 옳습니다. 우리 믿는 자들은 저 안식에 들어갈 것입니다. 물론 끝까지 믿는 것이 그 전제입니다.

'저 안식'은 무엇인가?

'저 안식'은 창조 때부터 존재하였다.

"그가 말씀하신 바와 같으니 내가 노하여 맹세한 바와 같이 그들이 내 안식에 들어오지 못하리라 하셨다 하였으나 세상을 창조할 때부터 그 일이 이루어졌느니라"(히 4:3하).

하나님이 이스라엘 백성에게 노하셔서 '내 안식'에 들어오지 못할 것이라고 맹세하셨지만, 사실 세상을 창조하실 때부터 이미 안식은 이루어졌습니다.

"제칠일에 관하여는 어딘가에 이렇게 일렀으되 하나님은 제칠일에 그의 모든 일을 쉬셨다 하였으며"(히 4:4).

하나님은 6일 동안 창조를 다 마치시고 제7일에 쉬셨습니다. 바로 그때부터 이미 안식은 이루어졌습니다. 아담과 하와는 그 안식 속에 있었습니다. 하나님과 교제하는 에덴의 삶이 그들에게는 안식이었습니다. 물론 아담과 하와는 에덴에서 하나님과 함께 다스리는 일을 했지만, 그 일은 먹고살기 위해서 하는 것이 아니었습니다. 그들에게 맡겨진 "다스리고 경작하라"는 일은 사명이었습니다. 그래서 그 일 안에는 기쁨이 있었고, 그들은 일을 하며 자기실현을 하고 자신의 존재가치를 발견해야 했습니다. 우리도 천국에 가면 그리스도와 함께 다스리는 일을 하게 됩니다. 그것이 먹고살기 위한 일이라면 천국에도 안식이 없다 했을 것입니다.

그러므로 아담과 하와는 에덴에서 이미 안식을 누리고 있었습니다. 원래 '일'이란 타락의 산물이 아니라 인간이 세상을 다스리도록 하신 우리 존재의 표현입니다. 그러므로 우리는 일을 할 때 비로소 자신의 존재가치를 깨닫습니다. 우리 안에 새겨진 하나님의 형상이 나타납니다. 그런데 타락하면서 일의 의미가 바뀌었습니다. 수고하지 않으면 먹고살 수 없는 형벌이 일에 더해졌습니다.

타락 이후 에덴에서 쫓겨나면서 인간은 안식을 잃어버렸습니다. 이때부터 인간은 먹고살기 위해서 일해야 했습니다. 하나님이 창조하시고 "보시기에 좋았더라"라고 하신 그 땅이 망가져버려 땅이 가시와 엉겅퀴를 내고 무질서하게 되었습니다. 잡초를 뽑고 씨를 뿌리고 땀을 흘려야 소출을 얻을 수 있었습니다. 제7일에 안식일을 지키지만, 그날은 참 안식을 바라보는 것이지, 참 안식은 없었습니다. 광야에서 하나님이 내 안식에 들어오지 못하리라고 하실 때 그 안식은 그들이 가나안 땅에 들어가는 것을 의미했습니다. 진정한 의미의 안식은 따로 있었습니다. 바로 모든 일을 다 마치신 하나님 안에서 교제하는 것, 그분 안에서 일을 마치고 쉬는 것입니다. 그 안식이야말로 창조 때부터 있던 참 안식입니다.

광야의 선조들도 참 안식의 기회가 있었다.

"또 다시 거기에 그들이 내 안식에 들어오지 못하리라 하였으니 그러면 거기에 들어갈 자들이 남아 있거니와 복음 전함을 먼저 받은 자들은 순종하지 아니함으로 말미암아 들어가지 못하였으므로"(히 4:5-6).

그들이 하나님의 안식에 들어오지 못하는 이유는 복음 전함을 받고 순종하지 않았기 때문입니다. 그런데 "거기에 들어갈 자들이 남아 있거니와", 사실 그들은 거기에 들어갈 기회가 있는 사람들이었습니다. 거기는 어디입니까? 바로 참 안식입니다. 그들에게 복음의 문이 열려 있었습니다. 그래서 그들이 복음 전함을 받았다고 합니다. 그런데 그들이 믿지 않아서 들어가지 못했습니다.

가나안 땅에 들어가는 것은 신성한 안식이 아니다.

"오랜 후에 다윗의 글에 다시 어느 날을 정하여 오늘이라고 미리 이같이 일렀으되 오늘 너희가 그의 음성을 듣거든 너희 마음을 완고하게 하지 말라 하였나니"(히 4:7).

그들이 가나안 땅에 들어간 지 오랜 후에 다윗은 시편 95편에서 다음과 같이 말합니다. "너희가 오늘 그의 음성을 듣거든 너희는 므리바에서와 같이 또 광야의 맛사에서 지냈던 날과 같이 너희 마음을 완악하게 하지 말지어다"(시 95:7하-8). 여기서 '오늘'은 다윗의 때의 오늘입니다. 그런데 광야 때의 사건을 언급하면서 "오늘날 너희가 그때처럼 완악하게 하지 말라"고 합니다. "그러므로 내가 노하여 맹세하기를 그들은 내 안식에 들어오지 못하리라 하였도다"(시 95:11). 이것이 무슨 말입니까? 너희가 오늘 과거의 이스라엘 선조들처럼 마음을 완악하게 하면 우리도 안식에 들어가지 못한다는 말입니다. 다윗의 때는 이미 가나안 땅에 들어가 있는 때입니다. 그런데 그들에게 이러한 경고를 하는 것은, 그들도 지금 안식 안에 들어온 것이 아니란 의미입니다.

"만일 여호수아가 그들에게 안식을 주었더라면 그 후에 다른 날을 말씀하지 아니하셨으리라"(히 4:8).

다른 '오늘'을 말하지 않았을 것이란 말입니다. 여호수아 시대 이후 500년이 지나고 통일왕국을 이루어 하나님의 평안을 이룬 때인데도, 다윗을 통해 광야 때의 '오늘' 말고, '또 다른 오늘'을 말한다는 것은 지금 다윗의 때에도 안식이 없었다는 것입니다. 결국 여호수아가 그들에게 참된 안식을 주지 못했습니다. 여호수아는 모형이었고 가나안도 안식의 모형이었기 때문입니다. 그것은 진정한 안식이 아니었습니다. 그래서 결론이 무엇입니까?

"그런즉 안식할 때가 하나님의 백성에게 남아 있도다"(히 4:9).

즉 모세도 여호수아도 주지 못한, 우리가 들어가야 할 참 안식이 남아 있다는 것입니다.

저 안식은 궁극적으로 무엇인가?

"이미 그의 안식에 들어간 자는 하나님이 자기의 일을 쉬심과 같이 그도 자기의 일을 쉬느니라"(히 4:10).

우리가 타락한 이 세상에서 열심히 수고하던 일을 그치고 숨을 거두어 하늘나라 갈 때가 바로 참 안식의 때입니다. 그때 그리스도께서 이루신 완전한 의 앞에서 우리는 모든 것을 쉬게 될 것입니다. “그들이 수고를 그치고 쉬리니”(계 14:13하)라고 하신 그 일이 이루어지는 날입니다.

우리 모든 성도에게 남은 안식이 바로 이것입니다. 비록 우리가 여기서 잠시 그리스도 안에서 안식을 누린다고 할지라도 이 땅의 모든 수고를 마치고 쉬는 참된 안식이 아직 남아 있습니다. 다시 말해서 광야에서 복음 전함을 받은 백성들에게 안식의 약속이 있었던 것처럼, 오늘 우리에게도 ‘그 안식의 약속’이 남아 있습니다. 그런데 그들 가운데 그 약속을 받았음에도 거기에 미치지 못하는 사람이 있었던 것처럼, 우리도 천국의 약속을 가졌지만, 거기에 미치지 못할 사람이 있다는 것입니다. 그것을 두려워해야 합니다.

정말 엄청나게 긴장되고 무서운 말씀 아닙니까? ‘지금 우리가 광야의 세대와 다름이 없구나! 정말 이 세대가 다 믿음을 지키지 못하고 한꺼번에 이렇게 멸망 받을 수도 있겠구나!’ 생각해야 합니다. 물론 그들은 그림자를 보고 따르고 우리는 실체를 보았지만, 지금 복음을 믿지 않고 그 믿음을 끝까지 지키지 않는다면 우리도 그들이 처한 위험에 똑같이 처할 수 있습니다. 그래서 그들이 우리의 본이라는 것입니다.

안식에 들어가길 힘쓰라

믿고 순종하라.

"그러므로 우리가 저 안식에 들어가기를 힘쓸지니 이는 누구든지 저 순종하지 아니하는 본에 빠지지 않게 하려 함이라"(히 4:11).

결론적으로 우리는 저 안식에 들어가길 '힘써야' 합니다. 나는 천국 간다고 확신하고 있을 것이 아니라 안식에 들어갈 때가 남아 있기에 거기에 들어가기를 힘써야 한다는 것입니다. 비록 우리에게 주어진 약속이고 그 천국이 우리를 향해서 문을 열고 있지만, 우리가 순종하지 않으면 얼마든지 거기에 미치지 못할 수 있습니다. "광야의 세대들이 순종하지 않음으로 들어가지 못한 본을 보여주지 않았느냐? 우리도 순종하지 않으면, 즉 믿음에서 떨어지면 들어가지 못한다." 그러므로 저 안식에 들어가길 힘쓰라는 이야기입니다.

그러면 왜 그들이 순종하지 않았습니까? 믿지 않았기 때문입니다. 그들도 우리처럼 복음 전함을 받은 자들인데, 거기에 믿음을 결부시키지 않았습니다. 즉 하나님을 신뢰하지 않았습니다. 더 정확하게 말하면 여호수아와 갈렙이 그들은 우리의 밥이라고 했던 말을 믿지 않았습니다. 그들을 가나안 땅으로 들여보낼 여호수아는 예수님을 상징합니다. 즉 예수 그리스도를 신뢰하지 않은 것입니다. 그래서 어떻게 되었습니까? 망했습니다.

그렇다면 그리스도가 전하는 말씀의 핵심은 무엇입니까? 복음입니다. 복음은 우리를 예수님의 공로로 다 덮어주어 값없이 의롭다 하는 것입니다. 죄를 덮어주는 동시에 우리가 예수님과 연합해서 죄를 이기게 하는 약속이기도 합니다. 그리스도는 우리를 의롭다 하실 뿐만 아니라, 예수님에게 시집가서 예수님만 모시고 따라가면 열매 맺게 해주신다고 약속합니다. "예수님이 성령을 보내셔서 너희 육신 안에 있는 죄를 이기게 하신다. 그래서 결국 너희를 정죄함이 없게 하신다." 이것이 복음입니다.

하나님은 이스라엘 백성들에게 "너희 앞에 거대한 가나안 족속, 아낙 자손이 있지만 내가 세운 여호수아를 따라서 들어가면 그들을 정복하고 그 땅을 얻게 될 것이다"라고 말씀하셨습니다. 이에 후세대들이 실제로 여호수아와 함께 들어가서 그 땅을 정복하였습니다. 이처럼 그리스도께서도 오늘날 우리에게 이렇게 말씀하십니다. "나를 믿으라. 나를 주인으로 모시고, 나를 신랑 삼고, 늘 내게 붙어 있으라. 그러면 내가 성령을 보내어 너희가 전혀 불가능하다고 생각하는, 너희 안에 있는 철병거와 죄의 아낙 자손들과 가나안 거민들을 다 몰아내고 너희를 의의 몸으로, 거룩한 몸으로 만들어줄 것이다. 그리하여 정죄함이 없게 할 것이다. 그리고 종국적으로 너희를 부활의 영광스러운 몸으로 만들어줄 것이다." 이것이 바로 예수님이 복음을 통해서 우리에게 주신 약속의 말씀입니다.

날마다 죄와 싸우라.

그러면 우리는 어떻게 반응해야 합니까? 날마다 죄와 싸우는 길을 가야 합니다. 어떤 사람은 '아, 정말 그렇구나. 이 말씀은 우리 주 예수 그리스도의 말씀이야. 전능하신 하나님의 아들이 하신 말씀이야. 내가 그분에 의해 의롭다 함을 받았을 뿐만 아니라 그리스도께서 주신 복음이 정말 내 안의 죄를 이기는 능력이구나!'라고 하면서 그리스도만 의지하고 성령을 따라 죄와 싸우는 길을 갑니다. 그래서 점점 죄를 정복하고 거룩해집니다. 종국적으로 주님은 그런 사람을 부활의 영광에 이르게 하십니다. 그러나 어떤 사람은 분명히 똑같은 복음을 들었는데 믿지 않습니다. 왜 그렇습니까? 마음이 미혹되어 죄가 좋고, 죄와 싸우기 싫으니까 믿지 않는 것입니다. 분명히 듣고도 그리스도를 따르지 않고 순종하지 않습니다. 예수님을 주인으로 모시지 않고, 날마다 성령을 의지하지 않습니다. 그러면 어떻게 됩니까? 결국 육신의 노예가 되어 죄 아래서 살다가 죽고 맙니다. "너희가 육신대로 살면 반드시 죽을 것이로되!"(롬 8:13) 광야에 엎드러져서 시체가 된 그들처럼 이 땅에서 썩어 문드러질 육체와 함께 멸망하고 말 것입니다.

믿는다는 것은 '힘쓰는' 것입니다. 그냥 지식적으로 "아멘!" 하는 것이 아니라 날마다 그리스도를 따르며 그분에게 순종하는 삶입니다. 그분만이 나에게 천국을 주실 분임을 믿고 따라가는 것입니다. 그런데 순종하지 않으면 어떻게 될까요?

우리가 죽어서 참 안식(천국)에 들어가려면 천국 입국 심사를 받아야 합니다. 그것이 심판입니다. "한 번 죽는 것은 사람에게 정해진 것이요 그 후에는 심판이 있으리니"(히 4:27). 우리는 모두 심판대 앞에 서게 됩니다. 그때 어떤 일이 벌어집니까?

죽은 후에 심판을 홀로 견딜 수 있는가?

"하나님의 말씀은 살아 있고 활력이 있어 좌우에 날선 어떤 검보다도 예리하여 혼과 영과 및 관절과 골수를 찔러 쪼개기까지 하며 또 마음의 생각과 뜻을 판단하나니 지으신 것이 하나도 그 앞에 나타나지 않음이 없고 우리의 결산을 받으실 이의 눈 앞에 만물이 벌거벗은 것같이 드러나느니라"(히 4:12-13).

하나님의 말씀은 진리이고, 흠도 없고, 티도 없고, 정직하고 순결하고 날카롭습니다. 단 하나의 죄도 용납할 수 없습니다. 그 말씀이 우리를 심문합니다. 그 심문이 얼마나 날카로운지 좌우에 날이 선 예리한 검과 같습니다. 인간의 힘으로 구별하기 어려운 혼과 영과 관절과 골수를 찔러 쪼갭니다. 즉 우리 마음의 생각과 뜻을 다 판단합니다. 그래서 우리의 결산을 받으실 이의 눈앞에 만물이 벌거벗은 것같이 드러나게 됩니다. 지금 이것이 바로 결산의 날, 심판의 날에 일어날 장면입니다. 그날은 분명히 옵니다.

우리 삶은 우리의 것이 아닙니다. 그분의 것이고 우리에게 맡겨진 삶입니다. 거저 받아서 거저 누린 생명이며, 거저 받은 자산,

힘, 지혜, 능력, 지위입니다. 이것을 어떻게 사용했는지 우리는 결산보고를 해야 합니다. 심판 날, 날카로운 말씀의 칼날 앞에 우리 모든 삶의 내역과 내가 살아온 행위의 책들이 펼쳐지면서 벌거벗은 것처럼 숨김없이 드러날 것입니다. 청문회는 상대도 안 되고 언론검증과 검찰 조사는 비교도 안 되는 조사가 들어갑니다. 마음의 숨은 생각과 뜻, 우리가 어떤 일을 한 동기까지 다 드러납니다.

이 심판을 넘어가야 그 너머에 안식이 있고 천국이 있습니다. 과연 이 심판을 피할 자가 누구입니까? 인간 중에 하나님의 엄위하신 심판 앞에 죄가 드러나지 않으며 유죄판결을 받지 않을 자가 누가 있겠습니까? 아무도 없습니다.

'저 안식'에 들어가도록 도와주실 분이 계신다.

이제부터 중요한 말씀이 나옵니다. 히브리서의 문턱을 넘어서서 정상을 향해 올라가는 문이 열립니다.

승천하신 대제사장이 계신다.

"그러므로 우리에게 큰 대제사장이 계시니 승천하신 이 곧 하나님의 아들 예수시라 우리가 믿는 도리를 굳게 잡을지어다"(히 4:14).

우리 주님은 바로 '큰 대제사장'이십니다. 우리는 이것을 기억해야 합니다. 우리 주님께서 승천하셨습니다. 그리고 하나님 보좌 우편에 앉으셨습니다. 어떤 존재로 앉으셨나요? 첫째는 왕이요, 통치자라고 하였습니다. 둘째는 바로 오늘 히브리서의 주제인 '대제사장'으로 앉으셨습니다. 대제사장은 누구입니까? 이스라엘 백성이 하나님 앞으로 나아가도록 그들을 위해서 속죄제를 드려주던 중재자입니다. 그러나 이 땅의 대제사장은 우리를 하나님께로 인도하지 못합니다. 상징일 뿐입니다. 그런데 저 하나님 보좌 우편에 우리의 대제사장이 계십니다. 우리가 죽어서 백보좌 심판대 앞에 서게 될 때, 그 무시무시하고 거룩한 손선에 엎드릴 때, 우리에게 누가 있습니까? 승천하셔서 대제사장이 되시는 우리 그리스도가 계십니다. 얼마나 놀라운 일입니까?

우리의 '믿는 도리'란 바로 '우리에게 대제사장이 계시다는 사실'입니다. 그날에 천국에 들어가서 어마어마한 심판대 앞에 서게 될 때, 우리를 죄에서 구원해주실 대제사장이 계십니다. 우리가 이것을 믿고 신앙으로 고백한다면, 이 땅에서 천국 가길 원하는 우리가 어떻게 그리스도께 순종하지 않을 수 있습니까? 여기서 그분께 순종하지 않고, 죄와 싸우는 삶을 전혀 실지 않디기 그날에 그분 앞에서 내 죄를 용서해달라고 부탁할 수 있겠습니까?

여기서 우리가 그분을 거역하면 그날에 그분도 거기서 우리를 부인하십니다. "너희가 여기서 나를 부끄럽다 하면 나도 너희를 그날에 하나님과 천사들 앞에서 부끄러워하겠다"라고 하셨습니다. 그날에 그분이 어떤 태도를 취하시는가에 따라서 우리 운명이 갈라지는 것입니다. 그 운명은 우리가 입술로 "아멘!" 했느냐가 아니라 정말 그분을 따르고 순종했느냐에 달렸습니다. 순종했다면 나도 그날 내 아버지 앞에서 너를 시인하겠다고, 반대로 광야의 백성들처럼 마음이 미혹되어 나를 믿지 않고, 죄와 싸우지 않고, 나를 주인으로 섬기며 순종하지 않았다면, 나도 내 아버지 앞에서 너를 부인할 것이라는 말씀입니다.

"자기에게 순종하는 모든 자에게 영원한 구원의 근원이 되시고"(히 5:9하).

믿는 도리를 붙잡고 그리스도께 순종하면서 살아간 사람에게는 그날에 우리의 승천하신 왕이요 대제사장이신 그리스도께서 우리를 맞이해 주십니다. 이것이 복음입니다. 할렐루야!

그분이 그날에 우리의 연약함을 긍휼히 여기신다.

"우리에게 있는 대제사장은 우리의 연약함을 동정하지 못하실 이가 아니요 모든 일에 우리와 똑같이 시험을 받으신 이로되 죄는 없으시니라"(히 4:15).

그분은 어떤 분입니까? 예수님은 우리와 똑같이 사람이 되셔서 모든 일에 똑같이 시험을 받으셨습니다. 그런데 죄가 없으신 것은 그 시험에 넘어지지 않으셨기 때문입니다. 사탄이 돌로 떡을 만들라고 유혹할 때 주님은 만드실 수 있었습니다. 주님도 우리처럼 배가 고프셨습니다. 그래서 떡을 만들고 싶었지만 이기셨습니다. 베드로가 십자가를 지면 안 된다고 할 때, 그 안의 사탄을 꾸짖으시면서 "너는 나를 넘어지게 하는 자로다"라고 하셨습니다. 예수님도 베드로를 통해서 찾아온 사탄의 유혹에 넘어가실 뻔했습니다. 주님도 인간이기에 십자가에서 죽는 고통이 싫으셨습니다. 하지만 이기셨습니다. 우리와 똑같이 유혹과 시험을 받으셨지만, 예수님은 한 번도 시험에 넘어가지 않으셨습니다. 그래서 죄가 없는 분입니다. 그렇기에 예수님은 우리를 이해하시면서도 중보자가 되실 수 있습니다. 죄가 없기 때문에 하나님 앞에 온전한 자로 서실 수 있습니다. 우리를 위해 죽으셨기에 우리 연약함을 동정하시고 중보할 수 있는 대제사장이 되실 수 있었습니다. 주님은 우리 연약함을 다 아십니다. 우리가 넘어지지 않으려 애를 쓰지만 시험에 넘어지는 연약한 존재임을 다 알고 우리를 불쌍히 여겨주십니다.

이제 놀라운 비밀이 나옵니다. "그래서 아무 죄도 없는 내가 네 죄를 위해서 제물이 됐던 거야. 내가 하나님 앞에 너를 위해서 속죄 제사를 드렸어. 그리고 내가 여기에 너를 위해서 대제사장으로 있는 거야." 이것이 바로 핵심입니다. 거기엔 바로 우리 죄를 속해주는 성전이 있습니다. 그 성전이 바로 주님입니다. 제물이 되신 주, 제사가 되신 주, 대제사장이 되신 주, 우리 죄를 씻어서 거룩하게 하시는 주, 그가 바로 예수님이십니다. 바로 그분이 우리를 불쌍히 여기십니다. 그래서 어떻게 하십니까?

우리 죄를 사해 주십니다. 우리는 이 땅에서 순종하려고 애를 쓰지만 넘어집니다. 이스라엘이 여호수아를 따라서 애를 쓰지만 가나안 족속을 다 쫓아내지 못합니다. 결국 다윗이 와서 다 쫓아낸 후에야 비로소 통일왕국을 이루었습니다. 이처럼 우리가 예수 그리스도를 따라서 죄와 싸우지만, 그날이 오기까지는 완전해지지 않습니다. 우리가 예수님을 따라서 열심히 죄와 싸우며 믿음으로 걸어가지만, 연약하여 넘어지는 것을 주님이 아십니다. '네가 그때 넘어질 수밖에 없었지'라며 다 이해하십니다. 그리고 우리를 긍휼히 여겨주시고 깨끗하게 씻겨주십니다. 영광스러운 부활의 몸으로 완전히 변화시켜 주셔서 천국에 들어가게 해주십니다. 최종적으로 심판을 통과하여 바로 그 고대하던 참 안식, 영원한 안식에 들어가게 하십니다. 이 그림이 보입니까? 히브리서를 보면 이 그림이 환하게 보입니다. 이 얼마나 큰 은혜인지요!

그분이 현재에도 도와주신다.

"그러므로 우리는 긍휼하심을 받고 때를 따라 돕는 은혜를 얻기 위하여 은혜의 보좌 앞에 담대히 나아갈 것이니라"(히 4:16).

예수님이 마지막 날에만 우리를 도와주신다는 말이 아닙니다. 이 땅에서 우리가 순간순간 죄와 시험의 유혹에 있을 때, 예수님과 함께 죄와 싸우는 과정 속에서 끊임없이 대제사장을 바라보고, 그분의 도움을 받아 걸어갈 수 있습니다. 그러다가 그날이 되면 그분이 우리를 맞아주십니다.

원문으로 보면 "은혜의 보좌 앞에 담대히 나아가라"가 먼저 나옵니다. 하나님 우편에 앉아서 온 땅을 다스리시는 주님의 보좌를 '은혜의 보좌'라고 합니다. 왜냐하면 보좌에 앉으신 그분이 왕이신 동시에 우리를 위해 피 흘리신 대제사장이시기 때문입니다. 우리 처지를 다 동정해 주시는 분이기 때문입니다. 우리를 다 이해하시고 사랑하시는 분의 보좌입니다. 즉 그 보좌는 '은혜의 보좌'입니다. 그렇기에 그 앞에 '담대히 나아가라'는 것입니다. "너희가 죄를 지었느냐, 넘어졌느냐, 연약하냐, 쉼이 필요하냐? 그분께 자신감 있게 나아가라!" 이것이 '믿음'입니다. 내가 이렇게 연약한데, 죄를 지었는데, 부끄러운데 어떻게 나아가죠? 그렇기 때문에 은혜를 진정으로 믿고 담대히 나아가는 것입니다. 우리가 연약할 때마다, 죄를 지을 때마다 담대히 나아가 도움을 구하십시오.

은혜 앞에 담대히 나아가라

우리가 은혜 앞에 담대히 나아갈 이유를 저자는 두 가지로 설명합니다.

긍휼하심을 얻기 위해서

첫째로 '죄 용서', 즉 '속량'을 얻기 위해서입니다. 우리가 연약해서 넘어질 때, 주님이 우리를 보고 "너 어떻게 넘어질 수가 있느냐"라고 비난하지 않으십니다. 오히려 우리 육체의 약함을 아시기에 불쌍히 여기고 동정해 주십니다. 그래서 어떻게 하십니까? 그분의 긍휼하심 앞에 나아가서 자백하면 우리 죄를 속량해 주십니다. 우리 죄를 씻어주십니다. 이스라엘 백성들은 죄를 지으면 동물을 잡아서 그 피를 가지고 제사장에게 나아갔습니다. 그러면 제사장이 그 피를 다 뿌려서 깨끗하게 해줍니다. 이처럼 우리가 죄를 지으면 우리를 위해서 피 흘리신 그리스도의 공로를 의지하여 대제사장이신 예수님께 나아가면 됩니다. 예수님이 우리를 불쌍히 여겨서 우리 죄를 씻어주십니다.

'믿는 도리'를 붙잡으십시오. 예수님이 우리를 위해서 피 흘리셨습니다. 그 피로 우리를 깨끗게 해주셨습니다. 그것을 믿고 나아가십시오. 이것이 죄를 지을 때마다 우리가 주님께 나아가야 하는 이유입니다. 어떤 사람이 자주 동물을 잡아서 제사를 지낸다면 그 사람을 죄인이고 나쁜 사람이라고 생각하겠습니까? 아닙니다. 오히려 그 제도를 통해서 쉼 없이 죄를 가지고 나아가는 그가 경건한 사람입니다. 욥이 그러했습니다. 늘 그렇게 번제를 드렸고, 자신의 아들들을 위해서 그렇게 했습니다. 하물며 하나님의 아들이 피를 흘리시고 친히 제사장이 되셔서 하늘에서 우리를 위한 성소를 완성하시고 기다리시는데, 우리가 죄를 짓고도 그분께 나아가지 않는다면 그것이 옳습니까? 죄를 짓고 미안해서 나아가지 못한다면 그것이 옳은가요? 아닙니다. 죄를 지을 때마다 나아가야 합니다. 자기를 깨끗하게 하는 자가 깨끗하게 삽니다. 내버려두는 자는 더 더러워집니다. 그렇게 회개하면 주님은 일흔 번씩 일곱 번이라도 용서해 주십니다. 그리고 용서해 주신 죄는 기억하지 않으십니다. 율법은 죄를 기억하게 하는데, 주님의 피는 기억하지 않게 합니다. 그렇게 깨끗이 씻어주십니다. 그러기에 담대히 나아가야 합니다.

때를 따라 돕는 은혜를 얻기 위해서

둘째로 때를 따라 돕는 은혜를 얻기 위해서입니다. 이 '때'는 어떤 때입니까? '시험의 때'입니다. 우리는 시험당할 때 연약합니다. 우리가 시험을 이기는 은혜가 필요할 때 주님께 나아가면 주님이 우리에게 이길 힘을 주십니다. 우리가 어떤 시험 앞에서 머릿속으로는 '당연히 내가 신자인데 이 정도는 이겨야지'라고 생각하지만, 그것이 참 어렵습니다. 그렇게 할 능력이 없습니다. 그 앞에서 내가 여전히 죄인임을 경험합니다. 사람들은 그 정도 가지고 갈등하느냐고 하지만, 하나님은 "너, 집사(목사)가 되어서 그 정도밖에 못하느냐? 네가 그러고도 집사(목사)냐?" 절대 이렇게 정죄하지 않으십니다. 집사, 장로, 목사이기 전에 우리가 연약한 육체를 입은 인간임을 아시기 때문입니다. 시험 앞에 우리가 얼마나 연약한 존재인지 아십니다. 그럴 때 우리가 은혜의 보좌 앞에 가서 기도하면 주님이 도와주십니다. 담대히 나아가기만 하면 됩니다.

"그가 시험을 받아 고난을 당하셨은즉 시험 받는 자들을 능히 도우실 수 있느니라"(히 2:18).

주님은 우리로 시험을 이기게 하실 뿐만 아니라 시험당할 즈음에 피할 길을 내주십니다. "사람이 감당할 시험 밖에는 너희가 당한 것이 없나니 오직 하나님은 미쁘사 너희가 감당하지 못할 시험 당함을 허락하지 아니하시고 시험 당할 즈음에 또한 피할 길을 내사 너희로 능히 감당하게 하시느니라"(고전 10:13).

죄와 유혹이 다가올 때, 우리가 주님께 나아가면 성령을 보내주십니다. 성령을 따라갈 때 죄를 이기게 해주십니다. 그렇게 죄와 싸우면서 걸어가는 것입니다. 히브리서를 더 읽어보면 뒤에 피 흘리기까지 너희가 죄와 싸우지 않았다는 말씀이 나옵니다. 그렇게까지 죄와 싸워야 합니다. 그것이 신자의 삶입니다. 싸우다 연약하면 다시 주님 앞에 나가서 죄 사함 받고, 또 걸어가고, 또 걸어가면 됩니다. 그렇게 순종하면서 이 몸을 거룩하게, 주님이 주신 약속의 땅을 거룩하게, 주님이 주신 내 가정을 거룩하게, 주님이 주신 교회를 거룩하게, 이 민족을 거룩하게 하는 싸움을 해야 합니다. 그렇게 싸우다가 주님 앞에 가면 "평생 나에게 순종하던 내 아들이 오는구나!" 하며 맞아주십니다. 스데반이 순교할 때 하늘이 열리고 인자가 하나님 우편에 '서신' 것을 보았다고 했습니다. 앉아계시던 그분이 스데반을 보시고 '서서' 맞아주셨기 때문입니다. "아들아, 네가 죄와 죽기까지 싸우고 믿음을 지켰구나. 웰컴!" 그날에 승천하신 대제사장이 우리를 기다리십니다. 여기에 우리의 소망이 있습니다. 그렇게 주님은 우리를 용서하시고 우리가 시험을 이기고 죄를 이기도록 도와주십니다.

대제사장 되신 주님이 모든 안전망을 다 쳐놓으셨습니다. 우리가 약속을 믿고 예수님만 의지하여 죄와 싸우면 성령의 능력으로 승리케 하십니다. 연약해서 넘어지면 대제사장 되신 주님이 다시 붙들어 일으켜주셔서 결국 우리를 날마나 서룩하게 만들어주십니다. 우리의 의가 아닙니다. 우리의 무엇이 아닙니다. 이것이 우리의 소망입니다. 이런 그날을 바라보면서 오늘 주님의 음성을 듣거든 마음을 완고하게 하지 마십시오. 들어가지 못할 수 있습니다. 믿음은 따놓은 것이 아닙니다. 주님 오실 때까지 끊임없이 싸우는 것입니다. 예수님 모시고 가나안 땅을 향해 가는 '전진'이고 '순종'입니다. 그럴 때 주님이 우리에게 가나안 땅을 넘어 참된 안식을 허락해 주실 것입니다. 그분이 우리를 맞아주시기에 우리는 결국 그날에 거룩하게 되어 천국, 영원한 참 안식에 들어갑니다. 예수님이 우리를 안식에 들여보내 주시는 참 구주이신 줄 믿습니다.

우리가 이 소망을 가지고 있는 것은
영혼의 닻 같아서 튼튼하고 견고하여
휘장 안에 들어 가나니
(히 6:19)

PART 2

예수 그리스도의 대제사장 되심

우리는 저 안식에
들어가길 '힘써야' 합니다.
나는 천국 간다고 확신하고
있을 것이 아니라
안식에 들어갈 때가
남아 있기에 거기에 들어가기를
힘써야 한다는 것입니다.

6장

왜 제사장이 필요할까?

: 예수, 우리의 중보자 되신 대제사장
(히 5:1-14)

CHAPTER 06

왜 제사장이 필요할까?

: 예수, 우리의 중보자 되신 대제사장 (히 5:1-14)

이제 '예수님의 대제사장 되심'이란 주제로 들어가는 본격적인 서막이 열립니다. 하나님은 이스라엘 백성들과 자신 사이에 중재자를 세우셨습니다. 그들이 바로 제사장입니다. 제사장들을 거룩하게 구별해서 세우시고 그들을 통해 하나님 앞에 나올 수 있도록 하셨습니다. 제사장들은 죄악 된 인간을 위해서 하나님께 제사를 지내고 하나님 앞에서 그들의 죄를 변호하는 역할을 합니다.

왜 하나님과 인간 사이에 제사장을 두셨는가?

법정에 서면 변호사가 필요합니다. 그런데 변호사를 선임하려면 비싼 비용을 지불해야 합니다. 누군가 우리 죄를 변호하며 막아서는 데에는 엄청난 대가가 필요합니다. 하나님은 우리를 위해서 친히 변호사를 선임하여 하나님 앞에 설 수 있게 해주는 중재자로 세워주셨습니다. 그들이 바로 제사장입니다. 그런데 인간 제사장은 사실 진정한 중재자의 모형일 뿐입니다. 그들이 인간의 죄를 해결해 줄 수는 없습니다. 그들이 예표하는 진정한 중재자요, 대제사장은 따로 계시는데, 바로 예수 그리스도입니다.

히브리서 4장에서 우리는 믿는 도리의 대제사장이 되신 그리스도를 배웠습니다. 예수 그리스도는 승천하셔서 하나님 보좌 우편에 앉아 우리를 긍휼히 여기시고 우리 죄를 용서해 주시며 변호해 주셔서 우리가 천국의 안식에 들어가게 해주십니다. 그런 면에서 우리 주님의 대제사장 되심은 정말 중요한 복음입니다.

여기서 우리가 기억해야 할 것은 바로 예수님이 우리의 변호사요, 대제사장이시라는 사실입니다. 우리는 주님의 대제사장 되심을 잘 알아야 합니다. 그래야 예수님이 어떤 분인지 알고, 필요할 때 적절한 도움을 받을 수 있습니다. 그런 면에서 구약의 대제사장은 대제사장 예수님이 어떤 분이신가를 우리에게 알려주는 모형입니다.

이제 우리는 구약의 대제사장을 모델로 하여 진정한 우리의 대제사장이신 예수님의 모습을 함께 살펴보겠습니다. 히브리서 5장은 서론입니다. 본격적으로는 7–10장에서 대제사장 되시는 예수님을 다룰 것입니다.

대제사장의 자격은 무엇인가?

성경은 먼저 구약의 대제사장의 자격을 이야기합니다. 그다음에 우리 주님이 어떻게 그 자격을 갖추었는지 이야기합니다. 대제사장이 되는 조건은 다음의 세 가지입니다.

연약한 인간을 이해할 수 있는 중재자여야 한다.

"대제사장마다 사람 가운데서 택한 자이므로 하나님께 속한 일에 사람을 위하여 예물과 속죄하는 제사를 드리게 하나니"(히 5:1).

대제사장은 사람이어야 합니다. 왜 대제사장을 사람 가운데서 택합니까? 사람을 위하여 제사를 지내야 하기 때문입니다. 대제사장은 무엇보다 연약한 인간을 이해할 수 있어야 합니다. 그래서 사람 가운데서 택한 자임을 먼저 언급합니다. 제사장은 하나님께 속한 일에 사람을 위해서 세워진 것입니다. 즉 그는 사람이 하나님 앞에 나아갈 수 있도록 도와야 합니다. 사람을 위하는 일이기에 사람이어야 한다는 것입니다. 이 말은 연약한 인간을 이끌려면 자신도 연약한 인간이어야 한다는 말입니다.

"그가 무식하고 미혹된 자를 능히 용납할 수 있는 것은 자기도 연약에 휩싸여 있음이라"(히 5:2).

대제사장은 인간의 연약함을 용납할 수 있어야 합니다. 여기

'무식하고 미혹된 자'란 인간이 연약한 상태일 때 보이는 모습을 의미합니다. 무식한 자는 하나님 앞에서 어떻게 살아야 하는지 전혀 감각이 없고, 마땅히 해야 할 것을 근면히 수행하지 않으며, 마음이 부주의해서 부지불식간에 죄를 짓는 사람을 말합니다. 미혹된 자는 계속 세상 것에 끌려 죄의 유혹에 넘어진 자들입니다. 이러한 자들을 하나님 앞으로 이끄는 것이 대제사장이 할 일입니다.

그러려면 그는 연약한 그들을 용납할 수 있어야 합니다. 비난하고 정죄하면 안 됩니다. 성경은 어떻게 대제사장이 그들을 용납할 수 있는지 그 이유에 대해 "자기도 연약에 휩싸여 있음이라"고 말합니다. 그의 인격이 특별히 훌륭해서라고 말하지 않습니다. 자기도 연약하기에 다른 연약한 자를 용납할 수 있는 것입니다. 이것이 인간입니다. 인간은 자신이 경험한 만큼 다른 사람을 이해하고, 자기가 아파본 만큼 다른 사람을 공감하는 존재입니다. 그래서 항상 하나님은 우리의 약함을 들어 쓰십니다. 하나님이 특별한 인격자를 자신의 중재자로 세우시는 것이 아닙니다. 다른 사람의 약함을 아는 사람, 그래서 긍휼과 용납의 마음으로 품을 수 있는 사람을 당신의 중재자로 세우십니다.

예물과 제사를 드려야 한다.

"그러므로 백성을 위하여 속죄제를 드림과 같이"(히 5:3상).

대제사장이 하나님께 백성들을 데리고 가기 위해서는 반드시 예물과 속죄하는 제사를 드려야 합니다. "사람을 위하여 예물과 속죄하는 제사를 드리게 하나니"(히 5:1하), 즉 속죄하는 제물이 필요합니다. 대제사장은 1년에 한 차례 백성들을 위한 대속죄일에 지성소에 들어갔습니다. 백성들을 대표해서 하나님께 나아가려면 지성소에 들어가기 전에 속죄제를 드려야만 했습니다.

"또한 자신을 위하여도 드리는 것이 마땅하니라"(히 5:3하).

하지만 대제사장 자신도 연약한 죄인입니다. 그래서 그는 자신의 연약한 죄를 위해서도 속죄제를 드려야 합니다. 이렇게 대제사장이 하나님 앞에서 백성들을 중재하려면 반드시 예물과 제사를 드려야 했습니다. 이것이 대제사장으로 서는 조건입니다.

하나님이 부르셔서 임직을 받아야 한다.

"이 존귀는 아무도 스스로 취하지 못하고 오직 아론과 같이 하나님의 부르심을 받은 자라야 할 것이니라"(히 5:4).

대제사장은 스스로 자원해서 되는 것이 아니라 하나님이 선택해서 부르셔야 합니다. 아론이 대제사장이 된 것은 하나님의 일방적인 선택이고 부르심이었습니다. 하나님께서 모세에게 아론과 그의 아들들을 세워 제사장 직분을 행하게 하라고 말씀하셨습니다(출 28:1). 그래서 이스라엘에서는 제사장이 되려면 아론의 반차를 좇아 태어난 이들이어야만 했습니다.

대제사장으로서 예수님은 어떤 자격을 갖추셨는가?

이러한 기준에 비추어 볼 때, 대제사장으로서 우리 예수님의 자격은 어떤가요?

하나님께서 직접 선택하여 부르셨다.

"또한 이와 같이 그리스도께서 대제사장 되심도 스스로 영광을 취하심이 아니요 오직 말씀하신 이가 그에게 이르시되 너는 내 아들이니 내가 오늘 너를 낳았나 하셨고"(히 5:5).

예수님께서 스스로 대제사장이 되겠다고 하신 것이 아니라 하나님께서 먼저 "너는 내 아들이니 내가 오늘 너를 낳았다"고 하셨습니다. 물론 예수님은 원래 하나님의 아들이십니다. 그런데 예수님이 이 땅에 오셨을 때, '내 사랑하는 아들'이라고 존귀한 이름을 주신 분은 하나님이십니다. 그렇게 하나님은 그를 세우셨습니다. 그리고 부활의 능력으로 당신의 아들로 선포하셨습니다. 이렇게 하나님께서 직접 예수님을 높이시고 부르셨습니다.

하나님께서 친히 영원한 제사장이라 부르셨다

"또한 이와 같이 다른 데서 말씀하시되 네가 영원히 멜기세덱의 반차를 따르는 제사장이라 하셨으니"(히 5:6).

성경의 다른 데서도 "이르시기를 너는 멜기세덱의 서열을 따라 영원한 제사장이라 하셨도다"(시 110:4하)라고 하였습니다. 하나님은 친히 그를 '영원한 제사장'이라고 하셨습니다. 율법에 의하면 제사장은 레위 지파 중 아론의 반차를 따른 아론의 후손이어야 합니다. 하지만 우리가 알다시피 예수님은 유다 지파이십니다. 율법으로 하면 예수님은 대제사장 자격이 없습니다. 그런데 구약은 예수님이 '멜기세덱의 반차를 따르는 제사장'이라고 합니다. '멜기세덱'에 대해서는 7장에서 자세히 소개하겠습니다. 이렇게 예수님은 하나님으로부터 직접 '대제사장'으로 부르심을 받은 분입니다.

예수님은 인간의 연약함을 이해하시는 분이다.

예수님은 대제사장의 또 다른 조건인 인간의 연약함을 이해하시는 분입니다.

"그는 육체에 계실 때에 자기를 죽음에서 능히 구원하실 이에게 심한 통곡과 눈물로 간구와 소원을 올렸고 그의 경건하심으로 말미암아 들으심을 얻었느니라"(히 5:7).

우리와 똑같은 육체의 한계를 겪으셨다.

7절 말씀은 '육체에 계실 때에'로 시작합니다. 예수님이 우리와 똑같이 혈과 육을 가지셨다는 말입니다. "자녀들은 혈과 육에 속하였으매 그도 또한 같은 모양으로 혈과 육을 함께 지니심은"(히 2:14상)이라는 말씀처럼 예수님은 우리와 동일한 육체를 가진 사람이 되셨습니다. "그러므로 그가 범사에 형제들과 같이 되심이 마땅하도다"(히 2:17). 그렇기에 주님은 우리가 경험하는 연약함과 시험을 똑같이 경험하셨습니다. 우리와 똑같은 몸을 입으셨기에 우리처럼 잠을 못 자면 졸리고, 안 먹으면 배고프고, 힘든 일이 있으면 슬프고 답답하고, 때론 피곤하고, 아프고, 외롭고, 가족을 걱정하는 등 모든 것을 우리와 똑같이 겪으셨습니다. 또한 우리와 동일한 인성의 연약함을 입으셨기에 우리가 당하는 시험도 같이 겪으셨습니다. 육체의 정욕으로 인한 시험, 세상의 유혹, 권력, 자기 과시의 유혹, 배신에 대한 분노, 억울함, 조롱, 모욕으로 인한 아픔과 상처를 경험하셨습니다.

그래서 주님은 우리 인간의 모든 연약함을 아시고, 죄인 된 인간이 시험을 겪을 때 그것을 이기기가 얼마나 어려운지도 잘 아십니다. 그렇기에 인간이 육체의 정욕과 영적 무지에 처하여 넘어지고, 시험으로 미혹되어 죄를 짓는 것을 무자비하게 정죄하지 않으십니다. "우리에게 있는 대제사장은 우리의 연약함을 동정하지 못하실 이가 아니요 모든 일에 우리와 똑같이 시험을 받으신 이로되 죄는 없으시니라"(히 4:15). 우리 주님은 인간의 연약함을 다 이해하십니다. 그러니 자신을 너무 완벽주의적으로 채근하지 마십시오. 인간은 원래 완벽할 수 없는 연약한 존재입니다.

우리와 똑같은 고통을 당하셨다.

더 나아가 주님은 우리 인간이 겪는 모든 고통을 다 겪으셨습니다. 그것을 7절에 아주 집약적으로 담아내고 있습니다.

주님께서 "자기를 죽음에서 능히 구원하실 이에게" 간구하신 이유가 무엇인가요? 주님이 죽음의 두려움과 고통을 짊어지셨기 때문입니다. 우리 주님은 태어나면서부터 백성의 죄를 지시고 죽으실 분으로 운명되신 분입니다. 그래서 그분의 생애는 죄인 된 백성들이 짊어져야 하는 모든 형벌과 저주를 대신 지신 인생이었습니다. 주님의 삶은 십자가에서 죽으시는 고통뿐 아니라 전 생애가 인생의 고통을 짊어진 삶이었습니다. 이사야서는 이렇게 말합니다. "그는 멸시를 받아 사람들에게 버림 받았으며 간고를 많이 겪었으며 질고를 아는 자라"(사 53:3).

주님은 사람들에게서 멸시를 받으셨고, 버림받는 거절과 배신의 아픔을 경험하셨습니다. 또한 간고를 많이 겪으셨습니다. '간고'란 '아픔', '고통'이란 의미입니다. 인생 속에서 아픔과 고통을 많이 겪었다는 것입니다. 질고는 병을 말합니다. 주님은 인간이 육체를 가졌기에 경험하는 질병도 아십니다. 왜 하나님의 아들이 이 땅에서 그런 고통을 당하셨을까요? "그는 실로 우리의 질고를 지고 우리의 슬픔을 당하였거늘"(사 53:4). 주님은 우리 죄인들이 겪는 고통과 슬픔을 모두 겪으셨습니다. 그뿐만이 아닙니다. "그가 찔림은 우리의 허물 때문이요 그가 상함은 우리의 죄악 때문이라 그가 징계를 받으므로 우리는 평화를 누리고 그가 채찍에 맞으므로 우리는 나음을 받았도다"(사 53:5). 우리 때문에 주님은 찔리고, 상하고, 징계 받고 채찍에 맞으셨습니다. 그리고 죽으셨습니다. 죽음의 고통을 평생 가슴에 담고 묵묵히 담당하셨습니다. 이것이 우리 주님의 삶이었습니다.

우리와 똑같이 통곡하셨다.

죽음의 고통을 대신 지신 우리 주님의 삶의 특징을 나타내는 단어가 그다음에 나옵니다. 바로 '심한 통곡과 눈물로'입니다. 우리의 이러한 고통을 짊어지신 주님은 '심한 통곡과 눈물로' 기도하셨습니다. 얼마나 힘드시면 심한 통곡을 하시고 눈물을 흘리셨을까요? 겟세마네 동산에서 주님은 힘든 마음을 가장 극적으로 보여주십니다. 그때 주님은 제자들에게 "내 마음이 심히 고민하여 죽게 되었다"고 하셨습니다. 또한 주님은 내 답답함이 어떠하겠느냐고 반문하신 적도 있습니다. "나는 받을 세례가 있으니 그것이 이루어지기까지 나의 답답함이 어떠하겠느냐"(눅 12:50).

이렇게 우리가 져야 할 모든 고통과 아픔, 질병, 상처, 조롱, 모욕까지 짊어지시고 죽음을 향해서 가셔야 했던 그분의 삶은 얼마나 힘드셨을까요? 그래서 아버지 앞에 나갈 때마다 심한 통곡과 눈물로 기도하실 수밖에 없었습니다. 우리 예수님이 이렇게 '심한 통곡과 눈물'로 우셨다는 사실이 믿어지십니까? 하나님의 죄 없는 아들이 이 땅에 오셔서 심하게 통곡하시며 눈물을 흘리셨습니다. 그래서 우리가 통곡할 때 주님은 그 아픔을 다 아십니다. 우리가 스트레스를 받고, 두려워하고, 근심하고, 짓눌릴 때 주님은 다 아십니다. 다 아실 뿐 아니라 대신 짊어지기까지 하셨습니다. 그래서 예수님께 가면 우리가 스트레스, 두려움, 짓눌림, 상처, 질병으로 넘어지지 않도록 일으켜주십니다. 위로해 주십니다.

우리와 똑같이 살려달라고 매달리셨다.

주님은 눈물을 흘리시며 '간구와 소원'을 올리는 기도를 드리셨습니다. "이 잔을 내게서 지나가게 하옵소서." 쉽게 말하면 살려달라고 기도하셨다는 것입니다. 고난 앞에서 하나님께 살려달라고, 구원해달라고 하는 기도야말로 인간의 연약성을 가장 잘 보여줍니다. 우리 주님은 그런 연약함을 다 경험하셨습니다. 그래서 우리가 너무나 황망한 사건과 두려움 앞에서 떨리는 팔과 다리로 예배당에 엎드려 울면서 살려달라고, 제발 한 번만 내 기도를 들어달라고 간구할 때 그 마음을 다 아십니다. 얼마나 힘들고 아픈지 이미 다 경험하셨기에 외면치 않으십니다. 그러므로 인생이 힘들어서 아무것도 할 수 없을 때, 주님 앞에 나아가십시오. 기도밖에 할 수 없는 그 사정을 우리 주님이 헤아려주실 것입니다.

아마도 이 사건은 겟세마네 동산에서의 주님을 염두에 둔 내용일 것입니다. 평생을 그렇게 사셨지만, 그때가 모든 고통이 극대화되는 순간이었기 때문입니다. 한 사람의 죄도 아니고, 인류의 죄와 저주를 모두 짊어지시는 두려움과 공포가 얼마나 컸겠습니까? 아마 웬만한 사람이라면 그냥 기절했을지도 모릅니다. 공황장애로 정신을 잃거나, 심장마비나 뇌출혈로 쓰러졌을 수도 있습니다. 하지만 예수님은 당신이 걸어가야 할 길을 아셨기에 그대로 포기하고 쓰러질 수 없으셨습니다. 그래서 이 고통이 지나가게 해달라고 간구하셨지만, 내 뜻대로가 아닌 아버지의 뜻대로 해달라고 기도하셨습니다. 감당할 힘을 구하신 것입니다.

차라리 "될 대로 되라" 하고 기절해버리면 속이라도 편하고, 심장마비로 쓰러져 죽었으면 더 나았을 것입니다. 예수님이 하나님의 아들이라고 해서 타고난 기질과 체질이 남달랐던 것이 아닙니다. 우리와 똑같은 연약한 육체, 연약한 인간의 마음을 가지고 도무지 사람으로는 감당할 수 없는 고통과 죽음과 저주의 무게를 감당하셨습니다. 그렇기에 우리 주님처럼 인간의 고통을 최대치로 잘 아는 분은 없습니다. 예수님은 십자가를 지고 가는 과정에서 인간이 이 땅에서 겪어야 하는 모든 고통을 한 방울도 남김없이 연약한 육체로 다 겪으셨습니다. 우리가 이 땅에서 죄인이기 때문에 겪어야 하는 두려움과 배신, 외로움, 버림받음, 스트레스와 아픔, 저주, 모든 고난을 짊어지시고 십자가에서 죽으셨습니다. 이렇게 다 당해보셨기 때문에 우리를 이해하실 뿐 아니라 그 어떤 죽음의 공포와 두려움 속에서도 우리를 위로하시고 붙잡아주실 수 있습니다.

우리 주님은 상처 입은 치유자이십니다. 당신이 아파 보셨기에 우리 아픔을 아시고, 무서워해 보셨기에 우리의 무서움을 아십니다. 그렇기에 주님은 우리에게 마음의 평강을 주시는 분이고, 우리가 슬픔과 고난에 짓눌려서 주님께 나아갈 때 우리 마음에 위로와 소망을 일으켜 세워주실 수 있는 분입니다. 그래서 주님 앞에 나아가면 우리 아픔에 새살이 돋고, 우리 공포에 평화가 찾아오며, 우리의 뻥 뚫린 마음에 샘이 솟습니다. 절망이 희망으로, 눈물이 웃음으로 바뀌는 놀라운 위로를 주십니다.

죄 없으신 예수님 자신이 제물이 되셨다.

대제사장의 또 하나의 자격은 자신과 백성을 위한 예물과 제사입니다. 죄가 있으면 죄가 가로막아서 하나님이 기도에 응답해 주시지 않습니다. 하나님은 제물로 백성과 제사장의 죄를 덮고 그들의 기도에 응답해 주십니다. 대제사장에게는 첫 번째로 자기 자신을 위한 속죄 제물이 필요합니다.

주님은 경건함으로 온전한 제물의 자격을 갖추셨다.

"그의 경건하심으로 말미암아 들으심을 얻었느니라"(히 5:7하).

주님께서 당신의 기도에 응답을 받으신 이유가 뭐라고 하십니까? '경건하심으로 말미암아'라고 합니다. 우리 주님은 응답을 받기 위해서 그의 죄를 가려줄 제물이 필요 없으셨습니다. 누군가의 가려줌과 덮어줌의 도움이 전혀 필요 없는 분이시기 때문입니다. 주님은 당신 자신의 경건으로 하나님 아버지에게 들으심을 얻으셨습니다. 이것은 첫째로 우리 주님이 자신을 위하여 속죄제를 드릴 필요가 없는, 죄가 없으신 분임을 말해 줍니다. 둘째로 주님이 하나님을 '경외'하는 데 있어서 완벽하신 분임을 말해 줍니다.

여기서 경건은 '경외'로 번역할 수 있습니다. '경외'가 무엇입니까? 아브라함은 자신의 아들 이삭을 번제로 드리라는 명령을 받았을 때, 주저함 없이 순종하려고 하였습니다. 그때 하나님이 아브라함에게 "네가 나를 경외하는 줄 안다"고 하셨습니다. 아브라함이 이삭에 대한 소유권과 집착을 내려놓고 그 주인이 주님이심을 인정할 때, 자기 주권을 포기하고 그분 앞에 순종할 때, 하나님은 그것을 '경외'라고 하셨습니다. '경외'란 하나님을 하나님으로, 창조주를 창조주로 섬기고, 그 앞에 종이자 피조물로 내 본문에 맞게 행동하며 순복하는 것입니다. 우리 주님이 보여주신 본이 그것입니다. 비록 엄청난 고통 앞에서 피하게 해달라고 기도하셨지만, 결국 하나님 뜻대로 해달라고 하셨습니다. 즉 죽음을 받아들이신 것입니다. "주의 뜻이라면 내 목숨도 아버지 것입니다." 이것이 경외입니다.

하나님은 우리가 이렇게 철저히 자기 주권을 내려놓고 "나는 종이고, 아버지의 뜻을 이루는 것이 내 삶입니다"라는 자세로 설

때, 우리에게 응답하기 시작하십니다. 기도 응답의 최고 조건은 내 뜻과 주권을 내려놓고 아버지의 뜻에 순종하겠다는 태도입니다. 주님은 언제나 자신의 뜻이 아닌 아버지의 뜻을 구하셨고 아버지의 뜻대로 행하셨기에 하나님은 예수님을 홀로 두지 않으셨으며 언제나 예수님의 기도를 들어주셨습니다. 이렇게 예수님은 완전한 경외로 항상 아버지에게 응답을 받으시는 분입니다. 언제나 하나님은 아들이 구하는 것을 주시는 분입니다. 그분 자신의 죄 없음과 경외함이 하나님 앞에 가장 아름다운 제물이었기 때문입니다. 그러므로 예수님은 존재 자체가 하나님께 받아들여지는 최고의 대제사장이십니다. 우리가 하나님 앞에 기도할 때 하나님께 올려드릴 최고의 제물은, 첫째, 그리스도의 피요, 둘째, 그분의 경외함을 배우는 것입니다.

주님은 백성을 위한 온전한 제물이 되셨다.

"그가 아들이시면서도 받으신 고난으로 순종함을 배워서 온전하게 되셨은즉 자기에게 순종하는 모든 자에게 영원한 구원의 근원이 되시고"(히 5:8-9).

대제사장은 백성들을 위한 제물이 있어야 그들을 위해서 하나님께 나아갈 수 있습니다. 이 말씀은 결국 주님 자신이 백성들을 구원하시기 위한 온전한 제물이셨음을 말합니다. 예수님이 그전에는 온전하지 않으셨다는 의미가 아닙니다. 여기서의 '온전함'은 예수님이 구원의 근원이 되시기에 온전하셨다는 것입니다. 즉 제물로서 온전하셨음을 의미합니다. 주님은 처음부터 인간의 죄를 위한 제물로 이 땅에 오셨습니다. 제물은 사람이어야 하고 죄가 없어야 합니다. 그런데 한 가지가 더 필요합니다. 그 제물에 죄 지은 사람이 안수하여 죄를 전가하는 일입니다. 즉 주님이 온전한 제물이 되시려면 주님의 육체에 우리의 죄를 전가해야 합니다.

우리 죄를 주님께 전가한다는 것은 곧 죄로 인한 모든 저주와 형벌을 그가 담당한다는 뜻입니다. 그래서 주님께 고난이 주어졌습니다. 그런데 그 고난 속에서 우리 주님은 순종을 배우셨다고 합니다. 이미 완전한 순종으로 이 땅에 오신 주님이시지만, 죄인들이 자신을 거역하는 것을 참으면서 인간의 모든 저주를 짊어지시고 걸어가는 하나하나의 과정은 모두 주님이 순종해야만 하는, 결국 순종을 배우는 시간이었습니다. 자신을 치는 자에게 화내거나 싸우지 않고, 오히려 침 뱉는 자에게 얼굴을 내밀며, 채찍을 휘두르는 자에게 등을 들이대고, 인간이기에 당연히 분노하며 맞서 싸우고 싶은 마음을 내려놓고 묵묵히 아버지께 순종하는 그분의 모습을 이사야 선지자는 다음과 같이 표현했습니다. “그가 곤욕을 당하여 괴로울 때에도 그의 입을 열지 아니하였음이여 마치 도수장으로 끌려가는 어린 양과 털 깎는 자 앞에서 잠잠한 양같이 그의 입을 열지 아니하였도다”(사 53:7).

이렇게 주님은 아무 말 없이, 변명도 없이 묵묵히 모든 것을 다 짊어지셨습니다. 그렇게 완벽한 순종으로 다른 사람의 죄를 담당한 제물로서 온전해지셨습니다. 구원자로서 온전해지신 것입니다.

그러므로 고난 속에서 순종을 배우셨다는 것은, 첫째, 인간을 위한 모든 죄와 저주를 주님이 온전히 짊어지셨음을 의미합니다. 둘째, 죽기까지 복종하심으로써 온전한 속죄 제물이 되셨음을 의미합니다. 이렇게 우리 주님은 다른 예물이나 제물을 준비하실 필요가 없으셨습니다. 왜냐하면 예수님이 그들의 모든 죄를 짊어지신 온전한 제물이셨기 때문입니다. 다른 제사가 필요 없었습니다.

자기에게 순종하는 모든 자에게 영원한 구원의 근원이 되셨다.

주님은 자신이 완전한 제물이 되셨기에 주님께 나아오는 자에게 영원한 구원의 근원이 되셨습니다. 주님이 제물이시기에 다른 제사와 제물이 없어도 주님은 우리를 구원으로(아버지께로) 이끄실 수 있습니다.

그런데 누구에게 영원한 구원의 근원이 됩니까? 바로 '자기에게 순종하는 자에게'입니다. 그날에 그 우편에서 우리를 변호하고 우리 죄를 씻어서 천국에 들어가게 하실 분은 우리의 대제사장 예수님입니다. 순종한다는 것은 믿는다는 것입니다. 믿으니까 순종합니다. 이스라엘이 구원받지 못한 것은 순종하지 않아서 그렇습니다. 믿지 않아서 그들은 하나님의 말씀에 순종하지 않았고, 그래서 버림받았습니다. 그런데 자기에게 순종하는 것의 의미를 주님은 아버지께 순종하심으로써 보여주셨습니다.

예수님께서 아버지 앞에 어떻게 순종하셨습니까? 고난 속에서 친히 순종을 배우신 삶을 통해 한편으로 자신이 완전한 제물이 되셨고, 또 다른 한편으로 예수님께 나오는 자에게 순종이 무엇인지 가르쳐주는 본이 되셨습니다. 우리가 그분으로부터 구원을 받으려면, 예수님이 죽기까지 아버지께 자신의 모든 삶을 의탁하고 내어놓으신 것처럼 먼저 그분께 순종해야 합니다. 예수님이 우리의 주인이 되셔야 합니다. 나는 죽고 예수님이 사는 것, 이것이 바로 믿음입니다.

내 마음대로 살고자 하고 내 정욕대로 살고자 하여 죄에게 종노릇하는 나는 죽었습니다. 이제 나의 주인은 예수님입니다. 나는 새사람입니다. 그러므로 나는 죽고 주님의 뜻대로 살아야 합니다. 죄를 버리고 육신을 좇지 않고 성령을 따르므로 주님을 좇는 것이 순종입니다. 죄와 싸우고, 주의 뜻을 따르는 것이 순종입니다.

주님을 단지 구원자로만이 아니라 주인으로 모셔야 합니다. 그리고 실제로 그분을 주인으로 모신 삶을 살아야 합니다. 그것이 순종입니다. 입술로는 예수님을 주님이라고 하면서 삶에서는 내 뜻과 내 욕심대로 행하고 있다면, 그 사람은 예수님과 상관이 없습니다. 듣기는 했는데 믿음으로 화합해서 순종하지 않는 자입니다. 예수님은 자기에게 순종하는 자에게 구원의 근원이 되십니다. 그에게 대제사장이 되어 주십니다.

하나님께서 예수님을 대제사장이라 칭하셨다.

"하나님께 멜기세덱의 반차를 따른 대제사장이라 칭하심을 받으셨느니라"(히 5:10).

주님은 멜기세덱의 반차를 따른 제사장으로 임명받으셨습니다. 히브리서 5장 10절은 주님이 어떻게 대제사장이 되셨는가를 간단히 요약합니다. 앞으로 히브리서 7장부터 10장까지 더 상세하게 구약의 성전으로 우리를 데리고 가서 예수님이 우리의 완전한 대제사장 되심을 설명하고, 우리 믿음의 도리이신 주님을 본격적으로 보여줍니다. 정말 주님이 우리 죄를 변호해 주시고, 우리를 하나님께로 이끌어 가시는 대제사장으로 하나님 우편에 앉아 계신 모습이 우리 눈에 환하게 보일 것입니다. 우리의 믿는 도리이신 대제사장 예수님을 깊이 생각할 때 우리 믿음의 차원이 달라지는 것을 경험할 것입니다.

듣는 데 열의가 없고 게으른 이들에게

그런데 히브리서 기자는 더 전진하기 전에 잠시 멈추고 그들을 책망합니다.

단단한 음식을 소화할 줄 알고, 믿음에서 자랐는가?

"멜기세덱에 관하여는 우리가 할 말이 많으나 너희가 듣는 것이 둔하므로 설명하기 어려우니라"(히 5:11).

히브리서 기자가 이야기를 쭉 하다가 느낌이 옵니다. '아, 이들이 따라오지 못하고 있구나!' 듣는 것이 둔하다는 말은 이해력이 떨어진다거나, 내가 하는 말을 알아들을 만큼 똑똑하지 않다는 의미가 아닙니다. 이것은 그들의 영적 상태를 말합니다. 그들이 말씀을 듣고자 하는 열의가 없고 게으르다는 말입니다. 말씀을 깊이 탐구하려 하지 않고, 들으려는 마음이 없어서 설명하기 어렵다는 것입니다. 가르쳐주고 싶어도 가르쳐줄 수가 없습니다.

"때가 오래 되었으므로 너희가 마땅히 선생이 되었을 터인데"(히 5:12상).

그들이 믿고 때가 오래되었으면 당연히 남을 가르치는 선생이 되어야 했습니다. 믿은 지 몇 년이 지나면 남을 가르칠 수 있어야 합니다. 그만큼 신자는 말씀을 아는 지식이 당연히 자라야 합니다. 우리가 아는 것을 다른 사람에게 가르쳐줄 정도로 자라야 합니다. 주님을 알아가야 합니다. 그것이 마땅합니다. 그래서 훈련을 받아야 합니다.

"너희가 다시 하나님의 말씀의 초보에 대하여 누구에게서 가르침을 받아야 할 처지이니"(히 5:12중).

그런데 그들의 상태는 말씀의 초보에 대해서 다시 가르침을 받아야 할 처지라고 합니다. 믿은 지가 오래되었는데 배우고 들은 것을 남에게 가르치고 연약한 자를 이끌기는커녕 어찌 된 일인지 말씀의 초보를 잊어버렸습니다. 앞에서 본 논리대로라면 이러한 그들의 모습은 그들이 얼마나 그리스도의 말씀을 소홀히 여기는 자들인가를 보여줍니다. 그것을 보물처럼 여기고 흘려버리지 말아야 한다고 했는데, 자신이 어떻게 구원을 받았고, 주님의 은혜가 얼마나 큰지 잊어버렸습니다. 그저 몸만 교회에 왔다 갔다 하는 상황입니다. 그래서 교회 다닌 지 10년, 20년, 30년이 됐는데도 지금 다시 듣고 배우지 않으면 안 되는 상황이 되었습니다.

"단단한 음식은 못 먹고 젖이나 먹어야 할 자가 되었도다"(히 5:12하).

아직도 초보에 대해서 들어야 하는 상황은 곧 젖을 먹어야 하는 어린아이와 같습니다. 젖은 소화기관이 덜 발달한 아기 또는 병든 자가 먹는 것입니다. 건강한 사람은 그것을 먹고 힘을 쓰지 못합니다. 그런데 지금 그들이 믿은 지 오래되었는데도 그런 상태라는 것입니다. 사도 바울은 육신적이고 미성숙한 그리스도인인 고린도교회 성도들, 즉 하나님을 알지 못하고, 사람이나 자랑하고, 게바파네, 아볼로파네 하면서 사람에게 속한 이들을 향해 뭐라고 말합니까? "내가 너희를 젖으로 먹이고 밥으로 아니하였노니 이는 너희가 감당치 못하였음이거니와 지금도 못하리라"(고전 3:2). 자라지 않으면 단단한 음식을 먹일 수 없습니다. 조금만 단단하면 소화불량이 생깁니다.

"이는 젖을 먹는 자마다 어린아이니 의의 말씀을 경험하지 못한 자요"(히 5:13).

결국 젖을 먹는 자는 어린아이라고 합니다. 영적인 어린아이입니다. 여기서 '의의 말씀'은 우리를 의롭게 하는 말씀으로, 당연히 이것은 복음입니다. 복음을 깊이 깨달으면 우리가 죄인임을 알게 되고, 우리 안에 있는 죄와 싸우게 되며, 선과 악을 분별하게 되고, 점점 복음 안에서 거룩해집니다. 죄를 멀리하게 됩니다. 이것이 진정한 복음의 능력입니다.

"단단한 음식은 장성한 자의 것이니 그들은 지각을 사용함으로 연단을 받아 선악을 분별하는 자들이니라"(히 5:14).

'단단한 음식'은 복음입니다. 복음을 통해서 성장하면 지각의 연단을 받아 선악을 분별할 줄 알게 됩니다. 그래서 죄에 넘어지지 않습니다. 천사를 가장한 사탄과 이단에 넘어가지 않을 수 있습니다. 왜 미혹됩니까? 어린아이라서 분별하지 못하기 때문입니다.

예수를 깊이 알지 못하는 일이 왜 치명적인가?

이렇게 신앙이 자라지 않으면 큰 위험에 처합니다. 바로 배교의 위험입니다. 성장하지 않은 채 어린아이로 머물러 있고, 세월이 지나도 남을 가르치기는커녕 초보를 다시 배워야 하는 상태에 계속 머물러 있다면, 반드시 배교할 위험성에 처합니다. 그래서 한 번 타락하게 되면 영원히 다시 돌아오지 못하는 타락으로 떨어질 수 있다는 경고가 나옵니다. 우리가 예수님을 깊이 알아가지 않는 것이 얼마나 치명적인 일인지 이제 아시겠습니까?

'선과 악'은 도덕적 의미에서가 아니라 교리상의 건전함과 타락함을 나타내며, 이것을 정확하게 식별할 능력이 있는 자라야 장성한 그리스도인입니다. 말씀으로 깊이 훈련받은 사람은 이야기만 조금 듣고도 이단인지 아닌지 분별합니다. 단지 도덕적인 선과 악을 구별하려 한다면, 굳이 우리가 말씀 훈련을 받지 않아도 압니다. 마음의 양심에 새겨진 율법만으로도 선과 악을 압니다. 여기서 선악을 분별한다는 것은 진리의 측면에서 그렇습니다. 율법이 선하지만, 신자를 죄에서 이기게 하지 못합니다. 우리를 의롭게 하지 못하기에 율법은 결코 구원에 있어서 선한 것이 아닙니다. 이처럼 우리가 복음의 진리를 잘 훈련받아야 올바른 것과 잘못된 것을 구별합니다. 항상 이단이나 거짓 가르침은 광명의 천사로 가장합니다. 자신이 빛이고 사랑이고 선한 것처럼 다가옵니다. 그래서 좋아 보이면 다 좋은 것인 줄 알다가 결국 미혹되고 맙니다. 그러므로 우리는 말씀 안에서 자라가야 합니다. 믿는 것과 아는 것에 하나가 되어야 합니다. 즉 믿는 만큼 알아야 하고 아는 만큼 믿는 것입니다. 믿음은 이 앎과 함께 성장합니다. 그래야 흔들리지 않는 신앙을 가질 수 있습니다.

우리가 이런 자리에 이르러야 합니다. 그런데 그들은 시간이 가도 도의 초보에 머뭅니다. 단단한 식물을 먹지 못하고 젖이나 먹습니다. 늘 위로, 용서, 회개의 기초를 닦아주어야 합니다. 이미 그 기초가 닦아져서 이젠 선생이 되었어야 하는데 아직도 그렇지 않다는 것입니다. 히브리서 기자는 그것을 책망합니다. 신앙이 성장하지 않고 예수를 깊이 생각하지 않으면 결국 넘어갑니다. 신천지에 넘어가고, 하나님의 교회, 여호와의 증인에 넘어갑니다. 세상으로 넘어갑니다. 유대교로, 율법 종교로 넘어가버리고 맙니다.

이제 다음 장에서 말씀의 초보에 머물러 있는 것이 왜 위험한지 나옵니다. 배교의 위험을 경고하는 소리에 귀를 기울여 봅시다.

하나님의 죄 없는 아들이
이 땅에 오셔서 심하게
통곡하시며 눈물을
흘리셨습니다. 그래서 우리가
통곡할 때 주님은 그 아픔을
다 아십니다.

7장

성장 없는 믿음, 괜찮은가?

: 자라지 않는 자를 향한 경고
(히 6:1-20)

CHAPTER 07

성장 없는 믿음, 괜찮은가?

: 자라지 않는 자를 향한 경고 (히 6:1-20)

신앙이 자라지 않아도 안심할 수 있을까?

많은 사람이 예수님을 믿으면 구원받는 것은 필수지만, 신앙이 성장하는 것은 선택인 것처럼 생각하는 경향이 있습니다. 예수님을 믿고 구원은 따놓았으니, 이제 세상에서 좀 놀다가 때가 되면 성의 좀 보이고 천국에 가야겠다고 은연중에 생각하는 듯합니다. 그래서 신앙이 성장하지 않는다고 해도 크게 문제 삼지 않습니다. 누군가는 시간이 지나서 남을 가르치는 성숙한 사람이 되었는데, 나는 여전히 다른 사람의 가르침을 받아야 하는 상태로 남아 있어도 안심할 수 있을까요? 늘 젖만 먹어야 하는 어린아이 같아서 조금이라도 단단한 음식을 먹으면 소화시키지 못하는 상태로 오랜 시간 동안 머물러 있어도 괜찮은 것일까요? 히브리서 6

장 말씀은 우리 신앙이 성장하지 않을 때 어떤 중대한 위험에 빠질 수 있는지 경고합니다.

신앙이 자라지 않는 사람의 두 가지 특징

"그러므로 우리가 그리스도의 도의 초보를 버리고 죽은 행실을 회개함과 하나님께 대한 신앙과 세례들과 안수와 죽은 자의 부활과 영원한 심판에 관한 교훈의 터를 다시 닦지 말고 완전한 데로 나아갈지니라"(히 6:1-2).

첫째, 도의 초보에 머문다.

전체 문장구조를 알기 쉽게 재배열하면 "그리스도의 도의 초보를 버리고…완전한 데로 나아갈지니라"로 연결할 수 있습니다. 도의 초보에 머무는 사람은 미성숙한 사람입니다. 그러면 도의 초보에 머문다는 것은 무엇인가요? '죽은 행실을 회개함과 하나님께 대한 신앙과 세례들과 안수와 죽은 자의 부활과 영원한 심판에 관한 교훈의 터'에 머무는 것입니다.

여기 언급된 그리스도의 도의 초보는 다 중요한 것들입니다. '버리라'는 말은 '쓸데없다'는 것이 아니라 '머물러 있지 말라'는 뜻입니다. 우리가 죽은 행실을 회개하고, 하나님께 신앙을 가지는 일이 구원에 얼마나 필수적입니까? 세례를 받고, 안수를 이해하고, 죽은 자의 부활을 믿고, 영원한 심판에 대한 교훈을 분명히 이해하는 것은 정말 중요합니다. 이것은 우리가 절대적으로 알아야 하고, 받아들여야 하는 진리입니다.

그래서 이것을 '터'라고 합니다. '터'는 그 위에 무엇인가를 건축하는 기초입니다. 그런데 문제는 늘 그 터만 닦고 있다는 데 있습니다. 이것들을 넘어서서 더 성숙하고 완전한 데로 나아가야 하는데, 항상 거기에만 머물러서 터를 다시 닦고 있는 것이 문제입니다. 그것이 신앙이 자라지 않는 사람의 특징입니다.

둘째, 터를 다시 닦는다.

자라지 않는 사람은 도의 초보에 머물 뿐만 아니라 그 터를 다시 닦는 사람입니다. '터를 다시 닦는다'라는 말은 망가져 있어서 다시 세운다는 것입니다. 분명히 언젠가 기독교의 기본진리를 듣고 신앙의 터를 닦았습니다. 그런데 시간이 지나자 그것을 다시 배워야 할 상황이 되었다는 것입니다. 같이 말씀을 듣고 은혜 받은 사람들은 이미 다른 사람을 가르치는 선생이 되어 있는데, 나는 자꾸 흔들려서 반복적으로 터를 닦고 있다는 것입니다. "때가 오래되었으므로 너희가 마땅히 선생이 되었을 터인데 너희가 다시 하나님의 말씀의 초보에 대하여 누구에게서 가르침을 받아야 할 처지이니"(히 5:12). 이것이 바로 자라지 않는 사람의 특징입니다. 왜 그렇습니까? 복음의 말씀을 들었으면 그것을 믿음으로 잘 간직하고 굳게 붙잡아야 하는데, 오히려 등한히 여기고 잊어버렸기 때문입니다. "그러므로 우리는 들은 것에 더욱 유념함으로 우리가 흘러 떠내려가지 않도록 함이 마땅하니라"(히 2:1).

앞에서 '흘러 떠내려가는 것'이 반지가 손가락에서 빠지는 것이라고 설명했습니다. 주머니에서 보석이 흘러나가는 것과 같습니다. 정말 소중한 금은보화를 손가락에 끼고 있거나 주머니에 넣고 있다면 얼마나 신경을 써서 지키겠습니까? 이처럼 그리스도의 도의 초보인 복음의 말씀은 우리에게 보물과 같이 중요합니다. 이 말씀이 죄에서 구원받아 천국 가게 하는 가장 소중한 보석입니다. 이것을 잃어버리면 우리는 천국에 가지 못합니다. 그런데 어찌 된 일인지 잊어버려서 다시 배워야 하는 처지가 되었습니다.

왜 이렇게 되었을까요? 교회에서 말씀 듣고 훈련받고 일주일만 지나면 다 잊어버리고 오는 것입니다. "우리가 이같이 큰 구원을 등한히 여기면 어찌 그 보응을 피하리요"(히 2:3상). 큰 구원을 등한히 여겼다고 합니다. 여기 히브리서 기자의 표현대로 하면, 광야의 백성들처럼 무려 40년간이나 하나님의 행사를 보았는데도 마음이 항상 세상 것에 미혹되어서 늘 주님의 은혜를 잊어버린 것입니다. "그들이 항상 마음이 미혹되어 내 길을 알지 못하는도다 하였고"(히 3:10하). 말씀을 들어도 항상 마음이 미혹되어서 늘 주님의 은혜를 잊어버리고, 주님의 뜻을 소홀히 여긴 것입니다.

그래서 다시 그 터를 닦는 일을 반복하고 있습니다. 죽은 행실을 회개했는데 다시 회개해야 한다면, 그가 다시 죄에 빠졌다는 말입니다. 하나님에 대한 신앙을 다시 닦아야 한다면, 그의 신앙이 흐려졌다는 뜻입니다. 세례의 의미를 다시 되살려야 한다면, 구원받았다는 믿음이 흔들린다는 것입니다. 부활과 심판에 대해서 다시 교육을 받아야 한다면, 잘 믿지 않는다는 소리입니다. 가장 기본이 흔들리고 있다는 말입니다.

자녀가 어느 날 자신이 정말 엄마, 아빠의 딸이 맞는지 유전자 검사를 하겠다고 한다면, 그것이 무슨 소리입니까? 부모와의 관계에서 신뢰가 흔들렸기 때문입니다. 결혼해서 여태껏 잘 살았는데 새삼스럽게 "아내를 모르겠다. 그의 학력, 직장, 부모, 친구 관계 등이 다 맞는지 궁금하다. 다시 조사해 봐야겠다"라고 한다면, 그것이 의미하는 바가 무엇일까요? 이처럼 터를 다시 닦는다는 말은 믿음이 흔들리고 있다는 의미입니다. 신뢰가 흔들리기 때문에 기초가 되는 터를 다시 세워야 할 상황입니다.

그러므로 히브리서 기자의 말대로 하면 이 사람은 그가 들은 말씀에 믿음을 화합하지 않은 사람입니다. 듣기만 하고 그 말씀에 자신의 믿음을 결부시키지 않았습니다. 맨날 들어도 맨날 흔들리는 사람입니다. "그들과 같이 우리도 복음 전함을 받은 자이나 들은 바 그 말씀이 그들에게 유익하지 못한 것은 듣는 자가 믿음과 결부시키지 아니함이라"(히 4:2). 그렇기에 그 자리에 머물러서 맨날 터만 닦고 있습니다. 더 깊은 관계로 나아가지 못하고, 늘 믿음이 흔들리는 어린아이 상태를 벗어나지 못합니다. 온전한 구원에 이르지 못한 상태입니다.

그러므로 완전한 데로 나아갈지니라.

원래는 그가 어떻게 해야 합니까? 터를 다시 닦지 말고 완전한 데로 나아가야 합니다(히 6:2하). 예수님을 믿었으면, 그 기초 위에 그분이 어떤 분인가를 더 깊이 알아가고 이해해서 아는 것과 믿는 것이 하나가 되어 신앙이 성장해야 합니다. 그분을 닮아가는 완전한 성숙으로 나아가야 합니다. "우리가 다 하나님의 아들을 믿는 것과 아는 일에 하나가 되어 온전한 사람을 이루어 그리스도의 장성한 분량이 충만한 데까지 이르리니"(엡 4:13).

믿으면 알아가야 하고 알아가는 만큼 믿음이 자랍니다. 주님을 더 알아가는 과정이 장성하는 시간입니다. 그러므로 예수님을 믿었으면 그분을 더 알기 위해서 훈련하고, 말씀을 더 깊이 알아가야 합니다. 그래서 더 이상 기초에 머무르지 않고 장성한 분량에 이르러야 합니다.

"하나님께서 허락하시면 우리가 이것을 하리라"(히 6:3).

지금 히브리서 기자는 하나님이 허락하시면 이제 도의 초보를 넘어서 장성한 자가 먹는 단단한 음식을 전해주겠다고 합니다. 더 완전한 데로 나아가는 일은 원한다고 되는 것이 아니라 하나님이 허락하셔야 가능합니다. 하나님의 말씀을 통해서 그리스도를 알아가는 기쁨은 실로 놀랍기가 그지없습니다.

그런데 간혹 "나는 단단한 말씀을 먹기가 싫어요. 인생이 힘들고 내 코가 석 자인데, 예배 나가기는 너무 힘들어요."라고 하며 듣기를 거절하는 사람이 있습니다. 이런 사람은 성장을 돕고 싶어도 도울 수 없습니다. 하지만 예배당에 와서 말씀에 집중한다는 것은 하나님이 허락하셨기 때문에 가능한 것입니다. 성도들이 젖만 먹는 데서 머물러 있지 않고, 단단한 식물을 먹을 만큼 영적으로 장성하여 완전한 데로 나아가고 있다면 얼마나 큰 복인지 모릅니다.

자라지 않는 사람은 어떤 위험에 처하는가?

히브리서 기자는 엄중하게 경고합니다. 성장하지 않고, 오히려 터를 닦아주면 얼마 있다가 또 흔들리고, 다시 또 터를 닦아서 은혜도 받고 믿음이 섰다 싶은데, 시간이 지나면 다시 흔들려서 또 붙잡아주어야 하는 사람들, 교회를 오래 다녀도 교사와 순장이 되기는 커녕 항상 기본적인 신앙이 흔들리고, 남이 늘 가르쳐주어야 하는 그런 상태에 머물러 있으면 그 사람의 영혼은 아주 중대한 위험에 처할 수 있습니다. 그가 처할 수 있는 중대한 위험은 무엇입니까?

타락할 수 있다.

"한 번 빛을 받고 하늘의 은사를 맛보고 성령에 참여한 바 되고 하나님의 선한 말씀과 내세의 능력을 맛보고도 타락한 자들은"(히 6:4-6상).

이것은 처음 그들이 그리스도의 초보를 들을 때, 즉 복음을 들을 때 경험하는 영적 체험을 말합니다. 그리스도의 복음은 진정 그 아들의 말씀이요 생명의 말씀이기에 놀라운 은혜와 능력을 동반합니다. 그래서 복음은 그냥 듣는 것이 아니라 이렇게 은혜와 함께 주어집니다.

그들은 그리스도의 도의 초보를 처음 듣고 깨달았을 때 '한 번 빛을' 받았습니다. 성령님이 조명하셔서 눈이 열리고 그리스도가 이루신 아름다운 것을 보았습니다. 그래서 순간적으로 마음에 감동을 받았습니다. 이것이 그리스도 안에서 성도들이 경험하는 은혜입니다. 하지만 문제가 무엇입니까? 그들이 그렇게 소중한 것을 경홀히 여기고, 믿음에 굳게 서지 않은 것입니다. 그 빛 아래에서는 계속 성장하지 않습니다.

'하늘의 은사'를 맛보는 것 역시 복음을 들을 때 경험하는 아름답고 자비하며 탁월한 은혜입니다. 이러한 은사를 통해서 우리는 그리스도의 온전하심으로 나아가야 합니다. 그런데 문제는 그러한 은혜를 잊어버린 것입니다.

'성령에 참여한 바 되고', 이 구절에서 우리는 성령의 역사가 성령이 우리 안에 내주하셔서 영원히 변화시키는 사건이냐 아니냐를 논할 필요는 없습니다. 신학적으로 논란이 되는 구절들을 잘 이해하는 방법은 문맥 속에서 파악하는 것입니다. 뜬금없이 조직신학적으로 보지 말고 성경신학적인 흐름 속에서 이해하십시오.

복음을 들을 때 성령님이 역사하십니다. 은혜가 임합니다. 그분의 은혜의 강물에 풍성히 젖어서 기도도 잘되고, 말씀도 깨달아지고, 마음에 평강이 넘치는 성령님의 인도하심을 경험합니다. 이를 통해서 우리는 지속적인 성령님의 인도로 온전한 데로 나아가야 합니다. 성령을 따라가서 주님을 더 깊이 알고 성장해야 합니다. 그런데 그들은 그러지 못했습니다.

또한 은혜가 임하면 '하나님의 선한 말씀'이 꿀송이처럼 달게 느껴지고, 내 속에서 불처럼 역사해서 회개하게 하시는 경험도 합니다. 이런 것을 맛보면 '정말 하나님의 말씀이 살았고 능력 있는 말씀이구나!'라고 깨닫고, 계속 그 말씀으로 나가야 합니다. 맛보는 차원이 아니라 선한 말씀을 꾸준히 먹고, 더욱 단단한 식물을 먹을 수 있는 데까지 가야 합니다. 그런데 그러한 깊이까지 가지 못한 것입니다.

또 '내세의 능력', 곧 저 하늘에 속한 능력들도 경험했습니다. 기적일 수도 있고, 하늘의 평강과 기쁨을 맛보는 것일 수도 있습니다. 중요한 것은 이를 통해서 이 땅이 아니라 저 하늘을 추구하는 성숙한 삶으로 자라는 일입니다.

그런데 지금 이들의 문제는 자라지 않은 것입니다. 계속 잊어버리고 그 터를 닦기만 반복하고 있습니다. 그러면 어떤 위험에 이를 수 있다고 합니까? 타락할 수 있다고 합니다(히 6:6).

우리가 더 장성한 데까지 자라지 않으면 '왕년에' 내가 성령 체험도 하고, 한때 말씀이 꿀송이처럼 달아서 성경 몇 독을 하고, 은사도 경험하고, 하늘의 평강을 누려보았어도 타락할 수 있습니다. 즉 믿음을 완전히 버리고 떠날 수 있다는 말입니다. 완전히 잃어버릴 수 있습니다.

거듭난 사람도 타락할 수 있는가?

예수 믿고 이런 은혜를 경험했다면 거듭난 사람이 아닙니까? 그런데도 구원에서 탈락할 수 있다는 말입니까? 이런 질문을 할 수 있습니다. 앞서 말한 것처럼 여기에서 이 사람이 중생한 사람이냐 아니냐를 이야기하는 것은 전혀 이 구절의 의도를 모르고 하는 이야기입니다. 이 구절은 조직신학적인 토론을 위해 하는 이야기가 아닙니다. 이것은 우리가 복음을 들을 때 경험할 수 있는 은혜들을 나열한 것입니다. 문맥 속에 있는 논리를 따라서 저자가 말하려는 바를 깊이 깨닫고 흐름을 따라가면 무슨 메시지를 전하려는지 알 수 있습니다. 저자의 느낌 하나까지 마음에 와 닿습니다. 자기 마음대로 메시지를 끄집어내면 저자가 이야기하는 소중한 것을 놓치고 맙니다.

복음은 우리에게 전해질 때 그냥 말로만 전해지지 않습니다. 말로만 하늘의 안식을 약속하는 것이 아니라 실제로 하늘의 능력과 함께 전파됩니다. 그래서 복음이 증거되는 교회에 들어와서 예배를 드리면 정말 놀라운 은혜를 경험합니다. 실제로 예수 그리스도를 알게 됩니다. 그냥 이유 없이 눈물이 나고, 치유를 경험하기도 하고, 처음 왔어도 말씀이 깨달아지며 마음에 불처럼 들리기도 하고, 평강과 기쁨을 경험하기도 합니다. 이런 과정을 통해 하나님이 말씀하십니다. 진정 생명력 있는 하나님의 말씀을 증거하시는 것입니다. 하지만 복음을 들을 때 그런 은혜를 경험한 것으로 내가 거듭났는지 아닌지를 알 수는 없습니다. 하나님만 아십니다. 문제는 지금 그 이야기를 하려는 것이 아니라는 것입니다.

"그들과 같이 우리도 복음 전함을 받은 자이나"(히 4:2상).

히브리서의 논리에 따르면, 광야의 백성들이나 우리나 똑같이 복음 전함을 받았습니다. 광야 백성들도 우리처럼 똑같이 천국의 안식을 약속 받았습니다. 그들은 실제로 광야 40년 동안 무엇을 경험했습니까? 구름 기둥, 불기둥이 항상 함께하고(하나님의 임재), 매일 아침 만나가 내리고(하늘의 양식, 말씀의 은혜를 상징), 반석에서 물이 나오고(내세의 능력과 같은 은혜), 쓴물이 달게 되고(치유), 전쟁에서 이기게 하시는(하나님의 능력) 등 많은 기적과 은혜를 경험했습니다. 그들은 복음 전함을 받았고 그들에게는 약속이 있었습니다. 하지만 놀랍게도 그들은 믿지 않았습니다. 그래서 불순종하였고, 결국 들어가지 못했습니다. 그들이 실상은 천국의 안식에 들어가지 못했다는 것이 히브리서의 결론입니다(4장).

우리도 그들처럼 복음을 들을 때 온갖 하늘의 은혜를 경험합니다. 복음을 들을 때 마음에 감동이 있고 눈물도 나고 때론 기적도 경험합니다. 너무너무 말씀이 좋아서 몇 날 며칠 말씀만 읽기도 합니다. 모두 다 성령의 역사입니다. 그런데도 어떻습니까? 들은 말씀에 믿음을 결부시키지 않을 수 있다는 것입니다.

"복음 전함을 먼저 받은 자들은 순종하지 아니함으로 말미암아 들어가지 못하였으므로"(히 4:6하).

광야 백성들이 믿지 않고 순종하지 않아서 들어가지 못한 것처럼, 우리도 그럴 수 있습니다. 은혜를 경험하고 "할렐루야!" 하다가도 목이 마르면 불평하고, 물을 주시면 "할렐루야!" 하다가 또 행로가 고단하면 하나님이 우리를 다 죽이려고 끌고 나오셨다고 원망합니다. 이렇게 끊임없이 은혜를 베풀어도 끊임없이 시험하고 불평합니다. 광야에서 생활하면서 끊임없이 터를 닦고 또 닦는 일을 반복합니다. "하나님이 너를 사랑하셔. 구원의 약속을 주셨어. 하나님은 절대 너를 버리지 않으셔." 맨날 이렇게 터만 닦았습니다. 전혀 전진하지 않고 뺑뺑이만 돌았습니다. 이렇게 신앙의 진보가 없이 확신과 의심을 반복하면서 초보의 터를 닦는 자리에 있으면 광야의 백성들처럼 타락할 수 있다는 것입니다.

여전히 "거듭난 것이 아닐 수도 있습니까?"라고 묻는다면 저는

"예스!"라고 대답하겠습니다. 히브리서의 논리대로 설명한다면, 정말 거듭난 증거는 어떤 상황에서도 끝까지 믿는다는 것입니다. 그리고 끝까지 믿으면 반드시 구원받습니다. 거듭나고 선택받으면 버리지 않으신다고 들었는데요? 맞습니다. 그런데 정말 거듭나고 선택받은 자라면, 그는 끝까지 믿습니다. 끝까지 믿도록 하나님이 도우십니다. 그러므로 결코 버림받지 않습니다. 저는 당신이 정말 거듭났는지 아닌지는 모릅니다. 하지만 한 가지 분명한 것은 당신이 지금 믿음을 지키지 않고 흔들리고 확신을 잃어버린 채, 세상과 교회 사이에 양다리를 걸치고 있다면, 신앙을 잃어버리고 전진하지 못한 채 끊임없이 불평하고 의심하면서 도의 초보를 닦는 자리에 계속 머물러 있다면, 버림받을 수 있다는 것입니다. 히브리서는 당신에게 경고합니다. "당신은 타락할 수 있다! 믿음에서 완전히 떠날 수 있다!" 이 경고가 들리십니까?

타락하면 다시 새롭게 하여 회개할 수 없다

더 무서운 경고가 무엇일까?

"타락한 자들은 다시 새롭게 하여 회개하게 할 수 없나니 이는 그들이 하나님의 아들을 다시 십자가에 못 박아 드러내 놓고 욕되게 함이라"(히 6:6).

여기서 '타락하다'(파라페손타스, πδραπεσουταζ)는 '배교한다'는 의미입니다. 복음을 듣고 은혜를 받았음에도 불구하고 어떤 일로 인해 그 복음을 받아들이지 않기로 결정을 했습니다. 입장을 바꾼 것입니다.

광야의 백성들은 하나님께서 애굽에 내리신 열 가지 재앙의 능력을 보았고, 어린 양의 피를 통해 장자의 죽음에서 건짐을 받았으며, 홍해가 갈라져서 구원받는 은혜, 구름 기둥과 불기둥, 매일의 만나, 반석에서의 물 등 하나님이 인도하시는 놀라운 은혜를 경험했습니다. 그런 엄청난 은혜 속에서 가나안 땅의 약속, 복음의 말씀을 들었습니다. 그리고 드디어 가데스 바네아에 이르렀습니다. 이제 약속의 땅으로 가야 합니다. 그런데 "약속대로 젖과 꿀이 흐르는 땅이다. 그들은 우리 밥이다!"라는 여호수아와 갈렙의 말보다는, 가면 다 죽는다는 부정적인 열 정탐꾼의 말을 듣고 백성들이 모두 마음을 돌렸습니다. 이제 더 이상 믿지 않기로 결정합니다. 그리고 방성대곡을 하면서 하나님께서 약속하신 말씀을 믿지 않고 오히려 우리를 속여서 죽이려고 여기까지 데려왔다고 비난합니다. 약속을 믿지 않고 결국 불순종하고 말았습니다. 이것이 배교이고 타락입니다.

타락은 바로 이와 같습니다. 어떤 결정적인 순간에 믿지 않습니다. 그동안 복음도 듣고 은혜도 받았는데, 이해타산이 생기거나 때론 복음에 자기 생명을 걸어야 하는 순간에, 또는 복음 때문에 불편한 일을 겪거나 핍박을 당하게 될 때 돌아섭니다. 하나님이 복음의 선한 말씀을 그렇게 들려주셨음에도 불구하고, 어느 순간에 정면으로 자기가 그동안 들어온 하나님의 말씀을 부정하고, 예수님을 부정합니다. "기독교는 가짜다. 천국도 지옥도 모두 지어낸 말이다. 예수가 하나님의 아들이라는 것은 신화이고, 목사들이 신자들을 겁박해서 돈을 뜯어내려는 거짓말에 불과하다. 예수는 그저 한 청년이었고, 후대의 신학자들이 신화적으로 지어낸 존재다." 이렇게 주장하면서 복음을 배격해 버립니다.

오늘날 기독교를 배격하는 사람들을 보면 기독교와 교회에 대해서 정말 많이 압니다. 왜냐하면 이미 오랫동안 그들이 교회 생활을 하면서 수많은 말씀을 들었고 나름 은혜도 경험하며 교회 생활을 해보았기 때문입니다. 그런데 그들은 거기에 믿음을 화합하지 않았습니다. 신앙이 자라지는 않고 반복해서 터만 닦았을 뿐입니다. 그러다가 어떤 계기가 생겼습니다. 상처든, 실망이든, 회의든, 인생의 고난이든, 무엇이든 간에 말씀 때문에 뭔가 이해타산을 따질 순간을 만난 것입니다. 그런데 그때 그들은 더 이상 예수님을 신뢰하지 않기로, 하나님을 믿지 않기로, 자신의 입장을 바꾸기로 결정했습니다. 이제 노골적으로 기독교는 거짓이요, 개독교요, 사기요, 신화라고 매도합니다. 이것이 바로 '배교'이고 '타락'입니다. 어떤 이들은 이단에 넘어갑니다. 마찬가지로 "예수님만으로 안 된다. 재림주가 와야 한다. 그가 와서 완성해야 한다. 예수의 시대는 끝났다. 목사들은 거짓말쟁이다!"라고 외칩니다. 그래서 교회를 다녔어도 믿지 못하니까 복음을 버리고 다른 복음을 좇는 것입니다. 예수님을 좇지 않습니다.

그런데 문제는 분명히 복음을 듣고 은혜도 받았던 사람이 정면으로 입장을 바꾸어 십자가는 구원이 아니고 신화요, 예수는 하나님의 아들이 아니고 평범한 한 청년이요, 예수 말고 다른 구원자가 있다고 주장한다면, 그 사람을 다시 새롭게 하여 회개하게 할 수 없다는 것입니다. 왜 그렇습니까? 그 사람을 회개와 빛으로 인도하시는 분은 누구입니까? 십자가에 못 박히신 그리스도입니다. 부활하신 예수님입니다. 복음을 들을 때, 나를 위해서 죽으시고 부활하셔서 구원이 되시는 그리스도를 소개받습니다. 그분께 감동하고, 그분 앞에 무릎을 꿇고, 그분을 더 알아가고 싶고, 더 사랑하게 되고, 그분이 얼마나 영광스러운 분인지 깨달으며, 그분을 존귀하게 여기고, 그분을 인생의 주로 섬기게 됩니다. 그분을 따라가고 그분께 순종하기 시작합니다. 그때 구원받습니다. 그러므로 구원자이신 예수님에 대해서 어떤 태도를 가지는지가 구원을 결정합니다. 그런데 그 사람이 이미 복음을 듣고 여러 은혜를 받아 예수님이 누구인지 소개받았고, 이런저런 치유와 기적을 경험했음에도 불구하고, 입장을 바꾸어 예수님이 하나님의 아들이라는 사실을 거부하고, 그의 죽으심과 부활이 다 지어낸 이야기라고 한다면 그를 구원할 방법이 없습니다.

예수님의 십자가 죽으심은 로마법으로는 치욕스러운 저주이지만 나를 위해서 죽으신 영광스러운 죽음입니다. 만약 예수님의 죽음이 다른 사람을 대속하는 죽음이 아니라고 말한다면, 십자가는 그냥 흉측한 죄수가 받는 치욕과 저주일 뿐입니다. 예수를 하나님의 아들로 믿지 않는다면 그는 예수를 그냥 십자가에서 가장 끔찍한 저주와 치욕을 당한 존재로 여길 뿐입니다. 그가 예수를 성자로 치켜세운다고 하더라도, 그분을 하나님의 아들로 믿지 않는다면 그를 못 박은 이스라엘 백성들처럼 예수를 인간인 주제에 자신을 하나님이라고 주장한 신성모독의 죄를 범한 사람으로 여기는 것과 같습니다. 2천 년 전에 예수를 십자가에 못 박은 그들과 같은 입장에 서겠다는 뜻입니다. 이렇게 복음을 거부하는 것은 6절 하반절 말씀과 같이 '하나님의 아들을 다시 십자가에 못 박아 드러내놓고 욕되게 함', 즉 예수를 다시 십자가에 드러내놓고 못 박는 것입니다.

그러나 그때 유대인들은 몰라서 그랬습니다. 그래서 예수님이 부활하시고 사도들이 복음을 전했을 때, 그들은 회개하여 구원받을 기회가 있었습니다. 하지만 오늘날 이미 복음을 듣고 타락한 자들은 다시 구원받을 수 없습니다. 복음을 통해서 분명히 듣고 경험했는데도 예수를 믿지 않겠다고 하기 때문입니다. 그런 자들을 다시 새롭게 하여 회개하게 할 방법은 없습니다.

가룟 유다와 에서의 공통점이 무엇입니까? 둘 다 약속을 받았습니다. 가룟 유다는 주님을 3년간 따라다니면서 온갖 은혜를 받았고 귀신을 쫓는 능력도 경험했습니다. 주님의 놀라운 말씀도 직접 들었습니다. 하지만 예수님을 거부했을 때 그에게 기회가 없었습니다. 그는 베드로처럼 겁이 나서 순간 넘어진 것이 아니라 노골적으로 거부하기로 결정했습니다. 절대 그분을 하나님의 아들이라고 믿지 않았기 때문입니다. 그런 가룟 유다를 누가 새롭게 합니까? 그렇게 은혜를 주어서 예수님을 소개했는데도 거부하고 타락했다면 누가 그를 새롭게 하겠습니까? 방법이 없습니다. 그래서 가룟 유다는 영원히 버림받은 것입니다. 마찬가지로 에서도 장자로서 이미 약속을 가진 존재였습니다. 하지만 그 약속을 팥죽 한 그릇에 팔아버리고 맙니다. 복을 구하지만 기회가 없습니다. 약속을 받았지만 등한히 여기고 팔아버렸기 때문에 다시 기회를 얻지 못했습니다.

우리가 은혜를 입었는데도 말씀을 듣고 자라지 않으면, 어느 순간 그리스도와 교회의 반대편에 서게 될 수 있습니다. 광야의 그리스도인과 같은 상황에 처한다면 결국 버림받게 될 것입니다.

합당한 열매를 맺고 있는가?

"땅이 그 위에 자주 내리는 비를 흡수하여 밭 가는 자들이 쓰기에 합당한 채소를 내면 하나님께 복을 받고 만일 가시와 엉겅퀴를 내면 버림을 당하고 저주함에 가까워 그 마지막은 불사름이 되리라"(히 6:7-8).

땅이 비를 흡수하여 열매를 내면 복을 받습니다. 하지만 엉겅퀴를 내면 버림을 받습니다. 이처럼 땅인 우리가 하늘로부터 내리는 은혜를 받았는데, 채소가 아니라 가시와 엉겅퀴를 열매로 낸다는 것은 무슨 말입니까? 우리 주님에 대해서 순종의 열매를 맺는 것이 아니라 광야 백성들처럼 늘 원망하고 불평하고 시험하고 불순종하는 것을 말합니다. 그러면 결국 그 땅은 불살라지고 맙니다. 버림당합니다. 은혜 받는 것이 중요한 것이 아니라 그리스도에게 순종의 열매, 믿음과 소망과 사랑의 열매를 맺는 것이 중요합니다. 시간이 지나도 늘 원망, 불평, 의심, 비난, 불순종, 거역의 삶이라는 열매를 낸다면 그 사람은 결국 버림받고 맙니다.

그렇다면 구원받은 사람의 증거는 무엇인가?

"사랑하는 자들아 우리가 이같이 말하나 너희에게는 이보다 더 좋은 것 곧 구원에 속한 것이 있음을 확신하노라"(히 6:9).

비록 저자는 이 편지를 통해 경고하고 있지만, 대다수 성도들에게 분명 구원받은 증거가 있음을 확신한다고 말합니다. 우리가 정말 믿고 구원받은 사람이라면 나타나는 증거는 무엇입니까?

사랑의 섬김

"하나님은 불의하지 아니하사 너희 행위와 그의 이름을 위하여 나타낸 사랑으로 이미 성도를 섬긴 것과 이제도 섬기고 있는 것을 잊어버리지 아니하시느니라"(히 6:10).

구원받은 그들에게 나타난 것은 사랑으로 성도를 섬긴 것이며, 지금도 섬기고 있는 삶입니다. 하나님이 그것을 잊어버리지 않으신다고 합니다. 구원에 속한 더 좋은 것이 무엇인가요? 그것은 사랑의 열매입니다. 이런저런 체험이 아닙니다. 우리가 영적 체험을 했다고 그것이 구원받은 증거가 아닙니다. 구원받은 증거는 은혜를 주신 주님을 사랑하는 것입니다.

우리가 진정 나를 위해서 십자가에서 죽으시기까지 사랑하신 그 사랑을 안다면, 그것은 '그의 이름을 위하여 나타낸 사랑으로', 즉 사랑의 열매로 나타납니다. 보이지 않는 하나님을 정말 사랑한다면 보이는 형제를 사랑함으로 나타나게 마련입니다. 이것이 구원에 속한 더 좋은 것입니다. 은사나 체험, 말씀을 깨달은 것, 교회 다닌 경력 등이 구원받은 증거가 아닙니다. 지금 내가 얼마나 주님을 사랑함으로 섬기고 있는가? 이것이 바로 구원의 증거입니다.

소망과 인내의 믿음

"우리가 간절히 원하는 것은 너희 각 사람이 동일한 부지런함을 나타내어 끝까지 소망의 풍성함에 이르러 게으르지 아니하고 믿음과 오래 참음으로 말미암아 약속들을 기업으로 받는 자들을 본받는 자 되게 하려는 것이니라"(히 6:11-12).

지금 사랑으로 섬긴다고 충분하지 않습니다. 동일한 부지런함으로 끝까지 소망의 풍성함에 이르러야 합니다. 믿음과 오래 참음으로 약속을 기업으로 받은 자들을 본받아야 합니다. 히브리서 11장에 나오는 믿음의 사람들처럼, 인내하는 믿음으로 끝까지 게으르지 않고 부지런히 섬겨야 합니다. 처음이나 지금이나 앞으로도, 어떤 환경과 상황이 닥친다고 할지라도 끝까지 한 치의 변함없이 주님을 섬기고 사랑의 열매를 맺는 것이 바로 구원받은 사람의 증거입니다. 한때 믿고 잠깐 열심히 하는 것은 누구나 합니다. 더 중요한 것은 끝까지 믿는 것입니다. 그것이 구원에 속한 모습입니다.

인내로 약속을 받음

"하나님이 아브라함에게 약속하실 때에 가리켜 맹세할 자가 자기보다 더 큰 이가 없으므로 자기를 가리켜 맹세하여 이르시되 내가 반드시 너에게 복 주고 복 주며 너를 번성하게 하고 번성하게 하리라 하셨더니"(히 6:13-14).

하나님의 약속에 대해서 아브라함이 어떻게 했습니까? "그가 이같이 오래 참아 약속을 받았느니라"(히 6:15). 인내로 약속을 받았습니다. 우리도 그렇게 해야 합니다. 주님의 약속만으로도 대단한데 맹세까지 하셨으니 이 복음의 말씀, 즉 그리스도 안에 있는 이 놀라운 구원에 소망을 품고 끝까지 인내해야 합니다. 중도에 포기하거나 뒤로 물러서지 말고 끝까지 믿어야 합니다.

우리가 주님과 함께 하나님 보좌 우편에 앉아 온 땅을 다스리게 될 것이라는 영광스러운 부르심은 하나님이 우리에게 주신 약속입니다. 이것을 위해서 약속하셨고 그 아들을 십자가에서 죽임으로써 맹세하셨습니다. 아브라함은 오래 참아서 약속을 받았습니다. 이것이 진짜 믿음입니다. 구원을 따놓고 대충 놀다가 천국에 가자는 생각이라면 엄청난 패착을 당할 것입니다. 왜요? 주님이 거기서 그날 기다리시기 때문입니다. 천국문 앞에서 대제사장 되신 주님이 기다리십니다. 우리 모든 죄가 드러나는 그날, 주님이 구속해 주셔야 천국에 들어갈 수 있습니다. 그때 주님은 "내가 너를 왜 천국에 들여보내야 되느냐?"라고 물으실 것입니다. 이 물음에 "주는 그리스도시요 살아계신 하나님의 아들이십니다. 믿습니다, 주님!"이라고 앵무새처럼 외운 정답을 말함으로써 천국에 들어가는 것이 아닙니다. 진짜 믿음은 인생의 삶으로 증거될 수밖에 없습니다. 입술로는 "예수님이 나의 주님입니다"라고 고백하고, 나가서는 죄 짓고 먹고 마시며 마귀의 종노릇을 하고 있다면 그 사람은 이중간첩, 앞에서는 충성하면서 뒤에서는 배신하는 자, 뒤통수 때리는 사람입니다. 만약 우리 삶이 이러함에도 불구하고 예수님을 믿는다고 말한다면 주님이 "이 불법을 행하는 놈아, 내게서 떠나가라!"라고 말씀하시지 않겠습니까?

예수님을 믿어야 주님이 우리를 천국으로 인도하십니다. 끝까지 예수 그리스도를 사랑하고, 섬기고, 순종해서 내 모든 삶에 어떤 어려움이 있어도 인내하며 사랑의 열매를 드릴 때, 예수님은 구원의 근원이 되어 주십니다.

끝까지 믿는 것이 믿음이다

저희 교회에서 믿음으로 살다가 말기 암에 걸려 투병하던 여러 순장님들이 떠오릅니다. 마지막 순간에도 믿음으로 끝까지 천국의 소망을 붙드신 분들입니다. 죽음이 온몸을 덮친 그 순간까지 그들은 그리스도를 믿고 천국의 소망을 가졌습니다. 이것이 끝까지 믿는 것입니다.

고 옥한흠 목사님께서 폐암으로 투병하실 때 그 몸으로 끝까지 믿음으로 사역하시고 천국의 소망을 말씀하시며 분투하신 것이 기억납니다. 고 하용조 목사님께서 간암으로 다섯 차례 이상 수술을 하셨던 어느 날, 40일 특별새벽기도회를 친히 인도하시던 것이 생각납니다. 믿음으로 끝까지 걸어간 것입니다. 김동호 목사님은 현재 폐암으로 투병 중이십니다. 그런데 매일 폐암 환자들에게 설교를 전하시면서 사역하고 계십니다. 여전히 믿음으로 싸우고 있습니다.

믿음이란 그냥 어느 날 한 번 믿어 영접하고 체험한 후 “나는 구원을 보장받았다”라고 하며 안일하게 믿음의 성장 없이 어린아이에 머물 수 있는 것이 아닙니다. 들은 것도, 깨달은 것도, 체험한 것도 믿음이 아닙니다. 믿음은 인내하면서 끝까지 주님만 신뢰하고 순종하며 그분을 따라가는 것입니다. 이 믿음만이 우리에게 천국의 문을 열어줍니다.

그 어떤 이유로도, 그 어떤 핍박이라도, 그 어떤 문제 앞에서도 우리가 주님을 신뢰하는 일을 그치고 우리 주님을 배반한다면 결국 구원에서 멀어집니다. 주님은 우리에게 끝까지 이길 힘을 주십니다. 그러므로 끝까지 주님만 바라보십시오. 끝까지 예수님만 따라가고 그분에게 순종하십시오.

히브리서는 당신에게 경고합니다. "당신은 타락할 수 있다! 믿음에서 완전히 떠날 수 있다!" 이 경고가 들리십니까?

8장

단단한 음식을 소화하라

: 예수, 멜기세덱의 반차를 좇은 대제사장 (히 7:1-28)

CHAPTER 08

단단한 음식을 소화하라

: 예수, 멜기세덱의 반차를 좇은 대제사장 (히 7:1-28)

히브리서 기자는 자라지 않는 그들을 책망했습니다. 단단한 식물을 먹지 못하는, 지적으로 둔한 그들을 책망했습니다. 도의 초보에만 머물지 말고 완전한 데로 나아가야 한다고 채찍질했습니다. 그리고 멜기세덱에 관하여 이야기합니다. 이 말씀이 바로 이해하기 어렵고, 단단한 식물과 같다고 한 말씀입니다. 사실 성경에 단 한 번 등장하고 사라진 멜기세덱의 의미를 이해하는 일은 쉽지 않습니다. 하지만 멜기세덱의 의미를 이해해야 예수 그리스도가 어떤 분인지를 더 완전하게 이해할 수 있습니다.

예수님이 어떤 분이신지 이해하는 일은 보석을 발견하는 것처럼 참으로 귀하고도 기쁜 일입니다. 베일을 하나씩 벗겨내듯이 존귀하신 그분에 대하여 알아갈수록 우리의 눈이 열리고 믿음이 자랍니다. 더구나 우리 믿음의 도리이신 그분의 대제사장 되심을 이해하는 일은 우리 신앙에 절대적으로 중요합니다.

히브리서 기자의 말대로 단단한 식물인 멜기세덱에 관한 말씀을 이해하기 위해서는 감성보다는 영적 지각을 활용해야 합니다. 편안하게 은혜 받겠다는 마음가짐으로는 절대 이해할 수 없습니다. 영적 탐구심을 가져야 합니다. 이해하고자 하고, 지성을 발동하여 알고자 하고, 의미를 찾으려고 해야 합니다. 그러면 단단한 식물을 이해할 수 있습니다. 앞으로 대제사장 되신 주님을 바라볼 때마다 소중한 지각을 얻을 수 있는 영적 받침돌이 될 것입니다.

멜기세덱은 누구인가?

왜 멜기세덱에게 주목하는가?

"이 멜기세덱은 살렘 왕이요 지극히 높으신 하나님의 제사장이라 여러 왕을 쳐서 죽이고 돌아오는 아브라함을 만나 복을 빈 자라 아브라함이 모든 것의 십분의 일을 그에게 나누어 주니라" (히 7:1-2상).

먼저 히브리서 기자는 창세기에 등장하는 멜기세덱의 이야기를 인용합니다. 이 말씀은 창세기에 등장하는 핵심 내용을 요약했습니다.

가나안에 전쟁이 일어납니다. 그돌라오멜을 비롯한 네 왕의 연합군이 소돔과 고모라를 중심으로 한 다섯 왕의 연합군과 전쟁을 벌였습니다. 그돌라오멜이 이겨서 소돔성에 살던 아브라함의 조카 롯이 포로로 끌려가게 됩니다. 아브라함이 이 소식을 듣고, 자기 집에서 기르던 가신 318명을 데리고 습격하여 그돌라오멜을 격파했습니다. 조카 롯을 구하고, 모든 전리품을 찾아서 돌아오는 엄청난 승리를 거둡니다. 이때 아브라함 앞에 두 왕이 마중을 나옵니다. 한 명은 소돔 왕입니다. 아브라함의 진가를 알아보고 그를 맞이하러 나오지만, 아브라함은 그와 손을 맞잡기를 거부합니다. 또 한 명이 살렘 왕 멜기세덱입니다. 갑작스럽게 등장한 그에게 아브라함이 십일조를 드리고 멜기세덱은 아브라함에게 복을 빌어줍니다. 그리고 사라져서는 도대체 그가 누구인지 성경에 더 이상 등장하지 않습니다. 그러다가 시편 110편에서 장차 오실 메시아가 바로 이 멜기세덱의 반차를 좇은 제사장이 되리라는 예언으로 단 한 번 언급됩니다. "여호와는 맹세하고 변하지 아니하시리라 이르시기를 너는 멜기세덱의 서열을 따라 영원한 제사장이라 하셨도다"(시 110:4).

히브리서 기자가 이 인물에 주목하는 이유는, 시편에서 그를 메시아의 대제사장직과 연결해서 설명하였기 때문입니다. 그러므로 예수님의 대제사장 되심을 이해하려면 멜기세덱을 필수적으로 알아야 합니다.

지극히 높은 하나님의 제사장 멜기세덱

"이 멜기세덱은 살렘 왕이요 지극히 높으신 하나님의 제사장이라"(히 7:1상).

이미 창세기에서 그를 소개한 중요한 특징이 있습니다. 히브리서 기자는 그것을 그대로 인용하였습니다. 핵심은 그는 왕이면서 제사장이라는 사실입니다. 그가 예수 그리스도를 예표하기 때문에 그 자체로 우리 주 예수 그리스도가 하나님 보좌 우편에서 지금 어떤 분으로 계시는지 짐작할 수 있습니다.

"그 이름을 해석하면 먼저는 의의 왕이요 그 다음은 살렘 왕이니 곧 평강의 왕이요"(히 7:2하).

먼저 멜기세덱의 이름을 해석하는데, '의의 왕'이라는 의미입니다. '살렘 왕'은 예루살렘을 가리키는 말로 '평강의 왕'이라는 의미입니다. 이것만 들어도 히브리서 성도들은 멜기세덱이 다윗의 후손으로서 장차 의와 정의로 세상을 통치하실 메시아와 연관이 있다는 것을 떠올릴 수 있습니다.

다윗은 그리스도의 모형이었습니다. 하나님은 다윗을 통해 의의 나라를 세우길 원하셨습니다. 그 다윗이 수도로 삼았던 곳이 바로 예루살렘 성입니다. 이미 히브리서 1장에서 그의 아들이 세울 나라는 공평하고, 그 아들이 의를 사랑하기에 하나님이 그를 왕으로 세웠다고 말한 바 있습니다. 게다가 그들은 선지자에 의해서 그리스도가 '의의 왕'이요 '평화의 왕'으로 예고된 분임을 잘 알고 있습니다. 바로 그런 의미에서 멜기세덱은 메시아의 모형으로 등장하고 있습니다.

"아버지도 없고 어머니도 없고 족보도 없고 시작한 날도 없고 생명의 끝도 없어 하나님의 아들과 닮아서 항상 제사장으로 있느니라"(히 7:3).

갑자기 나타났다가 사라진 멜기세덱에 대해서 히브리서 기자는 족보를 조사하면서 하나님의 아들과 닮았다고 합니다. 어떤 분은 멜기세덱을 예수님이 인간의 모양으로 잠깐 나타나셨던 모습이라고 해석하기도 합니다. 하지만 이 말씀을 보면 멜기세덱의 등장과 사라짐이 장차 오실 하나님의 아들의 모형이라고 설명합니다. 멜기세덱을 '살렘 왕'이라고 아브라함이 살던 당시의 지명으로 분명히 언급했기 때문에 그가 당시 생존 인물이었다고 보는 것이 정설입니다. 우리는 가나안 땅에 하나님을 경외하는 사람이 아브라함 한 명뿐이었다고 생각하지만, 사실 우리가 잘 아는 욥도 그 시대의 인물입니다. 그런 면에서 멜기세덱도 하나님을 경외하는 인물이자 이미 제사장으로 세워진 왕으로서 아브라함과 교제가 있었을 확률이 높습니다. 하지만 이것은 다만 짐작일 뿐이고, 확실한 것은 성경에서 멜기세덱을 장차 오실 메시아의 예표로 사용하고 있다는 사실입니다. 즉 그는 장차 부활하셔서 항상 제사장으로 계시는 예수 그리스도의 모형입니다.

멜기세덱이 얼마나 높은가?

"이 사람이 얼마나 높은가를 생각해 보라"(히 7:4상).

그다음에는 멜기세덱이 높은 제사장이라고 말합니다. 히브리서 기자는 멜기세덱 사건을 가리켜 우리더러 그가 얼마나 높은가에 주목하라고 합니다. 그리고 멜기세덱의 높음을 강조하기 위해서 두 가지 사건을 예로 듭니다. 하나는 아브라함이 그에게 십일조를 드렸다는 점이고, 또 하나는 그에게 복 빎을 받았다는 사실입니다.

창세기를 읽어 보면 하나님 앞에서 아브라함은 독보적인 존재입니다. 하나님이 선택하여 부르신 아브라함을 얼마나 사랑하시는지 애굽의 바로 왕도 꼼짝을 못합니다. 우리가 그를 주목하는 까닭은 그가 단지 이스라엘의 시조이기 때문이 아니라 우리 믿음의 조상이기 때문입니다. 그러므로 아브라함처럼 중요한 인물이 없습니다. 그런데 뜬금없이 그가 멜기세덱이라는 살렘 왕에게 십일조를 드리고 무릎을 꿇는 모습은 굉장히 생소합니다. 아마 유대인들에게는 더했을 것입니다. 예수님이 지옥에 간 부자 비유에서 나사로가 아브라함 품에 안긴 것을 본다고 할 정도로 아브라함은 믿음의 백성들에게 시조요, 아버지요, 뿌리입니다. 이스라엘 백성 중에 가장 높은 존재입니다. 그런데 그가 멜기세덱에게 10분의 1을 드리고 그 앞에 엎드려 복을 받았다고 하니 멜기세덱이라는 존재가 의아할 수밖에 없습니다. 그런데 히브리서 기자는 바로 그 장면이 그가 얼마나 높은 분인지를 알려주는 것이라고 말합니다.

첫째, 아브라함이 멜기세덱에게 십일조를 바쳤다.

"조상 아브라함도 노략물 중 십분의 일을 그에게 주었느니라"(히 7:4하).

아브라함이 그에게 십일조를 바쳤습니다. 그런데 십일조란 무슨 의미인지 설명합니다.

"레위의 아들들 가운데 제사장의 직분을 받은 자들은 율법을 따라 아브라함의 허리에서 난 자라도 자기 형제인 백성에게서 십분의 일을 취하라는 명령을 받았으나"(히 7:5).

구약의 레위 지파는 온전히 하나님께 속한 백성으로서 따로 기업이 없었습니다. 그래서 다른 지파로부터 십일조를 받았습니다. 특별히 제사장들은 레위인이 받은 십일조 중에서 십일조를 받았습니다. 이렇게 십일조는 레위인과 제사장들이 그 사역에 전무하도록 드려졌습니다.

"레위 족보에 들지 아니한 멜기세덱은 아브라함에게서 십분의 일을 취하고"(히 7:6).

그런데 멜기세덱은 레위 족보에 들지 않았는데 아브라함에게서 십일조를 취했습니다. 아브라함도 하나님께 선택된 귀한 사람이지만, 멜기세덱은 아브라함이 하나님께 속한 제사장으로 인정해야 할 특별한 사람이었기 때문입니다. 당시 아브라함은 자기 소산의 십일조를 드림으로 그가 온전히 하나님의 제사장으로서 사역에 전념하도록 하였습니다.

둘째, 아브라함이 멜기세덱에게 축복을 받았다.

"약속을 받은 그를 위하여 복을 빌었나니 논란의 여지없이 낮은 자가 높은 자에게서 축복을 받느니라(히 7:6하-7).

이스라엘에서 축복은 아버지가 아들을 위해, 제사장이 백성을 위해 할 수 있는 특권입니다. 그래서 이삭의 축복을 받으려고 그 아들들이 어떻게 했는지 우리는 잘 알고 있습니다. 하나님은 아버지의 축복을 그대로 행하셨습니다. 그리고 제사장에게 주어진 특권 중의 하나가 바로 축복권이었습니다. 그러므로 멜기세덱이 아브라함을 축복하는 모습은 하나님 앞에서 그의 권위가 얼마나 높은지 보여줍니다. 당시 이스라엘 백성들이 하나님 앞에서 제사장의 높은 지위를 인정하고 그들로부터 받는 축복을 소중히 여기는 것처럼, 아브라함에게 멜기세덱은 그런 존재였습니다. 히브리서 성도들도 이 이야기를 듣고 '아, 멜기세덱이 오늘날 제사장같이 하나님께 구별된 존귀한 분이었구나'라고 생각했을 것입니다. 이런 생각을 간파라도 한 듯이 히브리서 기자는 그들의 제사장과 멜기세덱을 비교합니다.

셋째, 이 땅의 제사장들은 죽을 자들이고 멜기세덱은 영원히 산 자이다.

"또 여기는 죽을 자들이 십분의 일을 받으나 저기는 산다고 증거를 얻은 자가 받았느니라"(히 7:8).

앞의 3절에서 멜기세덱은 '생명의 끝도 없다'고 했습니다. 그래서 하나님의 아들과 닮았다고 합니다. 즉 그는 영원히 있는 제사장입니다. 같은 십일조를 드렸어도 한쪽은 율법 아래에서 죽을 자이고, 한쪽은 영원히 산 자로서 급이 다른 제사장입니다.

넷째, 아브라함의 허리에서 나온 제사장들도 멜기세덱에게 십일조를 드렸다.

"또한 십분의 일을 받는 레위도 아브라함으로 말미암아 십분의 일을 바쳤다고 할 수 있나니 이는 멜기세덱이 아브라함을 만날 때에 레위는 이미 자기 조상의 허리에 있었음이라"(히 7:9-10).

아브라함의 허리에서 나온 제사장들도 멜기세덱에게 십일조를 드렸습니다. 그러므로 멜기세덱이 율법으로 세워진 제사장보다 높은 제사장이라는 것입니다.

이렇게 히브리서 기자는 먼저 멜기세덱이 어떤 존재인지 자세히 설명하고 있습니다.

멜기세덱의 반차를 따라 제사장이 되신 예수님

왜 지금 멜기세덱을 설명하고 있습니까? 히브리서 5장에서 우리 예수님이 유다 지파이신데 어떻게 대제사장이 되셨는가에 대해서 시편 110편을 인용하며, 예수님이 멜기세덱의 반차를 좇아서 대제사장이 되셨다고 하였습니다. "하나님께 멜기세덱의 반차를 따른 대제사장이라 칭하심을 받으셨느니라"(히 5:10).

그러므로 예수님의 대제사장 되심을 이해하려면 먼저 멜기세덱이 누구인지 알아야 했습니다. 이렇게 멜기세덱을 설명한 히브리서 기자는 이제 그의 반차를 좇아서 대제사장이 되신 예수님의 지위와 예수님의 대제사장 되심이 아론의 반차를 따른 일반 제사장보다 얼마나 더 탁월한지 설명합니다.

왜 굳이 멜기세덱의 반차를 따르는 제사장을 세워야 하는가?

이 땅에는 이미 아론의 반차를 따르는 제사장이 있었습니다. 그런데 왜 새로운 반차를 따른 제사장이 필요합니까? 제사와 율법으로 온전함을 얻지 못하기 때문입니다.

"레위 계통의 제사 직분으로 말미암아 온전함을 얻을 수 있었으면 (백성이 그 아래에서 율법을 받았으니) 어찌하여 아론의 반차를 따르지 않고 멜기세덱의 반차를 따르는 다른 한 제사장을 세울 필요가 있느냐"(히 7:11).

레위 계통의 제사장 직분으로는 온전함을 얻지 못합니다. 그들이 드리는 제사로는 백성들이 완전한 죄 사함을 받고 새롭게 될 수 없습니다. 11절 괄호 안에 "백성이 그 아래에서 율법을 받았으니"라고 나옵니다. 이스라엘 백성을 향한 십계명과 율법은 이 제사 제도 아래서 받았습니다. 동물의 피로 죄 사함을 받는 제사 제도 아래에서 하나님은 율법을 주셨습니다. 결국 제사는 율법을 범하는 죄를 씻어주고 깨끗게 하여서 백성들을 율법을 지키는 자들로 만드는 역할을 하는 제도입니다. 그런데 제사장이 그들을 완전케 하지 못합니다. 율법을 범한 그들의 죄를 완전히 씻어주지도 못하고, 그들을 새로운 사람으로 만들어 율법을 지키며 살 수 있게 하지도 못합니다. 율법을 어긴 그들을 저주에서 보호하지도 못하고, 그들로 율법을 지켜서 복을 받게 하지도 못한다는 것입니다.

"제사 직분이 바꾸어졌은즉 율법도 반드시 바꾸어지리니"(히 7:12).

그래서 제사 직분이 바뀔 수밖에 없었습니다. 율법의 제사장들이 효력이 없기에 옛 것을 폐하고 그들을 완전하게 해줄 새로운 제사장을 세워야 했습니다. 그런 면에서 제사 직분이 바뀐다면 율법도 반드시 바뀌어야 합니다. 제사 직분이 온전케 하지 못하여 폐해야 한다면, 동시에 율법도 이스라엘 백성들로 하여금 순종케 하지 못하는 것이기에 폐해야 합니다. 그렇다면 멜기세덱의 반차를 좇아 세워진 예수님은 어떤 대제사장인가요?

예수님은 생명의 능력으로 제사장이 되시다.

"이것은 한 사람도 제단 일을 받들지 않는 다른 지파에 속한 자를 가리켜 말한 것이라"(히 7:13).

멜기세덱의 반차를 따른다면, 당연히 제사장이 나오지 않는 다른 지파 소속이라는 말입니다.

"우리 주께서는 유다로부터 나신 것이 분명하도다 이 지파에는 모세가 제사장들에 관하여 말한 것이 하나도 없고"(히 7:14).

예수님은 제사장이 나온 적이 없는 유다 지파 소속입니다.

"멜기세덱과 같은 별다른 한 제사장이 일어난 것을 보니 더욱 분명하도다"(히 7:15).

여기에서 '일어난 것'은 부활을 암시합니다. 유다 지파의 예수님이 죽으시고 부활하셔서 멜기세덱처럼 별다른 제사장으로 일어나셨으니, 구약에 예언한 그 제사장은 바로 유다 지파 출신의 예수님이 분명하다는 것입니다.

"그는 육신에 속한 한 계명의 법을 따르지 아니하고 오직 불멸의 생명의 능력을 따라 되었으니"(히 7:16).

주님은 율법을 따라서 레위 지파에 따른 제사장이 된 것이 아닙니다. 그럼 어떻게 제사장이 되셨습니까? 불멸의 생명의 능력, 즉 부활의 능력으로 제사장이 되셨습니다. 레위 지파로 태어나 어떤 혈통적인 도움을 받으신 것이 아니라 전적으로 부활의 능력으로 되셨습니다.

"증언하기를 네가 영원히 멜기세덱의 반차를 따르는 제사장이라 하였도다"(히 7:17).

그래서 구약에 증언하기를 아론의 반차가 아니라 멜기세덱의 반차를 따르는 영원한 제사장이라고 했다는 것입니다. 그러면 계명을 따르지 않고 부활의 능력으로, 멜기세덱의 반차를 따른 제사장은 무엇이 다른가요?

이렇게 제사장 직분이 바뀐 것은 어떤 효과가 있는가?

"전에 있던 계명은 연약하고 무익하므로 폐하고 (율법은 아무것도 온전하게 못할지라)"(히 7:18-19상).

전에 있던 계명은 왜 연약하고 무익합니까? 율법은 아무것도 온전하게 하지 못하기 때문입니다. 결론적으로 제사장들은 백성들을 온전하게 해서 하나님께 가까이 데리고 가지 못합니다. 죄를 사해주지도 못하고, 그들로 하여금 율법대로 살게 하지도 못합니다. 아무 일도 하지 못합니다. 연약하고 무익하다는 것입니다. 그래서 폐했습니다. 결국 율법과 성전은 그림자이고 모형이었습니다. 한시적으로 세워졌을 뿐입니다. 아파트가 지어지면 모델하우스를 철거하듯이, 이제 참된 예수님이 부활의 능력으로 대제사장이 되셨으므로 이전 것은 폐하는 것이 당연합니다. 그래서 성경은 율법과 성전을 폐했다고 말하는 것입니다.

그러나 멜기세덱의 반차를 따른 제사장은 어떻습니까?

"이에 더 좋은 소망이 생기니 이것으로 우리가 하나님께 가까이 가느니라"(히 7:19하).

만약 우리나라 지도자가 영 부실하고 약하다면 백성들에게 소망이 없을 것입니다. '과연 저 사람이 우리나라를 제대로 이끌어 갈까?' 걱정과 불안만 있을 것입니다. 그런데 진짜 훌륭한 분이 대통령으로 세워진다면 어떻겠습니까? 백성들이 마음에 소망을 품을 것입니다. 이처럼 예수 그리스도는 무익하고 연약한 제사장이 아니라 죽음에서 부활하셔서 탁월한 하나님의 제사장 멜기세덱의 반차를 좇은 제사장이 되셨기 때문에 우리에게 좋은 소망이 생긴다는 말입니다.

여기에서 언급하는 소망은 바로 앞 장의 소망과 연결됩니다. 하나님은 아브라함에게 약속하시고 맹세하셨습니다. 그래서 하나님은 결코 거짓말하실 수 없습니다. 아브라함은 바로 약속과 맹세를 믿고 인내로 약속을 얻었습니다. "이는 하나님이 거짓말을 하실 수 없는 이 두 가지 변하지 못할 사실로 말미암아 앞에 있는 소망을 얻으려고 피난처를 찾은 우리에게 큰 안위를 받게 하려 하심이라"(히 6:18). 우리도 하나님이 약속하시고 맹세하셨다는 사실에서 소망을 얻습니다. 하나님이 맹세하셨으니 소망을 얻고 인내할 수 있습니다.

그런데 복음은 그 아들을 죽이면서까지 맹세하신 약속입니다. "너의 자손이 하늘의 별과 같으리라"고 아브라함에게 주신 약속에서 '너의 자손'은 예수 그리스도입니다. 예수님을 믿는 무리가 하늘의 별과 같은 무리를 이루어 하나님 나라가 되고, 놀라운 복의 주인공이 되는 구원 이야기입니다. 생각해보십시오. 당신의 아들을 십자가에 내어주시면서 우리에게 복을 약속하셨는데, 어찌 이 복음이 우리를 구원하지 못하겠습니까? 그러므로 하나님의 약속과 맹세는 우리에게 확실한 소망을 주고, 이 소망은 영혼의 닻 같아서 우리를 휘장 안으로 들어가게 합니다. "우리가 이 소망을 가지고 있는 것은 영혼의 닻 같아서 튼튼하고 견고하여 휘장 안에 들어가나니"(히 6:19).

다시 설명하면, 믿음이란 바로 약속과 맹세를 의지하여 굳게 소망하는 것입니다. 이 소망을 가지고 인내하는 것입니다. 이렇게 소망을 가지고 인내하는 것은 튼튼한 닻처럼 흔들리지 않게 우리를 붙잡아줍니다. 그래서 결국 우리가 휘장 안으로 들어갈 수 있게 해줍니다. 그러므로 아브라함처럼 소망으로 끝까지 인내하는 믿음을 가져야 합니다. 주님은 거짓말하실 수 없는 분이시니 그분의 약속과 맹세를 믿고, 소망을 품고 끝까지 인내하여 믿으면 약속을 받습니다. 우리에게 소망의 믿음, 인내의 믿음이 이토록 중요합니다.

"그리로 앞서 가신 예수께서 멜기세덱의 반차를 따라 영원히 대제사장이 되어 우리를 위하여 들어가셨느니라"(히 6:20). 주님이 그리로 들어가는 길을 먼저 마련하셨습니다. 그래서 우리가 믿으면 들어갑니다. 그분이 들어가셔서 구원의 선구자, 창시자가 되셨기에 그를 끝까지 믿으면 대제사장이신 주님이 우리를 그리로 인도하십니다.

우리에게 연약하고 무익한 제사장이 있을 땐 도무지 믿음이 가지 않았습니다. 하지만 부활하신 예수님이 제사장으로 세워졌기에 우리에게는 소망이 생겼습니다. 이제 그 소망 안에서 담대한 믿음으로 하나님께 가까이 나아가게 되었습니다. 히브리서는 계속해서 우리가 복음을 들었다고 구원받는 것이 아니라고 말합니다. 우리 주님이 대제사장이 되었다고 해서 우리가 구원받는 것이 아니라, 그로 인해서 우리가 인내함으로 확실하게 소망을 품을 때 하나님께 가까이 가게 된다는 것입니다. 그러므로 그리스도 안에서 소망을 품어야 합니다. 저 폐하여진 연약하고 무익한 유대 성전으로 가지 말아야 합니다. 이것은 자연스럽게 우리 주님의 대제사장 되심의 또 다른 특징으로 연결됩니다.

하나님은 맹세로서 예수님을 제사장으로 세우셨다.

"또 예수께서 제사장이 되신 것은 맹세 없이 된 것이 아니니 (그들은 맹세 없이 제사장이 되었으되 오직 예수는 자기에게 말씀하신 이로 말미암아 맹세로 되신 것이라 주께서 맹세하시고 뉘우치지 아니하시리니 네가 영원히 제사장이라 하셨도다)"(히 7:20-21).

일반 제사장들은 맹세 없이 제사장이 되었습니다. 그러나 예수님은 맹세 즉 "네가 영원히 제사장이 되리라"는 언약의 약속으로 대제사장이 되셨습니다. "여호와는 맹세하고 변하지 아니하시리라 이르시기를 너는 멜기세덱의 서열을 따라 영원한 제사장이라 하셨도다"(시 110:4). 맹세한 것을 후회하지 않으시는 하나님의 약속으로 제사장이 되신 것입니다. 이것이 앞의 소망과 연결됩니다. 예수님은 하나님의 맹세가 있는 제사장이시라는 것입니다. 결국 하나님은 예수님 안에 약속을 이루시겠다는 확고한 의지를 담으셨습니다. 그래서 예수님을 바라볼 때, 우리는 하나님의 맹세를 기억하고 더 큰 소망을 확실하게 품을 수 있습니다. 그래서 이번에는 뭐라고 합니까?

"이와 같이 예수는 더 좋은 언약의 보증이 되셨느니라"(히 7:22).

예수님은 이제 '더 좋은 언약의 보증'이 되셨습니다. 하나님께서 맹세로 예수님을 세우셨다는 것은 예수님을 통해서 하나님의 약속을 이루시겠다는 확고한 의지의 표현입니다. 그렇다면 이 맹세로 제사장이 되신 주님의 존재 자체가 하나님이 약속을 이루신다는 보증입니다.

그런데 여기에 약속을 '더 좋은 언약'이라고 하였습니다. 하나님께서 옛 제사장들을 폐하신 이유는 그들이 옛 언약을 이룰 수 없기 때문이었습니다. 즉 신명기 28장에 나오는, 너희가 율법대로 순종하고 지키면 복을 받고, 순종하지 않고 우상을 섬기면 저주를 받으리라는 내용입니다. 복과 저주가 율법을 지키느냐 지키지 않느냐에 달려 있던 언약 말입니다. 제사장 직분이 무익해서 율법을 지키도록, 즉 그들을 온전케 하지 못했습니다. 그래서 폐했습니다. 그때 옛 언약도 폐해졌습니다. 율법을 지키면 복을 주시겠다는 그 약속 자체가 제사장 직분이 바뀔 때 함께 폐하여진 것입니다. 그러므로 이제는 더 이상 율법을 지키면 복을 받고 구원받는다는 약속은 없습니다.

그것은 사실 바울의 해석을 따르면, 율법을 지켜서 구원받게 하려는 것이 아니라 율법 아래 가두어서 사신들이 얼마나 죄인인가, 율법을 지켜서 복을 받을 수 있는 존재가 아니라는 것을 깨닫게 하시려는 의도였습니다. 그래서 율법은 구원자에게 찾아가게 하려는 초등교사 역할을 했습니다. 잠시 맡겼다고 이야기합니다. 핵심은 제사장들이 연약하고 무익해서 백성들이 올바르고 온전하게 되도록 만들어주지 못하기에 제사도 폐하고, 옛 언약도 폐했다는 것입니다. 그리고 주님은 제사장을 새로 세우시면서 새로운 언약, 더 좋은 언약을 주셨습니다.

이처럼 예수님은 더 좋은 언약을 이루시는 보증이십니다. 즉 예수님 안에서 더 좋은 언약이 이루어져 반드시 그분 안에서 우리가 온전케 되어 하나님께 나아가게 됩니다.

예수님을 죽지 않는 영원하고 온전한 제사장으로 세우셨다.

"제사장 된 그들의 수효가 많은 것은 죽음으로 말미암아 항상 있지 못함이로되 예수는 영원히 계시므로 그 제사장 직분도 갈리지 아니하느니라"(히 7:23-24).

멜기세덱과 율법 제사장의 차이가 무엇입니까? 멜기세덱은 '영원히 산 자'라고 했습니다. 그래서 산 자로서 십일조를 받았습니다. 그러나 율법 제사장들은 죽습니다. 이처럼 예수님은 멜기세덱의 반차를 좇아서 제사장이 되셨기에 영원히 죽지 않는 제사장이십니다.

인간 제사장이 죽기 때문에 항상 있지 못하고 수효가 많다는 것은 두 가지 의미를 내포하고 있습니다. 하나는 제사장은 죄 문제를 해결하기 위해서 있습니다. 죄의 삯은 사망입니다. 그런데 제사장 자신이 죽습니다. 그들의 제사가 죄의 대가인 죽음에서 그들을 자유케 하지 못하기 때문입니다. 죄를 다 씻어주지 못합니다. 또 한 가지는 그들이 죽고 다른 사람이 세워진다는 것 자체가 직분의 불연속성을 말합니다. 계속해서 할 수 없기에 누군가 뒤를 이어야 합니다. 그런데 제사장의 죽음이 가지는 이 두 가지 문제를 예수님이 단번에 해결하셨습니다.

죽으시고 부활하셔서 제사장이 되신 예수님은 영원하십니다. 항상 살아 계시다는 사실이 주는 유익은 무엇입니까?

"그러므로 자기를 힘입어 하나님께 나아가는 자들을 온전히 구원하실 수 있으니 이는 그가 항상 살아 계셔서 그들을 위하여 간구하심이라"(히 7:25).

주님은 항상 살아계셔서 기도하시기 때문에 우리가 주님을 힘입어 하나님께 나아가고자 할 때 온전히 구원하실 수 있습니다.

제사장이 죽는다는 것은 한계가 있다는 말입니다. 비록 누군가 뒤를 잇지만 영속성의 문제가 있습니다. 그는 피곤하면 자야 하고, 아프면 일을 하지 못하고, 죽으면 끝인 존재입니다. 그래서 성전 문도 항상 열려 있는 것이 아니라 아침에 열고 오후 세 시면 닫습니다. 그렇기 때문에 정말 필요할 때 도움을 얻지 못할 수 있습니다. 성도들이 다급할 때 목사님에게 전화해서 기도해달라고 합니다. 하지만 아무 때나 전화하긴 어렵습니다. 또 전화기가 꺼져 있어 받지 못할 때도 있습니다. 언제 어디서든 연결되고 항상 우리를 위해서 기도해 줄 누군가가 있다면 그처럼 든든한 일이 어디 있겠습니까? 주님이 바로 항상 살아계셔서 우리를 위하여 간구하시는 제사장이십니다. 변호하시는 분입니다. 그러므로 우리가 원하면 언제든지 주님께 나아갈 수 있고 주님은 우리를 구원하실 수 있습니다. 졸지도 주무시지도 않고 우리를 돌보시는 제사장이 바로 하늘에 계십니다. "누가 정죄하리요 죽으실 뿐 아니라 다시 살아나신 이는 그리스도 예수시니 그는 하나님 우편에 계신 자요 우리를 위하여 간구하시는 자시니라"(롬 8:34).

예수님을 하늘보다 높은 제사장으로 세우셨다.

"이러한 대제사장은 우리에게 합당하니 거룩하고 악이 없고 더러움이 없고 죄인에게서 떠나 계시고 하늘보다 높이 되신 이라"(히 7:26).

주님은 영단번의 제사로 성전 제사를 완성하셨습니다. 제사장의 죽음이 가져오는 또 다른 문제가 무엇입니까? 그들이 죽는 것은 죄가 있기 때문입니다. 그들은 자기 죄도 해결할 수 없는 존재입니다. 약점이 있습니다. 반면에 예수님은 그렇지 않습니다. 부활하셔서 영원히 살아계신 제사장 예수님은 거룩하고 악이 없고 더러움이 없고 죄인에게서 떠나 계십니다. 예수님은 죄인들과 구별된, 하늘보다 높이 되신 분입니다.

"그는 저 대제사장들이 먼저 자기 죄를 위하고 다음에 백성의 죄를 위하여 날마다 제사 드리는 것과 같이 할 필요가 없으니 이는 그가 단번에 자기를 드려 이루셨음이라"(히 7:27).

그래서 어떤 차이가 있습니까? 인간 대제사장은 죄가 있기에 먼저 자기를 위해서 속죄 제사를 드려야 했고, 그다음에 백성들을 위해서 제사 드려야 했습니다. 그것도 반복적으로 해야 했습니다. 하지만 우리 주님은 완전하시기 때문에 자기를 위하여 속죄제를 드릴 필요가 없습니다. 그리고 날마다 백성을 위해 제사를 드릴 필요도 없습니다. 왜냐하면 주님은 단번에 자신을 드려 이루셨기 때문입니다.

우리는 이것이 얼마나 대단한 것인지 실감하지 못합니다. 이 땅에서 인간은 정말 소중합니다. 주님은 거라사 광인을 고치시려고 그 안에 있던 귀신을 2천 마리의 돼지 떼에게 들어가게 하여 몰살시키셨습니다. 광우병에 걸리면 수천, 수만 마리 소를 다 도살합니다. 조류 독감, 구제역에 걸린 가축들은 살처분 당합니다. 그런데 인간은 그렇게 처분하지 않습니다. 그렇게 소중한 존재입니다. 그렇다면 인간을 창조하시고 만물을 창조하신 하나님의 아들은 어떻습니까? 그분의 생명은 온 우주와도 바꿀 수 없이 소중합니다. 그런데 그 주님께서 우리를 위해 당신의 생명을 단번에 드리셨습니다. 그러니 이것이 얼마나 대단합니까? 그렇게 그리스도는 자신을 단번에 드려 온전한 제사장이 되셨습니다.

그러므로 우리는 죄 문제를 해결하기 위해 날마다 동물을 잡아서 제사를 드리러 갈 필요가 없습니다. 수많은 제사장도 필요 없습니다. 거대한 성전 시스템도 필요 없습니다. 우리 예수님께서 단번에 완전한 자신을 드려 제사를 이루셨기에 이제 그분만 의지하여 나아가면 됩니다.

"율법은 약점을 가진 사람들을 제사장으로 세웠거니와 율법 후에 하신 맹세의 말씀은 영원히 온전하게 되신 아들을 세우셨느니라"(히 7:28).

여기에서 '온전하게 되셨다'는 것은 이제 주님이 당신을 드림으로 구원자로서 온전하시다는 것입니다. 완전한 대제사장이 되셨습니다.

왜 예수님이 멜기세덱의 반차를 따르는 제사장이 되셨습니까? 제사와 율법으로 온전함을 얻지 못하기 때문입니다. 그래서 예수님은 율법 계명이 아니라 부활의 능력으로 세워진 대제사장이십니다. 그분 안에 더 좋은 소망이 있습니다. 또 주님은 하나님이 맹세하여 세우신 제사장이십니다. 그래서 예수님은 더 좋은 언약의 보증이 되셨습니다. 또 예수님은 죽지 않는 영원한 제사장이십니다. 그래서 항상 살아계셔서 우리를 위해 기도하시기 때문에 그분께 나아가면 온전히 구원을 받습니다. 또 그분은 약점이 없어서 하늘보다 높은 완전한 제사장이십니다. 온전하신 주님이 단번에 드린 제사를 통해 우리는 하나님께 나아갈 수 있습니다.

대제사장 되신 예수님이 있음을 기억하라

"지금 우리가 하는 말의 요점은 이러한 대제사장이 우리에게 있다는 것이라"(히 8:1상).

지금 히브리서 기자가 왜 이런 장황한 이야기를 하는 것일까요? 우리에게 이러한 대제사장이 계시다는 것을 알게 하기 위함입니다.

지금 우리가 함께 본 내용은 히브리서 기자가 예고한 대로 단단한 식물입니다. 지각을 동원해서 들어야 합니다. 혹시 '왜 이런 것까지 알아야 할까' 하는 생각을 할 수도 있습니다. 그러나 히브리서 기자는 알아야 한다고 합니다. 이것이 바로 우리 예수님의 이야기이기 때문입니다. 예수님은 인간의 죄 문제를 해결하기 위해서 하나님께 나아가기 위한 시스템인 제사장과 제사와 제물을 완성하셨습니다. 이제 더 이상 제사 시스템은 필요 없지만 기능은 필요합니다. 다시 말하면 우리는 죄인 된 인간이기 때문에 하나님께 나아가야 하는데, 하나님께 나아가도록 이끌어줄 제사장이 필요하다는 말입니다. 그런데 이 땅의 제사장은 불완전해서 폐해졌습니다. 하지만 예수님이 그것을 완성하셔서 우리에게 완성된 제사장이자 하늘에 있는 성전으로서 존재하신다는 말입니다.

예수님을 이렇게 이해하는 것이 중요합니다. 저 구약에 있는 백성들이 항상 성전을 통해서 죄를 깨끗이 하며 하나님께 나아가려고 했던 것처럼, 예수님이야말로 우리 죄를 완전히 씻어주셔서 확실하게 하나님께로 이끌어갈 수 있는 제사장이십니다. 구약의 제사장들은 우리가 온전히 언약을 이루게 하지 못했지만, 예수님은 확실하게 우리 죄를 씻으실 뿐 아니라 우리를 새롭게 하여 하나님 앞에서 율법을 이루고, 거룩하게 나갈 수 있도록 해주시는 대제사장이십니다.

그 예수님은 죽지 않는 영원한 대제사장이시기 때문에 지금도 살아계셔서 우리가 주께 나아가면 우리를 위해 기도하시고, 우리를 도와주시는 분입니다. 이것을 알 때 우리의 시야가 열리고, 우리 주님이 얼마나 영광스러운 대제사장이신가를 깨닫게 됩니다.

죄인 된 인간은 홀로 하나님께 나아가지 못합니다. 중개자, 변호인이 필요합니다. 그래서 제사장이라는 중개자를 통해서 하나님은 인간을 자신에게 나아오게 하셨습니다. 그 제사장이 누구인가가 정말 중요합니다. 유능한 변호사가 있어야 법정에서 유리한 판결을 얻는 것과 마찬가지입니다. 누군가 우리를 하나님 앞으로 이끌어야 합니다. 제사장이 누구냐가 우리의 영혼에 결정적입니다. 그가 과연 우리를 하나님께로 이끄는지, 이끌지 못하는지가 우리 운명을 결정합니다. 저 율법 제사장은 온전하지 못해서 우리를 하나님께 나아가게 하지 못합니다. 성경이 멜기세덱의 반차를 좇아 영원한 제사장이 되리라고 예고하신 우리 주 예수 그리스도가 완전한 대제사장이십니다. 바로 그분이 우리를 하나님께로 인도해주심을 알아야 합니다. 우리에게 얼마나 탁월한 대제사장이 계신가를 인식해야 합니다.

9장

왜
옛 언약을
폐하셨는가?

: 예수, 새 언약의 중보자

(히 8:1-13)

CHAPTER 09

왜 옛 언약을 폐하셨는가?

: 예수, 새 언약의 중보자 (히 8:1-13)

히브리서는 성전을 해체하고 철거하는 성경입니다. 그래서 먼저 율법과 성전의 기초부터 흔듭니다. 그들에게 율법을 전해준 천사와 모세의 한계 그리고 그것이 주는 안식의 한계를 지적하고, 제사의 온전하지 못함으로 인해서 가장 중심이 되는 제사장이 멜기세덱의 반차를 좇은 제사장으로 바뀌었다고 말합니다. 이제 히브리서 8장은 이 땅의 성전은 하늘의 모형이자 그림자라고 말합니다. 다음 장에 가면 그들의 제물과 제사가 얼마나 효력이 없는지 밝힙니다. 그렇게 히브리서는 성전의 모든 부분을 하나하나 완전히 해체합니다. 실제로 히브리서가 쓰이고 얼마 지나지 않아 A.D. 70년에 성전도 무너지고 제사도 그칩니다.

우리가 히브리서를 다 깨닫고 나면 구약의 성전이 무너지고 하늘 성전이 세워집니다. "너희가 성전을 헐라 내가 사흘 만에 다시 세우리라" 하신 대로, 구약의 성전이 완전히 그리스도로 대치됩니다. 이제 더 이상 이 땅의 부실한 제사장들을 의지하지 않고, 저 하늘 보좌 우편에 계신 대제사장을 바라보게 됩니다. 그리스도 안에서 예루살렘 성전보다 더 위대하고 빛나는 성전을 얻게 됩니다. 그래서 우리가 평생 하나님께 나아가게 하는 은혜롭고 자비롭고 거룩한 성전을 소유하며, 거기로 언제나 들어갈 수 있는 특권을 얻었음을 깨닫습니다.

우리는 예수 그리스도가 멜기세덱의 반차를 따라 대제사장이 되었다는 것을 배웠습니다. 그래서 그는 부활의 능력으로 세워진 제사장(더 좋은 소망)이요, 하나님의 맹세로 세워신 제사상(더 좋은 언약의 보증)이요, 죽지 않는 영원한 제사장(항상 살아서 간구함으로 우리를 도우심)이요, 약점이 없는, 하늘보다 높은 제사장(영단번의 제사로 하나님께 드려짐)이라고 하였습니다.

대제사장 예수는 지금 어디 계신가?

"지금 우리가 하는 말의 요점은 이러한 대제사장이 우리에게 있다는 것이라"(히 8:1상).

이러한 대제사장이신 그분이 지금 어디에 계신가요?

하늘 보좌 우편에 계신 대제사장

"그는 하늘에서 지극히 크신 이의 보좌 우편에 앉으셨으니"(히 8:1하).

그분은 하늘 보좌 우편에 앉아 계십니다. 우리는 하늘 보좌 우편에 앉으신 이를 말할 때 왕권을 생각합니다. 통치하시는 왕이라고 생각하지, 대제사장이라고 생각하지 않습니다. 그런데 왜 이렇게 말하는 것일까요? 바로 이 멜기세덱의 반차를 따르는 대제사장이 하나님 보좌 우편에 앉았다고 구약의 시편에서 예언하고 있기 때문입니다. "여호와께서 내 주에게 말씀하시기를 내가 네 원수들로 네 발판이 되게 하기까지 너는 내 오른쪽에 앉아 있으라 하셨도다"(시 110:1). 그리고 바로 이어서 부활 승천하셔서 하늘 보좌에 앉으신 예수님이 바로 대제사장이라고 이야기합니다. "너는 멜기세덱의 서열을 따라 영원한 제사장이라 하셨도다"(시 110:4하). "그러므로 우리에게 큰 대제사장이 계시니 승천하신 이 곧 하나님의 아들 예수시라"(히 4:14하). 승천하셔서 하늘 보좌 우편에 앉으신 예수님은 한편에서는 왕이시지만, 한편에서는 대제사장으로 세워지셨습니다. 그렇다면 우리 주님이 대제사장으로서 하늘 보좌 우편에 계시다는 것은 어떤 의미인가요?

하늘 성소에서 섬기는 대제사장

"성소와 참 장막에서 섬기는 이시라 이 장막은 주께서 세우신 것이요 사람이 세운 것이 아니니라"(히 8:2).

그 장막은 우리 주님께서 친히 세우셨습니다. 사람의 손으로 지은 것이 아닙니다. 즉 친히 제물이 되시고, 친히 영단번의 제사를 드리시고, 친히 대제사장이 되셔서 하나님께 나아가는 참 장막이 되셨습니다. 계시록에 보면, 요한이 열린 하늘문으로 올라가 보니 거기에 보좌가 있고 하나님이 계십니다. 그 주변으로 네 생물의 모양을 한 천사가 하나님께 찬양을 돌리고, 24장로가 역시 영광과 경배를 돌리는 모습을 봅니다. 그곳이 바로 하나님이 거하시는 성전입니다. 그런데 이 거룩하신 하나님이 계시는 지성소에 한없이 비천한 인간이 어떻게 나아가겠습니까? 바로 우리 주님께서 친히 그 성전의 대제사장이 되시고, 거기서 섬기심으로써 우리가 하나님 앞에 나아갈 수 있도록 해주십니다.

"대제사장마다 예물과 제사 드림을 위하여 세운 자니 그러므로 그도 무엇인가 드릴 것이 있어야 할지니라"(히 8:3).

대제사장은 하나님께 예물과 제사 드림을 위해서 세워진 자이기 때문에 예수님도 드릴 것이 있어야 합니다. 그러면 주님이 드릴 것이 무엇입니까? 그분은 단번에 자신을 드림으로 영단번의 제사를 이루셨습니다.

왜 예수님은 이 땅 성전의 제사장이 되지 않으셨는가?

"예수께서 만일 땅에 계셨더라면 제사장이 되지 아니하셨을 것이니"(히 8:4상).

만일 예수님께서 땅에 계셨다면 제사장이 되지 않았을 것이라고 합니다. 왜 갑자기 이런 이야기를 하는 것일까요? 지금 히브리서 기자는 사람들의 마음을 대변해서 묻고 있습니다. 왜 우리 주님께서 이 땅에 있는 성전의 제사장이 되시지 않았을까요? 아마도 연약한 성도들 중에는 눈에 보이는 저 거대한 성전에서 거룩하고 근엄해 보이는 제사장이 되는 것이 훨씬 더 중요하고 멋진 일이라고 생각하는 사람들이 있었을 것입니다. 히브리서 기자는 그것을 간파하고 이에 대해서 두 가지로 이야기합니다.

"이는 율법을 따라 예물을 드리는 제사장이 있음이라"(히 8:4하).

첫째로 이미 율법을 따라 예물을 드리는 제사장이 있기 때문입니다. 율법을 따라 동물의 피로 제사 드리는 제사장이 이미 있다는 것입니다.

"그들이 섬기는 것은 하늘에 있는 것의 모형과 그림자라 모세가 장막을 지으려 할 때에 지시하심을 얻음과 같으니 이르시되 삼가 모든 것을 산에서 네게 보이던 본을 따라 지으라 하셨느니라"(히 8:5).

둘째로 그들이 섬기는 이 땅의 성전은 하늘의 참 성전의 모형이고 그림자이기 때문입니다. 이 땅의 성전은 모세가 하나님께서 지으라고 하신 본을 따라서 지었기 때문에 하늘의 참 성막의 모형이요 그림자입니다. 실체가 아닙니다. 그래서 제사장들이 율법을 따라서 우리를 온전케 하지 못하는 동물의 피로 제사를 드리고 있습니다. 모형과 그림자는 참된 것이 오면 사라져야 합니다. 모델하우스가 집이 지어지면 철거되듯이 일시적입니다. 그래서 우리 주님이 승천하시지 않고 이 땅에 계셨다 할지라도 저 성전의 제사장이 되지 않으셨을 것이라는 말입니다.

더 아름다운 직분을 받으셨다.

"그러나 이제 그는 더 아름다운 직분을 얻으셨으니"(히 8:6상).

대신 주님은 더 아름다운 직분을 얻으셨다고 합니다. 우리 주님은 일시적인 모형이 아니라 하나님이 거하시는 하늘의 참 성전에 올라가서 섬기는 대제사장이 되셨습니다. 그분 자신이 제물이 되셔서 이제 우리가 하나님께 나아갈 수 있도록 도와주시는 우리의 대제사장이 되셨습니다. 이것이 더 아름다운 직분이라고 합니다.

사람들 눈에 보기에는 당장에 웅대한 성전에서 정치적·종교적·경제적으로 권세를 누리는 이 땅의 제사장이 훨씬 멋져 보였는지 모릅니다. 하지만 이는 아무 효력이 없습니다. 동물의 피로 제사를 드려봐야 하나님을 직접 뵙지도 못하는데, 자신의 피로 영단번의 제사를 드리셔서 자기에게 나아오는 자들을 하나님 앞으로 인도할 수 있는 저 하늘의 제사장이 훨씬 더 아름다운 직분입니다. 더 탁월한 직분입니다.

히브리서는 계속해서 우리 주님의 직분이 더 뛰어나고 더 아름답고 더 좋다고 말합니다. 뒤에 가면 더 좋은 소유, 더 좋은 본향을 바라보고 있다고 이야기합니다. 이렇게 그리스도의 가치, 하늘의 가치가 더 낫다고 계속 강조합니다. 눈에 보이는 것에 현혹되어 무너져가는 성전으로 다시 돌아가는 배교의 길을 가는 그들을 향해서 그리스도가 얼마나 아름다우며, 그분이 허락하시는 것이 얼마나 더 좋은 것인지 말하고 있습니다. 영적인 눈이 열려 우리 모두가 더 좋은 것을 선택할 수 있길 바랍니다.

왜 첫 언약보다 더 좋은 언약인가?

더 아름다운 직분을 얻으신 주님에 대해서 무엇이라고 소개합니까?

더 좋은 약속, 더 좋은 언약의 중보자

"그는 더 좋은 약속으로 세우신 더 좋은 언약의 중보자시라"(히 8:6하).

여기에 다시 더 좋다는 말이 나옵니다. 처음 언약보다 더 좋은 언약이 되는 이유는 그 언약 안에 더 좋은 약속들이 있기 때문입니다. 쉽게 말하면 새 계약 안에 좋은 보장 내용이 많다는 말입니다. 옛 언약은 보장이 별로 없는 계약이었습니다. 마치 연봉 계약을 했는데 보장되는 것은 하나도 없고 내가 성과를 올려야만 받는 성과급만 있는 계약과 같습니다. 그것이 그들이 과거 시내산에서 맺은 옛 언약입니다. 그러나 새 언약은 더 좋은 보장 내용이 많이 포함된 계약입니다.

우리 주님이 이 더 좋은 언약의 중보자가 되신다는 것은 주님을 통해서 더 좋은 언약이 이루어진다는 뜻입니다. 우리 주님이 하늘 성소의 대제사장이 되셨기에 그 주님을 통해서 하나님이 약속하신 더 좋은 언약이 이행되는 것이 가능해졌습니다.

첫 언약의 문제점은 무엇인가?

"저 첫 언약이 무흠하였더라면 둘째 것을 요구할 일이 없었으려니와"(히 8:7).

첫 언약에는 문제가 있었습니다. 그래서 그들의 잘못을 지적하시며 날이 이르면 새 언약을 맺겠다고 하셨습니다.

"그들의 잘못을 지적하여 말씀하시되 주께서 이르시되 볼지어다 날이 이르리니 내가 이스라엘 집과 유다 집과 더불어 새 언약을 맺으리라"(히 8:8).

'날이 이르리니'는 '이제 앞으로 그리스도가 오시면'이라는 의미입니다. 그때 내가 새 언약을 맺으리라고 하십니다. 그런데 그 새 언약은 어떤가요?

"또 주께서 이르시기를 이 언약은 내가 그들의 열조의 손을 잡고 애굽 땅에서 인도하여 내던 날에 그들과 맺은 언약과 같지 아니하도다"(히 8:9상).

새 언약은 옛 언약과는 다릅니다. 여기서 다시 새 언약과 옛 언약을 비교합니다. 옛 언약의 문제점을 드러냅니다.

피를 뿌리며 맺은 옛 언약

하나님은 옛 언약을 '내가 그들의 열조의 손을 잡고 애굽 땅에서 인도하여 내던 날에 그들과 맺은 언약'이라고 말씀하십니다. 하나님께서 이스라엘의 손을 잡고 출애굽을 시키셨습니다. 어린 아이처럼, 또는 소돔성에서 롯을 끄집어내듯이 손을 잡고 애굽에서 백성들을 꺼내셨습니다. 그리고 그들과 언약을 맺으셨는데, 그것이 바로 시내산 언약입니다. 모세가 율법의 말씀을 그들에게 전하고 언약식을 합니다.

"모세가 여호와의 모든 말씀을 기록하고 이른 아침에 일어나 산 아래에 제단을 쌓고 이스라엘 열두 지파대로 열두 기둥을 세우고 이스라엘 자손의 청년들을 보내어 여호와께 소로 번제와 화목제를 드리게 하고 모세가 피를 가지고 반은 여러 양푼에 담고 반은 제단에 뿌리고 언약서를 가져다가 백성에게 낭독하여 듣게 하니 그들이 이르되 여호와의 모든 말씀을 우리가 준행하리이다 모세가 그 피를 가지고 백성에게 뿌리며 이르되 이는 여호와께서 이 모든 말씀에 대하여 너희와 세우신 언약의 피니라"(출 24:4-8).

피를 뿌리며 언약을 한다는 말은 이제 지키지 않으면 죽는다는 뜻입니다. 신명기 28장은 이 율법의 말씀대로 지키면 복을 받고 지키지 않으면 저주를 받는다고 했습니다. 이것이 바로 첫 언약입니다.

어떤 도움도 없는 옛 언약의 한계

"그들은 내 언약 안에 머물러 있지 아니하므로 내가 그들을 돌보지 아니하였노라"(히 8:9하).

그런데 이스라엘 백성은 언약을 지키지 않았고, 결국 하나님은 그들을 돌보지 않으셨습니다. 그래서 다 포로로 끌려갔습니다. 하나님이 그대로 내버려두셨습니다.

이것이 옛 언약입니다. 옛 언약을 체결할 땐 신나게 "예!" 했습니다. 그런데 알고 보니 그 안에 좋은 약속, 즉 보장 내용이 없었습니다. 이 부분에 대해서 예레미야 선지자가 한 말이 있습니다. "내가 그들의 남편이 되었어도 그들이 내 언약을 깨뜨렸음이라"(렘 31:32하). 시내산 언약은 마치 아내와 남편의 언약과 같았습니다. 그들은 거룩하신 하나님의 신부로서 언약을 했습니다. "내가 영광스러운 하나님의 아내로서 당신 말대로 조신하게 잘살게요." 그런데 그들은 하나님과의 언약을 깨버렸습니다. 즉 하나님의 율법대로 살지 못했습니다. 그래서 바울은 로마서에서 율법을 우리 남편이라고 설명합니다. 그런데 율법 남편과 살면 결국 죄를 짓게 됩니다. 율법 남편이 악해서가 아니라 우리 인간이 죄인이기에 죄가 율법으로 기회를 타서 죄를 짓게 하기 때문입니다. 결국 하나님이 율법을 통해 그들의 남편이 되어서 인도하였지만, 사실상 이스라엘은 거룩한 하나님의 아내가 되기엔 너무나 더러운 존재였습니다. 하나님의 계명대로 도저히 살 수 없는 매춘부 같은 존재였습니다. 그래서 부부 사이의 언약을 깨뜨리듯이 잘못을 저질렀습니다.

이것은 한편으로 인간이 얼마나 연약하고 죄악된 존재인지 보여주지만, 동시에 율법이 우리를 온전하게 해주지 못하는 연약한 것임을 말해 줍니다. 율법이 제사와 함께 주어졌습니다. 그런데 그 제사에 대해서 무엇이라고 합니까? "레위 계통의 제사 직분으로 말미암아 온전함을 얻을 수 있었으면"(히 7:11상). 즉 그들의 제사가 죄를 없게 하지도, 마음을 온전케 하지도, 율법을 지키게 하지도 못했습니다. 결과적으로 첫 언약은 백성들이 그것을 지켜서 복을 받을 수 있는 자원을 제공하지 못했습니다. 어떤 도움도 없는 언약, 약속이 없는 언약이었습니다.

결국 로마서 7장은 바로 옛 언약 아래 있는 인간의 실존을 말합니다. 우리는 율법을 지켜서 거룩하게 살아보려고 애를 쓰지만 내 안에 있는 죄가 너무나 강력해서 결국 원하는 바 선을 행하지 못하고, 원치 않는 악을 행하는 모습에서 벗어날 수 없습니다. 죄를 짓고 사망의 몸 안에 갇혀 있는 이 상태가 바로 첫 언약 아래 있는 인간의 모습을 말해 줍니다. 율법을 지켜서 하나님의 마음에 들어 복을 받아보겠다고 하는 사람의 결론이 바로 이렇습니다.

율법을 지켜 의롭게 되는 방법을 폐하시다.

"전에 있던 계명은 연약하고 무익하므로 폐하고 (율법은 아무 것도 온전하게 못할지라)"(히 7:18-19상). 결국 우리가 율법을 지켜서 의롭게 되는 방법은 폐하여졌습니다. 그것을 이제 하나님이 새 언약으로 바꾸셨습니다. 하나님은 그리스도 안에서 율법을 지킴으로 복을 주시겠다는 약속, 신약적 관점에서 보면 율법으로 그들을 의롭게 하시는 방법을 폐기하셨습니다.

그런 면에서 율법에는 약속이 없습니다. 이것을 꼭 기억해야 합니다. '내가 착하게 살고 율법을 지켰으니까 하나님이 기뻐하시겠지.' 이것은 착각입니다. 오히려 이런 식으로 신앙생활을 하면 저주가 임합니다. 율법을 지켜서 구원을 받겠다거나 하나님 마음에 들어보겠다고 하면, 그 결심대로 살지 못해서 항상 하나님께 죄송합니다. 언제나 정죄 의식을 갖고, 무거운 짐을 지게 됩니다. 조그만 일이 생겨도 '내가 엉망으로 살아서 하나님이 진노하시는구나'라고 생각하며 벌벌 떠는 신앙생활을 하게 됩니다. 우리가 뜻한 대로 율법을 지켜서 복을 받고 멋진 삶을 살게 되는 것이 아닙니다. 그것이 바로 인간의 실존입니다. 그래서 주님은 그 방법이 내가 약속한 방법이 아니라고 말씀하십니다. 얼마나 많은 사람이 이런 식으로 신앙생활을 하다가 상처 받고 실망합니까? '내가 주를 어떻게 섬겼는데 이럴 수 있습니까?'라며 하나님께 원망하고 대듭니다. 그리고 떠나갑니다. 하나님께 등을 돌려 저주로 빠져 들어갑니다.

그래서 예수님 안에서 새 언약을 주셨습니다. 예수님을 믿고 그분께 순종할 때, 예수님이 이 모든 율법의 요구를 이루시는 하나님 앞에 거룩한 존재로 우리를 빚어주시는 역사가 일어납니다. 비슷한 듯하지만 완전히 다릅니다. 이것을 이해할 수 있어야 합니다.

그러므로 어떤 이유에서든지 율법을 지켜야 구원을 받는다든가, 율법의 절기를 지켜야 복을 받는다든가, 율법의 말씀을 지켜야 천국 간다고 강조하면, 그것은 잘못된 가르침입니다. 교묘하게 우리를 그리스도에게서 떼어놓는 방법입니다. 물론 히브리서도 순종을 강조합니다. 그러나 그 믿음과 순종은 철저히 그리스도에 대한 순종을 말합니다. 자기에게 순종하는 자들에게 구원의 근원이 되신다고 하신 이유는 그리스도가 우리로 하여금 최종적으로 죄를 이기고 율법을 성취하게 해주시고 우리 죄를 사해주시기 때문입니다. 그분이 중보자가 되셔서 우리를 하나님께로 인도해 주십니다. 그래서 그리스도를 믿으라는 것이고 그리스도가 방법이라는 것입니다. 이것이 기독교이고 성경의 복음입니다.

그런데 그리스도가 법을 폐하러 온 것이 아니라 성취하러 왔다는 것을 비틀어서 "율법의 말씀을 지켜야 구원받는다. 율법의 절기를 지켜야 천국 간다"라고 말하는 것은 모두 이단입니다. 그리스도가 율법을 성취하시는 분이기에 그리스도를 믿음으로 의롭게 되고, 그분을 따름으로 열매 맺으라는 것이 복음적인 가르침인데, 오히려 그리스도를 믿는 믿음을 매도하면서 그의 가르침을 따로 떼어 율법을 지켜야 천국에 간다는 식으로 가르치는 것입니다. 결국 이들은 성경 말씀을 빙빙 돌려서 성도들을 다시 옛 언약의 아래로 돌려놓는 잘못을 저지릅니다. 하지만 옛 언약 아래로 들어가면 광야에서 엎드러진 이스라엘과 똑같아집니다.

제가 방송으로 어느 교회 목사가 율법의 말씀을 지켜야 구원받는다고 계속 강조하면서 기존 목사를 이리와 사기꾼으로 매도하는 것을 들었습니다. 사탄은 늘 광명의 천사처럼 다가옵니다. 그러므로 복음주의 방송이라도 정신 바짝 차리고 들어 복음과 율법을 분별할 수 있어야 합니다. 이단도 마찬가지입니다. 이단들의 수법은 항상 우리를 예수님에게서 떼어놓습니다.

첫째는 주로 어려운 성경을 교묘하게 해석합니다. 신천지가 계시록을 이상하게 해석해서 속이는 것처럼, 하나님의 교회는 히브리서를 왜곡해서 자기들의 교리를 주장합니다.

둘째는 말씀을 연구하여 말씀대로 하는 듯하면서 말씀의 주제가 되는 예수 그리스도가 아닌 율법을 강조합니다. 그리하여 마치 자신들이 그리스도의 말씀대로 사는 집단인 것처럼 속이고, 사람들의 관심의 방향을 그리스도가 아닌 율법, 절기, 사람들의 행위로 틀어서 그리스도에게서 떼놓습니다. 교묘한 사탄의 작전입니다.

세 번째로 그리스도의 자리에 슬쩍 자기들(이단)을 집어넣습니다.

따라서 우리가 성경을 제대로 이해하고 연구하지 않으면 이단에 넘어가고 결국 배교에 이르는 상황에 부딪힐 수 있습니다. 복음을 깊이 이해하지 못하고 너무 피상적으로 이해하기에 이단으로 넘어가버리고 마는 것입니다.

그리스도가 그 백성과 맺은 새 언약은 무엇인가?

"또 주께서 이르시되 그 날 후에 내가 이스라엘 집과 맺을 언약은 이것이니"(히 8:10상).

결국 첫 언약은 흠이 있어서 폐하고, 하나님이 다른 새 언약을 맺으셨습니다. 히브리서 기자는 이제 예레미야 선지자가 예언한 새로운 약속을 소개합니다. 그리스도가 오시면 그 백성과 맺을 새로운 언약입니다. 이것이 바로 그리스도께서 하늘 보좌에 대제사장으로 올라가심으로 가능해진 언약입니다. 그리스도가 중보가 되시는 더 좋은 언약입니다.

이제 히브리서 9장에 가면 우리 주님이 어떻게 새 언약의 중보자가 되시는지 나옵니다. 그것은 바로 그리스도의 피 때문입니다. 우리가 성찬식을 할 때, "이 잔은 내 피로 세우는 새 언약이니 마실 때마다 나를 기념하라"고 합니다. 옛 언약도 피로 맺었습니다. 그러나 그 피는 효력이 없었습니다. 그런데 새 언약의 피는 이 약속을 반드시 이루는 효력이 있습니다.

그러면 그리스도께서 대제사장이 되셨기에 이루어주실 새 언약은 무엇입니까? 율법을 내가 지켜보겠다고 할 때는 없던 약속, 오직 믿는 도리이신 대제사장 예수님을 믿고 따를 때 이루어주시겠다는 새 언약은 무엇입니까? 세 가지로 살펴볼 수 있습니다.

새 언약은 마음에 새겨주신다.

"내 법을 그들의 생각에 두고 그들의 마음에 이것을 기록하리라"(히 8:10중).

옛 언약은 돌판에 법을 새겼고 모세가 책에 기록했으나, 이번에는 하나님께서 내 법을 그들의 생각과 마음에 기록하겠다고 하십니다. 그리스도 안에서 이 일이 이루어질 것이라고 하십니다.

이 말씀은 단지 우리 안에 양심의 각성이 일어난다거나, 성격이 좋아진다거나, 도덕적인 경건이나 고전 등 고상한 것들이 좋아서 탐독하게 된다거나, 도덕의식이 깊어진다거나 하는 것이 아닙니다. 그런 일은 이 세상의 일반 은총 아래서도 일어날 수 있습니다. 율법에 심취했던 유대교에서도 일어나는 일입니다. 그래서 로마서에 보면 율법을 좋아하는 유대인들에 대해서 "율법의 교훈을 받아 하나님의 뜻을 알고 지극히 선한 것을 분간하며 맹인의 길을 인도하는 자요 어둠에 있는 자의 빛이요 율법에 있는 지식과 진리의 모본을 가진 자로서"(롬 2:18-20상)라고 이야기하지 않습니까?

하나님의 법을 마음과 생각에 새긴다는 것은 단지 성경 말씀을 좋아하고 깨닫는 것이 아닙니다. 그러면 무엇인가요? 인간의 문제는 완악함입니다. 광야 이스라엘 백성들의 문제가 무엇이었습니까? 마음이 쉼 없이 미혹되어 믿지 않는 완악함입니다. 마음이 옥토가 아니라 돌짝밭, 가시밭이었습니다. 즉 인간은 타락해서 근본적으로 하나님의 말씀을 믿지 않습니다. 감정적으로나 지적 유희로 좋아할 수는 있어도, 실제로 그렇게 살려고 할 때는 거역하는 마음과 무능한 마음이 일어납니다. 이것이 문제의 핵심입니다. 그러므로 그들의 생각과 마음에 내 법을 둔다고 말씀하십니다. 생각과 더불어 마음은 감정과 의지의 좌소입니다. 생각은 지성이고 마음은 감정과 의지를 의미한다고 보면 됩니다. 결국 그들의 완악한 마음을 하나님의 말씀에 순종할 수 있게 하시겠다는 것입니다. 여기에 초점이 있습니다. 마음으로는 법을 즐거워하는데 육신으로는 죄의 법을 사모하는 상태, 또는 마음은 원이로되 육신이 약한 상태가 아니라, 거역하고 불순종하는 육신의 소욕을 이기고 실제로 말씀대로 순종하는 사람을 만들겠다는 약속입니다.

에스겔서에 이 의미를 잘 설명한 말씀이 나옵니다. "또 새 영을 너희 속에 두고 새 마음을 너희에게 주되 너희 육신에서 굳은 마음을 제거하고 부드러운 마음을 줄 것이며"(겔 36:26). 여기서 '새 영'은 성령님입니다. 성령님을 보내셔서 성령님이 우리에게 새 마음을 주신다는 것입니다. 어떻게 주십니까? '육신에서' 즉 우리 안에 있는 타락하고 육신적인 굳은 마음을 제거하고 부드러운 마음을 주십니다. 하나님의 뜻대로 살지 않고 오염된 마음, 자꾸 미혹되는 굳은 마음을 변화시키신다는 것입니다.

"또 내 영을 너희 속에 두어 너희로 내 율례를 행하게 하리니 너희가 내 규례를 지켜 행할지라"(겔 36:27). 그리고 내 영을 두어, 즉 성령님을 내주하게 하셔서 그 성령님을 따라갈 때 하나님의 율례를 행하게 한다고 하십니다. 어떻게 주님이 우리 마음과 생각에 법을 두신다는 것입니까? 단지 말씀을 좋아하고 깨닫는 수준이 아닙니다. 말씀대로 행할 능력을 주십니다. 성령을 보내셔서 우리의 생각을 변화시켜 영의 생각, 즉 하나님의 말씀을 사랑하는 마음을 주시고, 결국 우리가 육신을 이기고 율법의 요구를 이루게 하십니다. 이것이 로마서 8장입니다.

율법을 남편 삼아 의롭게 되어보려고 하다가 안 되는 것이 로마서 7장의 옛 언약 아래 있는 사람이고, 이제 그리스도 안에서 생명의 성령의 법으로 율법의 요구를 이루어내는 것이 새 언약 안에 있는 삶입니다. 그리스도 안에 있는 사람입니다. 우리의 대제사장 예수 그리스도께서 바로 로마서 8장의 말씀을 이루어주십니다. 유대인들은 온전한 지식을 좇지 않고 잘못된 열심을 내서 망했다고 합니다. 그런데 지금 한국교회가 그 길을 따라가고 있습니다. 복음의 말씀을 다시 들어야 합니다.

새 언약은 교회를 세우신다.

"나는 그들에게 하나님이 되고 그들은 내게 백성이 되리라"(히 8:10하).

"내가 너희 조상들에게 준 땅에서 너희가 거주하면서 내 백성이 되고 나는 너희 하나님이 되리라"(겔 36:28). 이것은 공동체의 회복을 의미합니다. 궁극적으로는 새 하늘과 새 땅에서 하나님의 백성들이 하나님과 영원히 거하는 것을 말합니다. 그러나 그것은 재림 때 이루어질 것이고, 지금은 그리스도가 승천하셔서 하늘에서 대제사장으로 계신 동안 이 땅에 이루어질 교회를 말합니다. 그리스도의 구속 사역의 목적은 하나님의 백성, 즉 교회를 이루시는 것입니다. 교회가 바로 새 언약의 공동체, 새 언약의 백성입니다. 교회가 대제사장이신 그리스도께서 우리에게 주신 약속이고 축복입니다. 이 교회 안에 하나님의 모든 충만이 거하고 모든 비밀이 있습니다. 신자가 이 땅을 살아가는 데 승리하는 모든 자원을 교회에서 얻을 수 있습니다.

그런데 교회의 구성원들, 즉 하나님 백성들의 상태는 구약의 옛 언약의 백성들과 어떻게 다를까요?

"또 각각 자기 나라 사람과 각각 자기 형제를 가르쳐 이르기를 주를 알라 하지 아니할 것은 그들이 작은 자로부터 큰 자까지 다 나를 앎이라"(히 8:11).

선지자들이 구약 백성들에게 "힘써 여호와를 알라"고 외쳤습니다. 그런데 신약의 백성들은 그렇게 하지 않아도 다 안다고 합니다. 바로 새 마음을 가진, 성령이 거하는 백성들의 모임이기 때문입니다. 성령님이 친히 그들 안에 거하셔서 진리를 가르쳐주시고, 깨닫게 하시고, 하나님의 자녀인 것을 증거하시기 때문입니다. 그래서 알아라, 알아라 하지 않아도 우리는 하나님을 압니다. 이것이 무슨 말입니까? 교회에 교사도 목사도 필요 없다는 말입니까? 아닙니다. 에베소서에 분명히 교사와 목사를 세우셨다고 했습니다. 그러나 근본적으로는 '성령님'이 깨닫게 하십니다. 성령님이 역사하시지 않으면 아무리 설교를 들어도 깨달을 수 없습니다.

글을 모르는 할머니는 편지를 손자에게 읽어달라고 합니다. 그래야 알 수 있습니다. 하지만 글을 깨우치면 누구의 도움 없이 스스로 읽고 압니다. 이처럼 성령 안에서 이제 우리는 하나님을 알 수 있습니다. 이것이 그리스도 안에서 주어진 특권입니다. 물론 어려운 것은 교사와 목사가 가르쳐주어야 합니다. 그러나 말씀을 통해 하나님을 알고 그리스도를 알게 하시는 것은 성령이 하시는 일입니다. 성령님이 우리 눈을 열어서 가르쳐 주십니다. 이것이 그리스도의 새 언약의 피로 세워진 교회입니다.

셋째, 새 언약은 죄를 용서하신다.

"내가 그들의 불의를 긍휼히 여기고 그들의 죄를 다시 기억하지 아니하리라"(히 8:12).

자신의 피로 영단번의 제사를 드리시고 제사장이 되신 그리스도께서 그에게 나오는 백성들의 죄를 용서해 주십니다. 얼마나 완벽하게 용서하십니까? 하나님께서 그들의 죄를 다시 기억조차 하지 않게 하십니다. 정말 완벽한 용서입니다. 그런 면에서 이미 그리스도 안에서 용서받은 죄를 기억하여 고백하게 하는 것은 성경적이 아닙니다. 만약 지금 죄를 짓고 있는데 성령의 감동으로 고백하는 것은 회개입니다. 그것은 좋은 것입니다. 또 우리가 누군가에게 잘못을 했을 때 죄를 고백하며 용서를 구하는 것은 하나님의 뜻입니다. 또는 하나님의 크신 용서를 간증하기 위해서 우리가 과거의 잘못을 이야기할 수는 있습니다. 하지만 우리 주님께서 기억하지 않으시는 죄를 자꾸 기억해서 공개 고백해야 진짜 죄 사함 받는다고 말한다면 그것은 비성경적입니다. 이것이 불신앙입니다. 이미 회개한 죄를 떠올리며 다시 회개하는 것은 우리 대제사장 되신 예수님께 "당신의 사역이 불완전한 것 같아요"라고 말하는 것과 같습니다.

그런데 이 놀라운 죄 용서가 맨 뒤에 나왔지만, 사실은 앞에 나온 모든 약속이 이루어지는 기초가 죄 사함입니다. 우리가 그리스도의 사역으로 완전한 죄 사함을 받았기에 성령님이 오시고, 우리 안에 아름다운 공동체가 이루어지며, 그 안에 주님이 함께 거하시어 이 놀라운 약속을 이루어주십니다. 하나님이 우리 가운데 임재하시는 은혜를 경험하는 것입니다. 그래서 에스겔서에는 이 죄 사함이 제일 먼저 나옵니다. "맑은 물을 너희에게 뿌려서 너희로 정결하게 하되 곧 너희 모든 더러운 것에서와 모든 우상 숭배에서 너희를 정결하게 할 것이며"(겔 36:25).

새 언약이 얼마나 놀라운가?

대제사장이신 그리스도께서 이렇게 새 언약을 이루어주실 것입니다. 그래서 멜기세덱의 반차를 좇은 대제사장이 우리에게 더 좋은 소망, 더 좋은 약속의 보증이 된다고 한 것입니다. 그러므로 대제사장 되시는 그리스도가 우리의 믿는 도리가 되십니다.

예수님께 나아가면 성령을 부어주셔서 말씀을 가르쳐 주시고, 아름다운 공동체를 허락해 주십니다. 날마다 우리를 죄에서 씻겨 주시고, 공동체에서 성장하여 결국 율법을 성취하는 백성으로 빚어주십니다. 우리를 하나님께 친히 인도해 주셔서 하나님 나라를 경험하게 해주십니다. 날마다 이 땅에서 거룩하게 대제사장이신 예수님과 교제하다가 천국문에 이르렀을 때 주님이 우리를 맞이해 주십니다. 우리 모든 허물을 깨끗하게 씻으시고, 우리를 예수님과 같은 부활의 몸으로 변화시켜 친히 하나님 앞으로 인도해주십니다. 이것이 새 언약의 놀라운 복입니다.

날마다 대제사장 되신 주님을 바라보십시오. 그분과 교제하십시오. 이 복음을 분명히 이해하고 대제사장이신 예수 그리스도를 깊이 생각하여 그분만 따라갈 수 있길 바랍니다. 날마다 넘어져도 그리스도를 바라보면 놀라운 새 언약의 약속이 우리에게 이루어져서 결국 우리를 승리로 이끌어줄 것입니다.

10장

율법으로 드린 제사는 왜 불완전한가?

: 예수, 더 좋은 제물이 되심

(히 9:1-10:18)

CHAPTER 10

율법으로 드린 제사는 왜 불완전한가?

: 예수, 더 좋은 제물이 되심 (히 9:1-10:18)

어떻게 예수님이 새 언약의 중보자가 되시는가?

예수 그리스도는 이 땅의 율법을 따라서가 아니라 멜기세덱의 반차를 좇은 더 좋은 제사장이십니다. 그리고 이 땅의 성소가 아니라 하늘 성소의 대제사장이십니다. 예수님은 옛 언약이 아닌 새 언약의 중보자가 되십니다. 하늘 성소의 대제사장이신 예수님이 우리 죄를 용서해 주시고, 성령을 보내셔서 굳은 마음을 제거하시며, 하나님의 율법을 성취할 수 있는 존재로 빚어주십니다. 우리를 거룩한 하나님의 백성 삼으셔서 우리 가운데 임재하시는 영광스러운 교회를 창조하시고, 교회를 통해 우리에게 온갖 은혜와 복을 주십니다. 궁극적으로는 새 하늘과 새 땅에서 영원히 우리 하나님이 되시고, 우리를 하나님의 자녀로 삼아주십니다.

그러면 주님은 어떻게 하늘 성소에서 더 좋은 제물이 되셨을까요? 주님이 드린 제사가 완전한 이유는 자신의 피로 온전한 제사를 드리셨기 때문입니다. 이것이 바로 예수님이 새 언약의 중보자가 되실 수 있는 가장 핵심적인 이유이기도 합니다.

동물의 피로 드려지는 제사는 불완전하다

언약을 위한 성소와 지성소가 필요하였다.

"첫 언약에도 섬기는 예법과 세상에 속한 성소가 있더라"(히 9:1).

대제사장이신 예수님이 하늘 성소에서 섬김으로 새 언약의 중보가 된다고 했습니다. 그런데 모세가 이스라엘 백성에게 준 율법인 첫 언약에도 제사와 성소가 있습니다. 첫 언약을 위해 섬기는 성소의 제사는 어떻습니까?

"예비한 첫 장막이 있고 그 안에 등잔대와 상과 진설병이 있으니 이는 성소라 일컫고 또 둘째 휘장 뒤에 있는 장막을 지성소라 일컫나니 금 향로와 사면을 금으로 싼 언약궤가 있고 그 안에 만나를 담은 금 항아리와 아론의 싹 난 지팡이와 언약의 돌판들이 있고 그 위에 속죄소를 덮는 영광의 그룹들이 있으니 이것들에 관하여는 이제 낱낱이 말할 수 없노라"(히 9:2-5).

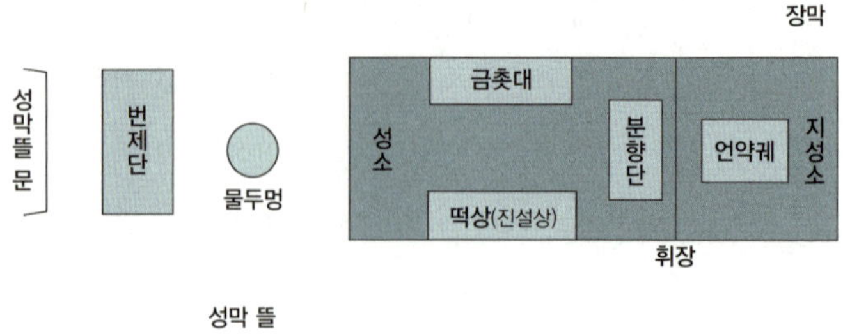

〈성막 평면도〉

지성소에는 언약궤가 있었습니다. 언약궤 안에는 만나를 담은 금 항아리, 아론의 싹 난 지팡이, 십계명 돌판이 있었고, 언약궤 위에 그룹들이 있었습니다. 이 언약궤를 '속죄소'라고 했는데, 이곳은 하나님이 그의 백성들과 만나 교제하는 자리이기도 했습니다. "거기서 내가 너와 만나고 속죄소 위 곧 증거궤 위에 있는 두 그룹 사이에서 내가 이스라엘 자손을 위하여 네게 명령할 모든 일을 네게 이르리라"(출 25:22).

성소와 지성소에서의 사역은 반복적이었다.

"이 모든 것을 이같이 예비하였으니 제사장들이 항상 첫 장막에 들어가 섬기는 예식을 행하고"(히 9:6).

첫 장막인 성소는 항상 제사장들이 들어가서 섬기는 곳입니다. 매일 저녁이면 등대에 불을 밝히고, 아침이면 불을 끄고 잔을 정리해야 했습니다. 안식일마다 커다란 진설병 열두 개를 구워서 새 것으로 올려드렸습니다. 매일 아침저녁으로 분향을 올립니다. 그 일은 반복적으로 끝없이 되풀이되어야 했습니다.

"오직 둘째 장막은 대제사장이 홀로 일 년에 한 번 들어가되 자기와 백성의 허물을 위하여 드리는 피 없이는 아니하나니"(히 9:7).

그러나 둘째 장막인 지성소는 대제사장 혼자서 1년에 딱 한 번 대속죄일에만 들어갑니다. 아무 때나 들어가면 안 됩니다. 그리고 자신과 백성들의 허물을 위해서 속죄제사로 피의 제사를 드린 후에 들어가야 합니다. "여호와께서 모세에게 이르시되 네 형 아론에게 이르라 성소의 휘장 안 법궤 위 속죄소 앞에 아무 때나 들어오지 말라 그리하여 죽지 않도록 하라 이는 내가 구름 가운데에서 속죄소 위에 나타남이니라"(레 16:2).

율법의 제사의 한계가 있었다.

"성령이 이로써 보이신 것은 첫 장막이 서 있을 동안에는 성소에 들어가는 길이 아직 나타나지 아니한 것이라"(히 9:8).

첫째, 첫 장막 즉 성소가 서 있는 동안에 성소(지성소)에 들어가는 길이 아직 나타나지 않았습니다. 이러한 모습을 통해 성령님이 보이신 것이 있다고 합니다. 제사장들이 매일 성소에서 섬깁니다. 그런데 그들이 지성소에 들어가는 것은 1년에 한 차례 대속죄일에, 그것도 대제사장 혼자서 피의 제사를 드리고서야 겨우 들어갈 수 있었습니다. 지금처럼 제사장들이 첫 장막 즉 성소에서 하는 사역으로는 지성소에 들어가는 길이 열리지 않는다는 것입니다. 하나님께 나아갈 수 없었습니다. 즉 첫 장막의 사역이 효력이 없음을 보여준다는 것입니다.

"이 장막은 현재까지의 비유니 이에 따라 드리는 예물과 제사는 섬기는 자를 그 양심상 온전하게 할 수 없나니"(히 9:9).

둘째, 이러한 예물과 제사로는 그 섬기는 자를 양심상 온전하게 하지 못한다는 것입니다. 이 장막이 비유로서 이 사실을 우리에게 말해 줍니다. 죄를 지으면 양심에 찔리고 마음에 거리낌이 생기지 않습니까? 동물의 피로 제사를 지내고, 매일 성소에 가서 섬겨도 그것이 양심을 죄에서 자유하게 하지 못합니다. 이렇게 섬기는 대제사장의 양심조차 온전하게 하지 못했습니다. 그래서 1년에 한 번 하나님께 나아갈 때 두려워 떨 수밖에 없었습니다.

"그러나 이 제사들에는 해마다 죄를 기억하게 하는 것이 있나니"(히 10:3).

해마다 드리는 제사이니 대속죄일에 드리는 제사를 말합니다. 그런데 이것이 해마다 죄를 기억하게 한다고 합니다. 죄가 정말로 깨끗하게 씻어졌으면 양심이 내 죄를 기억하지 않을 것입니다. 죄의식도 씻어지기 때문입니다. 1년에 한 번 대속죄일에 대제사장이 지성소에 들어갈 때 얼마나 자신을 정결케 하려고 애를 썼겠습니까? 자신과 백성들을 위해서 얼마나 정성을 다해 피의 제사를 드렸겠습니까? 그렇게 하고도 거룩하신 하나님의 존전에 나간다고 생각하니 자신의 모든 죄가 생각이 나고, 자신이 하나님 앞에 감히 나아갈 수 없는 죄인이란 생각이 났습니다. 그러니 얼마나 무서웠겠습니까?

종교개혁자 루터는 번개 앞에서 무서운 하나님을 경험하고 하나님을 두려워하였습니다. 성찬식을 할 때면 그분의 살과 피를 더러운 자신이 들고 있다는 생각에 두려움과 공포에 질렸습니다. 그래서 날마다 고해성사를 했고, 어느 날은 여섯 시간 넘게 고해를 하기도 했습니다. 하지만 그가 아무리 고행을 하고 기도하고 금식하고 애를 써도 그의 양심은 죄로부터 온전해지지 못했습니다. 대제사장도 이와 같습니다. 동물의 피로는 양심이 깨끗해지지 않습니다.

"이런 것은 먹고 마시는 것과 여러 가지 씻는 것과 함께 육체의 예법일 뿐이며 개혁할 때까지 맡겨 둔 것이니라"(히 9:10).

셋째, 이것들은 그저 먹고 마시는 것 그리고 씻는 규례와 마찬가지로 육체의 예법일 뿐입니다. 그래서 내면의 양심을 온전케 하는 데는 아무 소용이 없었습니다. '개혁할 때까지 맡겨 둔 것'이라는 말은 참된 실체가 오실 때까지 모형의 역할을 하게 두었다는 말입니다. 주님이 오실 때까지 '맡겨 둔 것'입니다. 내면을 씻어주지는 못하고 그저 육체를 정결케 하는 규례 정도입니다. 모델하우스처럼 언젠가 본 건물이 지어질 때까지 그것을 예고하는 한시적인 역할에 불과하다는 말입니다.

그러므로 첫 언약을 위한 그들의 제사는 전혀 도움이 되지 않았습니다. 그들을 온전하게 해서 그들 스스로 율법을 준수하여 하나님께 복을 받을 수 있도록 만들어주지 못했습니다.

그리스도의 피로 하늘 성소를 온전케 하셨다

이제 히브리서 기자는 그리스도께서 대제사장이 되어 섬기시는 하늘 성소의 효력을 이 땅의 제사와 비교하여 이야기합니다.

더 크고 온전한 장막이 되신 그리스도

"그리스도께서는 장래 좋은 일의 대제사장으로 오사 손으로 짓지 아니한 것 곧 이 창조에 속하지 아니한 더 크고 온전한 장막으로 말미암아"(히 9:11).

여기에서 '장래 좋은 일'은 바로 새 언약의 성취를 말합니다. 즉 성도들이 죄 사함을 받아 성령님의 도우심으로 순종하는 백성이 되고, 그들이 거룩한 공동체를 이루어 하나님이 함께 거하시는 나라, 즉 하늘의 거룩한 도성이 세워지는 일입니다. 이것을 위해서 주님이 하늘 성소로 들어가셨다고 합니다.

성경은 그 하늘 성소를 어떻게 소개합니까? '손으로 짓지 아니한 것 곧 이 창조에 속하지 아니한 더 크고 온전한 장막'이라고 합니다. 이 장막은 그리스도의 죽음과 부활로 말미암아 지어졌기에 손으로 지어진 것이 아니며, 이 땅의 것과 비교할 때 더 크고 온전하다는 것입니다. 당시 성전은 규모가 대단하였습니다. 그런데 그리스도께서 지으신 성전은 그보다 더 크고 온전하다고 합니다. 이런 말씀을 들으면 '우와, 천국에 가면 엄청난 하늘 성전이 있나 보다'라고 생각할지 모르겠습니다. 그러나 이것은 상징적인 언어입니다. 천국에는 성전이 없습니다. 계시록에 "성 안에서 내가 성전을 보지 못하였으니 이는 주 하나님 곧 전능하신 이와 및 어린 양이 그 성전이심이라"(계 21:22)는 말씀을 보면, '하나님과 어린 양'이 성전이라고 합니다. 우리는 대제사장 되신 어린 양에게 이끌려 하나님께 나아갑니다. 여기에서 '더 크고 온전한 장막'은 바로 우리를 하나님께로 인도하는 제물이요, 대제사장이 되시는 예수님을 가리킵니다. 예수님이 바로 더 크고 완전한 성전이고, 완전한 제사장이고, 완전한 제물이고, 완전한 제사입니다. 예수님을 통해서 우리가 하나님께 나아갈 수 있습니다. 이것을 상징적으로 이야기하는 것입니다.

사실 이 땅의 장막은 다 예수님을 가리키는 상징입니다. 성전 문은 문이신 그리스도를, 놋불로 제사를 드리는 번제단은 우리 죄를 위해 죽으신 제물 되신 그리스도를, 물두멍은 우리를 정결케 하시는 그리스도를 가리킵니다. 성소의 떡도 생명의 떡이신 그리스도를 열두 지파가 먹고살아야 한다는 것을 나타냅니다. 성소의 촛대는 빛이신 그리스도를 말해 주고, 분향은 바로 그리스도가 하나님께 나아가는 향기요 길임을 보여주는 모형입니다. 언약궤 안에 있는 만나도 생명의 양식이신 그리스도를, 아론의 싹 난 지팡이는 대제사장 되신 그리스도를, 십계명의 두 돌판은 율법을 성취하신 말씀이신 그리스도를 상징합니다. 속죄소는 바로 그분을 통해 속죄가 이루어짐을 말합니다. 그분 안에서 하나님이 백성들을 만나주시고 은혜를 베푸시는 곳, 즉 시은소가 지성소인 것입니다.

그런데 이제 실체이신 예수님이 오셔서 죽으시고 부활하여 승천하심으로써 성소가 상징하는 바를 실제로 완성하셨습니다. 예수님이 바로 그 성소입니다. 그래서 더 크고 완전한 것입니다.

자기 피로 단번에 지성소에 들어가셨다.

"염소와 송아지의 피로 하지 아니하고 오직 자기의 피로 영원한 속죄를 이루사 단번에 성소에 들어가셨느니라"(히 9:12).

이 하늘 장막에서 주님은 염소와 송아지의 피가 아닌 자기 피로 영원한 속죄를 이루셨습니다. 그러므로 단번에 성소, 즉 지성소에 들어가셨습니다. 단번에 들어가셨다는 것은 우리 주님이 지성소에, 즉 하나님 존전에 대제사장으로 계시다는 것입니다. 이 땅의 제사장은 1년에 한 번 두렵고 떨림으로 지성소에 들어갔다가 후다닥 나옵니다. 그리고 1년 동안 들어가지 못합니다. 그런데 우리 주님은 단번에 들어가셨고 아직 나오지 않으셨습니다. 대제사장은 백성을 대표하는 중보자인데, 그분이 거기에 들어가셨다는 것은 이제 우리도 그분을 통해 들어갈 수 있다는 의미입니다. 무엇보다 들어가는 문이 열렸다는 뜻입니다. 가로막고 있던 휘장이 찢어졌기 때문입니다. 그래서 예수님이 지금 하나님 우편에 대제사장으로 앉아 계신 것입니다.

앞에서 이 땅의 제사장들이 지성소에 들어갈 수 없는 이유가 무엇이라고 했습니까? 바로 '피'입니다. 그들이 드리는 동물의 피가 그들의 양심을 깨끗게 할 수 없기 때문입니다. 그것은 그저 육체를 씻는 예법이었습니다. 그러나 이제 그리스도는 그의 피로 말미암아 단번에 지성소에 들어가셨습니다. 이것이 우리에게 의미하는 바는 무엇일까요?

그리스도의 피는 양심을 깨끗게 한다.

"염소와 황소의 피와 및 암송아지의 재를 부정한 자에게 뿌려 그 육체를 정결하게 하여 거룩하게 하거든"(히 9:13).

이 땅의 장막 제사에서 동물의 피와 재는 부정한 자에게 뿌려졌습니다. 그것은 그 육체를 정결케 하는 효과가 있었습니다. 즉 내면은 변화시키지 못하지만, 의식적으로 부정함을 제거하는 효력이 있었습니다.

"하물며 영원하신 성령으로 말미암아 흠 없는 자기를 하나님께 드린 그리스도의 피가 어찌 너희 양심을 죽은 행실에서 깨끗하게 하고 살아 계신 하나님을 섬기게 하지 못하겠느냐"(히 9:14).

이와 대조하여 드디어 그리스도께서 드린 피의 효력에 대해서 설명하기 시작합니다. 먼저 '영원하신 성령으로 말미암아 흠 없는 자기'를 드렸다고 합니다. 예수님이 육체를 입으시고 어떤 흠도 없이 살아가신 것은 영원하신 성령님이 늘 함께하심으로 말미암은 일입니다. 또한 예수님이 그렇게 보존된 흠 없는 육체를 하나님께 드리도록 격려하고 그 길을 가도록 도우신 분도 영원하신 성령님입니다. 그분은 예수님이 어릴 때부터 충만하게 함께하셨고, 예수님이 사명의 길을 힘 있게 갈 수 있도록 붙잡아주셨습니다. 성령님의 임재와 도우심은 우리 주님이 드리신 몸이 하나님 앞에 참으로 거룩하고 흠이 없음을 확증하는 것입니다. 그러므로 우리도 그리스도 안에서 성령님이 함께하시는 것이야말로 우리가 의롭다 함을 입고 거룩한 몸으로 씻김 받았다는 증거입니다.

그리스도의 피의 효력은 어떠한가?

"너희 양심을 죽은 행실에서 깨끗하게 하고 살아 계신 하나님을 섬기게 하지 못하겠느냐"(히 9:14하).

이 말씀은 앞에 나오는 대제사장과 대조되는 표현입니다. 이 땅의 대제사장이 성대하게 드리는 제사는 그의 양심을 온전하게 하지 못하고 자꾸 죄가 생각나게 해서 하나님을 두려워하게 했습니다. 하나님을 온전히 섬기게 하지 못했습니다. 장막 앞에 선 모든 이스라엘 백성들이 하나님 앞에 떳떳하지 못해서 하나님을 두려워했습니다. 죄의식을 갖고 살아가야 했습니다. 그런데 그리스도의 피는 우리 양심을 죽은 행실에서 깨끗이 씻어줍니다.

우리 양심은 죽은 행실로 더럽혀졌습니다. '죽은 행실'이란 죽음에 이르게 하는 행실 곧 '죄'입니다. 즉 죄의 종으로 살면서 우리의 양심은 더럽혀지고 무뎌졌습니다. 하나님의 법이 새겨진 양심은 원래 우리를 지키는 파수꾼입니다. 우리가 잘못된 행동을 하면 양심이 소리를 지릅니다. "너 그렇게 살면 안 돼. 잘못하면 죽는다!" 그런데 죄는 양심을 무디게 합니다. 우리를 속입니다. 비록 양심이 소리 지르지만 죄는 우리의 지성과 성향과 의지를 무력화시켜 하나님을 싫어하게 하고, 거역하는 마음을 갖게 합니다. 결국 양심이 무뎌져서 죄를 짓고, 결과적으로 양심은 더러워집니다. 그러므로 더러운 양심을 가진 우리는 죄로 더럽혀진 행실로 인해 결코 하나님 앞에 설 수 없습니다. 하나님 앞에 나가면 나갈수록 온갖 죄가 다 생각나고, 하나님이 무섭고, 당장 벼락이 쳐서 죽을 것 같은 두려움에 떨게 됩니다. 앞에서 말한 루터가 그러했습니다. 그런데 이를 위해 드려진 구약의 동물의 피는 육체만 정결케 했습니다. 속은 그대로 놔두고 겉만 씻었습니다.

예전에 가끔 집에 청년들을 데리고 와서 밥을 먹었습니다. 그러면 아내가 정말 바빴습니다. 세 아이 키우랴, 밥 준비하랴, 청소

하랴, 얼마나 바쁩니까? 결국 막판에는 급한 마음에 어질러진 것들을 장롱 속에 다 집어넣습니다. 지금은 익숙해졌지만, 예전에는 이것이 좀 충격이었습니다. '와, 이래도 되나? 누가 열어보면 어쩌지?' 불안한 마음이 들었습니다. 만약에 갑자기 시부모님이 "30분만 있으면 집에 도착할 거 같다"라고 전화가 온다고 생각해 보십시오. 어떻게 하겠습니까? 부리나케 모든 것을 장롱 속에 숨기고, 여기저기 처박고, 긴급히 눈에 보이지 않게 치울 것입니다. 그리고 드디어 시부모님이 오셨는데, 자꾸 시어머님이 여기저기 다니십니다. 냉장고도 열어보고, 장롱 주변으로 왔다 갔다 하십니다. 그러면 얼마나 마음이 조마조마합니까? 신경이 쓰여 대화가 되지 않고 정신이 하나도 없을 것입니다. 이것이 구약의 정결 예식입니다. 의식을 통해 겉만 정결하고 깨끗하게 보이게 합니다. 시늉만 하는 것입니다. 그리고 거룩하신 하나님의 지성소에 들어가니 숨긴 죄가 다 생각나고, 하나님이 이것저것 다 열어보실까 봐 내내 불안하고 두렵습니다. 빨리 모든 의식을 마치고 나가기만을 기다리다가 드디어 나오면 '휴우, 살았다' 할 것입니다. 마찬가지입니다.

그러나 웬일인지 그날따라 아침부터 깨끗하게 치우고, 설거지까지 완료하고 있었다면 시어머니가 오셔도 얼마나 당당합니까? 장롱을 열어보든, 냉장고를 열어보든, 아이들 방을 들여다보든 괜찮습니다. 오히려 더 열어보길 바랄지도 모릅니다. '어머니, 제가 이런 사람입니다' 하고 당당하게 어깨를 펼 것입니다. 이처럼 그리스도의 피는 우리의 죽은 행실로 더럽혀진 양심을 깨끗하게 해줍니다. 우리가 더 이상 죄를 짓지 않는 존재가 된다는 것이 아니라 우리 마음에 더는 거리끼는 것이 없도록 깨끗이 씻어준다는 것입니다.

우리 주님의 대속이 얼마나 확실한지, 하나님께서 우리가 지은 모든 죄를 기억하지 않으십니다. 예수님이 우리를 모든 죄의식과 죄책감에서 자유하게 해주십니다. 우리가 죄책으로부터 깨끗해지면 자유로워집니다. 아이들이 부모에게 용서받고 나면 얼마나 자유롭습니까? 뛰고, 놀고, 요구할 것도 낭낭히 요구합니다. 마찬가지입니다. 내가 책잡힐 것이 없으면 얼마나 당당하고 자유롭습니까? 우리가 하나님 앞에 그렇게 마음껏 자유로울 수 있습니다. 그리스도의 피로 말미암아 말입니다. 이것이 예수님의 피가 우리에게 주는 은혜입니다.

이것은 우리가 완전하다는 의미가 아닙니다. 우리를 그의 피로 덮어 씻어주신다는 말입니다. 하나님이 우리를 그분 안에서 보십니다. 의롭지 않은데 의롭게 봐주시고, 경건하지 않은데 경건하게 보십니다. 그렇게 하나님과 화목하게 하여 그분의 은혜 안에 들어가게 합니다. 내가 그분의 호의를 받는 대상이 됩니다. 이 피가 정말 효력이 있기에 우리가 예수님을 믿으면 하나님을 '아바 아버지'라 부르고, 그분과 화목하게 됩니다. 이제 하나님이 무섭지 않습니다. 그분이 나를 바라보고 즐거워하심을 느낍니다. 이것이 그리스도의 피입니다. 양심의 죄책에서 우리를 건져주고, 죄책감과 정죄의식에서 벗어나게 해줍니다. 이것이 덮어주심, 곧 칭의입니다. 이 모든 일이 예수 그리스도의 공로로 이루어졌습니다.

피로 인하여 새 언약의 중보자가 되신다.

"이로 말미암아 그는 새 언약의 중보자시니"(히 9:15상).

주님은 새 언약의 중보자이십니다. 그런데 그 근거가 바로 '주님의 피'입니다. 주님의 피의 효력으로 새 언약이 가능하게 되었습니다.

"이는 첫 언약 때에 범한 죄에서 속량하려고 죽으사"(히 9:15중).

우리는 모두 첫 언약 아래 있는 존재입니다. 첫 언약 때 범한 죄가 무엇입니까? "율법을 지키면 복을 받고, 지키지 못하면 저주받는다"라고 약속했는데 지키지 못한 것입니다. 유대인들만이 아니라 우리 모두가 지키지 못했습니다. 하나님은 모든 사람의 양심에 법을 새겨주셨습니다. "율법 없는 이방인이 본성으로 율법의 일을 행할 때에는 이 사람은 율법이 없어도 자기가 자기에게 율법이 되나니 이런 이들은 그 양심이 증거가 되어 그 생각들이 서로 혹은 고발하며 혹은 변명하여 그 마음에 새긴 율법의 행위를 나타내느니라"(롬 2:14-15).

모든 사람의 마음속에는 율법이 새겨져 있어서 다 비슷한 도덕률이 있습니다. 그래서 모든 사회의 법률이 비슷합니다. 내면에서 '도덕률에 맞게 살아야 해'라는 목소리를 듣습니다. 그 존재를 잘 몰라도 왠지 하나님이 무섭고, 마음속 법률대로 살지 않으면 죽고 난 뒤에 지옥에 갈 것 같습니다. 이렇게 우리는 모두 첫 언약 아래 있습니다. 그 언약 아래에서 율법대로 살지 못했기 때문에 다 죄인입니다. 그래서 양심에 죄의식이 있고, 그대로 살지 못하면 죄책감을 느낍니다. 바로 그 첫 언약 때 범한 죄에서 우리를 속량하려고 그리스도께서 피 흘려 죽으셨습니다. 피가 효력이 있다는 것은 피 자체에 효력이 있어서가 아니라 죽었기 때문입니다. 여기에서 상조점이 바로 '왜 그리스도의 피가 효력 있는가?'입니다. 그리스도가 죄를 속량하려고 죽으심으로 흘린 피이기 때문입니다. 죄책감의 근원이 되는 모든 죗값을 예수님이 십자가에서 대신 갚아주셨습니다. 예수님의 죽으심은 속량을 의미합니다. 예수님의 피는 놀라운 죄 사함의 효과를 줍니다.

"부르심을 입은 자로 하여금 영원한 기업의 약속을 얻게 하려 하심이라"(히 9:15하).

'부르심을 입은 자로 하여금'이란 하나님께서 부르신 자들이 예수님에게 나온다는 말입니다. 우리가 예수님을 믿는 이유는 하나님이 부르셨기 때문입니다. 그래서 예수님도 '하나님이 내게 주신 자'라고 하셨습니다. 그리고 하나님이 불러서 자신에게 주신 자들을 부끄러워하지 않으시고 형제라고 하셨습니다. 이처럼 우리가 예수님을 믿으려면 먼저 하나님이 불러주셔야 합니다. 내가 스스로 온 것 같지만 사실은 주님이 불러주셔서 교회에 오고 복음을 듣고 믿은 것입니다.

그 부르심을 입은 자들이 예수님의 죽으심으로 속량, 즉 죄 사함을 받아서 '영원한 기업의 약속'을 얻게 하려 하신다고 했습니다. '영원한 기업'은 바로 천국입니다. 하늘의 영원한 도성 곧 하나님 나라입니다. 우리는 이런 생각을 할 때가 있습니다. 우리 집안에도 잘되는 기업이 하나 있어서 자손 대대로 그 아래에서 잘살길 바랍니다. 그런데 바로 하나님 나라가 우리의 영원한 기업입니다. 거기서 우리는 영원히 즐겁고 기쁘게 복과 행복을 누리고, 주님과 함께 다스리며 살 것입니다. 그 영원한 기업을 약속으로 주셨습니다. '나도 기업 하나 있으면 좋겠다'라고 생각하십니까? 지금 그리스도 안에서 이미 영원한 기업을 약속으로 주신 줄 믿으시길 바랍니다.

그러므로 우리는 약속으로 받은 영원한 기업, 저 하늘의 도성, 그 나라를 위해서 열심히 땀 흘려야 합니다. 주님을 위해서 섬기는 것이 이 세상에서는 손해 보는 것 같습니다. 세상 사람들 눈에 우리는 어리석어 보일지 모릅니다. 지금은 세상 기업에 힘을 쏟는 자가 더 똑똑해 보일 것입니다. 그러나 히브리서 11장에 나오는 사람들은 모두 보이지는 않으나 영원한 기업을 위해서 믿음으로 헌신하며 살았습니다. 그날에 누가 똑똑한 투자를 하고 살았는지, 누가 더 영원하고 더 나은 기업을 위해서 달렸는지 밝혀질 것입니다. 이 영원한 기업을 차지하게 하신다는 것, 이것이 바로 새 언약입니다. 이렇게 주님은 새 언약을 이루어주시는 중보자가 되셨습니다. 우리의 죗값을 치르기 위해서 피 흘려 죽으심으로써 말입니다. 예수 그리스도의 보혈이 이렇게 놀랍습니다.

하늘 성소가 온전한 이유는 무엇인가?

그리스도께서 피를 흘리셨기 때문이다.

"유언은 유언한 자가 죽어야 되나니 유언은 그 사람이 죽은 후에야 유효한즉 유언한 자가 살아 있는 동안에는 효력이 없느니라"(히 9:16-17).

갑자기 '유언'이 나옵니다. 유언은 그 유언을 한 자가 죽어야 효력을 발휘합니다. 유언한 자가 살아 있는 동안에는 효력이 없습니다.

"이러므로 첫 언약도 피 없이 세운 것이 아니니"(히 9:18).

첫 언약도 피로 세워졌습니다. 언약도 유언처럼 죽음이 있어야 하고, 그래서 피가 필요합니다. 첫 언약인 모세의 언약도 피로 세운 것입니다. 피는 죽음을 의미합니다. 출애굽기에서 첫 언약을 세울 때의 장면을 보십시오.

"모세가 율법대로 모든 계명을 온 백성에게 말한 후에 송아지와 염소의 피 및 물과 붉은 양털과 우슬초를 취하여 그 두루마리와 온 백성에게 뿌리며 이르되 이는 하나님이 너희에게 명하신 언약의 피라 하고 또한 이와 같이 피를 장막과 섬기는 일에 쓰는 모든 그릇에 뿌렸느니라"(히 9:19-21).

첫 언약을 세우고 송아지와 염소의 피를 백성들과 장막과 모든 그릇에 뿌렸습니다. 왜 그렇게 했을까요?

"율법을 따라 거의 모든 물건이 피로써 정결하게 되나니 피 흘림이 없은즉 사함이 없느니라"(히 9:22).

율법에 의하면 물건이 이 피로써 정결하게 되었습니다. 이것은 피 흘림, 즉 죽음이 있어야 죄 사함이 있다는 것을 상징합니다. 이것이 무슨 의미입니까? '너 언약 안 지키면 이렇게 죽는다.' 이런 정도의 의미가 아닙니다.

우리가 이미 살펴본 것처럼 하나님은 이스라엘 백성에게 율법을 주실 때 이렇게 살아야 한다는 계명만 주신 것이 아닙니다. 그 계명과 더불어 제사를 주셨습니다. 그 제사의 핵심이 바로 '피 흘림'입니다. 그들은 율법을 범할 때마다 동물의 피로 제사를 드려서 죄를 사하고 정결케 되어야 했습니다. 원래는 언약을 어긴 그들이 죽어야 하지만, 하나님은 첫 언약에도 그들이 아니라 동물을 대신 죽게 함으로써 그들을 사해 주시는 제사를 세우셨습니다. 그러므로 그들은 그 제사 아래서 비록 율법을 범하면서도 계속 언약 안에 머무를 수 있었습니다. 주님이 그것을 모형으로 사용하셨습니다.

결국 제사의 핵심은 동물의 피에 있습니다. 그 피로 정결케 됩니다. 동물의 피를 뿌려 정결케 하는 의식을 통해 피 흘림이 없으면 죄 사함이 없다는 사실을 알 수 있습니다. 즉 누군가 대신 죽음으로 피를 흘려야 죄 사함을 받습니다. 그런 면에서 첫 언약도 예표입니다.

그리스도의 피로 하늘 성소를 세우셨기 때문이다.

"그러므로 하늘에 있는 것들의 모형은 이런 것들로써 정결하게 할 필요가 있었으나"(히 9:23상).

땅의 성소는 다 모형입니다. 동물의 피로 행한 정결 의식도 죄 사함을 위한 모형으로 행했을 뿐입니다.

"하늘에 있는 그것들은 이런 것들보다 더 좋은 제물로 할지니라"(히 9:23하).

하지만 하늘에 있는 것은 더 좋은 제물로 해야 한다고 합니다. 왜냐하면 하늘에 있는 것은 완성된 실체이기 때문입니다. 하늘 성소가 온전히 세워지려면 더 좋은 제물이 있어야 합니다. 그러면 더 좋은 제물은 무엇입니까?

"그리스도께서는 참 것의 그림자인 손으로 만든 성소에 들어가지 아니하시고 바로 그 하늘에 들어가사 이제 우리를 위하여 하나님 앞에 나타나시고"(히 9:24).

우리 주님은 십자가에서 죽으시고 피를 흘리셨습니다. 그리고 이 땅의 성소에 들어가신 것이 아니라 부활하셨습니다. 주님의 죽으심은 바로 그분의 피 흘림입니다. 그렇게 하나님 앞에서 피 흘려 죽으신 주님은 부활하시고 성소에 들어가지 않으셨습니다. 대신 바로 그 하늘에 들어가셨습니다. 그리고 우리를 위해서 하나님 앞에 나타나셨습니다.

여기에는 두 가지 의미가 있습니다. 첫째, 예수님은 대제사장으로 나타나셨다는 것입니다. 둘째, 대제사장에게는 예물이 필요한데 그 예물이 바로 예수님 자신이라는 것입니다. 자기 자신을 십자가에서 피 흘려 제물로 드리셨습니다. 바로 그 피를 가지고 대제사장으로서 하나님 앞에 나타나셨습니다. 그래서 하늘 성소가 완전하고 거룩하다는 것입니다. 예수님께 나아가는 자는 그 피로 말미암아 완전하게 되어 하나님께 나아갈 수 있게 되었습니다.

예수님이 하나밖에 없는 목숨을 드리셨기 때문이다.

"대제사장이 해마다 다른 것의 피로써 성소에 들어가는 것같이 자주 자기를 드리려고 아니하실지니 그리하면 그가 세상을 창조한 때부터 자주 고난을 받았어야 할 것이로되"(히 9:25-26상).

대제사장은 해마다 다른 동물의 피를 가지고 성소에 들어갑니다. 하지만 하늘 성소의 대제사장은 반복적으로 자기를 드리지 않습니다. 만약에 그렇다면 창조 때부터 태어나는 인류의 죄를 위해서 주님은 반복적으로 죽으시고, 피 흘리시고, 자주 고난을 받으셔야 했을 것입니다.

"이제 자기를 단번에 제물로 드려 죄를 없이 하시려고 세상 끝에 나타나셨느니라"(히 9:26하).

하지만 주님은 자신을 단번에 제물로 드리셨습니다. 단 한 번의 제물로 모든 인류의 죄를 없이 하시려고 세상 끝에, 말세 종말의 때에 나타나셨습니다.

"한 번 죽는 것은 사람에게 정해진 것이요 그 후에는 심판이 있으리니"(히 9:27).

한 번 죽는 것은 사람에게 정해신 이치입니다. 그 후에는 심판이 있어서 영원한 천국이나 영원한 형벌 중의 하나로 끝이 납니다. 즉 인간은 윤회를 하거나 죽은 후에 다시 태어날 수 없습니다. 그저 한 번 태어나서 한 번 살다가 한 번 죽으면 끝입니다. 왜 이런 이야기를 하는 것일까요? 우리 주님도 사람이 되셨습니다. 사람이 되신 주님도 딱 한 번 죽으실 수밖에 없습니다. 예수님의 목숨도 하나입니다. 주님의 죽음은 반복되지 않습니다.

"이와 같이 그리스도도 많은 사람의 죄를 담당하시려고 단번에 드리신 바 되셨고"(히 9:28상).

이렇게 우리 주님은 많은 사람의 죄를 담당하시려고 단번에 자신을 제물로 드려 죽으셨습니다. 우리 주님도 사람이셨기에 삶은 한 번만 주어졌습니다. 그 한 번의 삶, 한 번의 생명을 우리를 위해 드리셨습니다. 예수님은 목숨이 몇 개라서 죽었다 살아나신 것이 아닙니다. 우리 주님의 죽으심도 '단번'이었습니다. 단번에 많은 사람의 죄를 담당하시는 제물로 드려지셨습니다.

"구원에 이르게 하기 위하여 죄와 상관없이 자기를 바라는 자들에게 두 번째 나타나시리라"(히 9:28하).

이제 재림의 때를 말합니다. 주님은 자기를 바라는 자들에게 구원에 이르게 하시기 위해서 두 번째 나타나신다고 하셨습니다. 중요한 것은 '죄와 상관없이'입니다. 이 말을 원문에서 보면 '자기를 바라는 자들에게'가 아니라 '나타나시리라'를 수식합니다. 무슨 의미입니까? 주님께서 두 번째 나타나실 때는 우리의 죄 문제를 해결하기 위해서 희생 제물로 나타나시는 것이 아니라는 말입니다. 다시 죽기 위해서 오시는 것이 아닙니다. 그때는 이미 그리스도를 믿고 죄 사함을 받은 성도들, 즉 재림을 기다리는 성도들에게 나타나셔서 이 땅에서 예수님을 바라보는 그들을 구원해주실 것입니다. 끝까지 예수님을 바라보는 그들을 구원하시려고 재림의 때에 오신다는 것입니다.

오직 예수님만이 약속을 이루어주신다

예수님의 피는 우리를 위해서 온전히 하나밖에 없는 생명을 드려 흘리신 피입니다. 우리를 속량하려고 하나님께 드려진 피입니다. 자기 피로 하늘 성소를 깨끗하게 하셨습니다. 이 땅에 있는 제사장들이 할 수 없었던 것을 우리 주님이 하셨습니다. 더 완전한 제물이 되셨고, 새 언약의 중보자가 되셨습니다. 우리를 완전히 죄에서 자유하게 하셨습니다. 그 피 때문에 하나님은 우리의 죄를 기억하지도 않으십니다. 죄를 깨끗하게 덮어주셔서 양심을 완전히 자유케 하셨습니다. 그래서 성령님이 오실 수 있습니다. 성령님은 우리로 죄를 이기게 해주시고, 거룩한 백성이 되도록 빚어주셨습니다.

공동체 가운데 우리는 주님과 함께합니다. 우리는 그의 백성이 되어 살다가 궁극적으로 재림의 때에 하나님을 모시고 기업을 얻어서 영원히 살아가는 약속을 받았습니다. 바로 우리의 대제사장이신 예수님만이 이 약속을 이루어주실 수 있습니다. 이 믿음을 굳게 갖고, 오직 예수님의 피, 우리 예수님의 대제사장 되심만 바라보면서 믿음으로 승리할 수 있기를 바랍니다.

이렇게 주님은 새 언약을
이루어주시는 중보자가
되셨습니다. 우리의 죗값을
치르기 위해서 피 흘려
죽으심으로써 말입니다.
예수 그리스도의 보혈이
이렇게 놀랍습니다.

11장

어떻게
더 나은 제사를
드리셨는가?

: 예수, 더 나은 제사를 드리심
(히 10:1-39)

CHAPTER 11

어떻게 더 나은 제사를 드리셨는가?

: 예수, 더 나은 제사를 드리심 (히 10:1-39)

히브리서는 점점 정점을 향해 나아가고 있습니다. 지금 히브리서가 향하는 곳은 끝이 아니라 정상입니다. 그 정점에는 무엇이 있을까요? 두 가지 측면이 있습니다. 하나는 예수님이 누구신지를 알려주는 해답이고, 또 다른 하나는 그분을 끝까지 믿어야 한다는 경고에 대처할 방안입니다. 즉 우리가 어떻게 끝까지 믿을 수 있는지로 결론을 맺고자 합니다.

먼저 예수 그리스도가 누구신지를 드러내는 최고의 정점을 향해서 나아갑니다. 우리는 히브리서를 "예수님은 영광스러운 하나님이시다"로 시작하였습니다. "그분은 만물의 상속자요, 창조자로서 만물을 말씀으로 붙드시고 정결케 하는 사역을 하시며, 하늘 보좌 우편에 앉아계신 하나님이시다"로 포문을 열었습니다. 이것은 포괄적인 주님에 대한 선언이었습니다. 본격적으로 주님을 유대 성전과 비교하면서 그리스도의 탁월함을 논증하며 예수 그리스도가 누구이신가를 생각했습니다. 그리고 천사보다 높은 분임을 밝혔습니다. 그분은 천사보다 높으신 하나님의 아들입니다. 그러나 잠시 낮아지신 이유는 고난을 당하심으로 우리를 높여 영광과 존귀로 관을 씌워주시는 구원의 창시자가 되기 위해서였습니다. 또한 그분은 모세보다 높은 분으로 집(백성, 교회)의 주인이시고, 참된 안식에 들어가게 해주시는 분입니다. 그리고 성전을 대표하는 이 땅의 대제사장보다 높은 대제사장입니다. 이 땅의 모형인 성전이 아닌 하늘 성전에서 섬기시는 분이며, 새 언약의 중보자가 되십니다.

피 흘림으로 죄를 사해 주셨다

새 언약의 핵심이 무엇일까요? 새 언약은 하나님께서 우리에게 새 영과 새 마음을 주셔서 우리를 변화시켜주는 것입니다. 교회 공동체를 통해 이 땅에서 하나님의 백성이 되는 것이며, 결국 영광스러운 하나님 나라를 기업으로 얻는 것입니다. 그런데 새 언약이 가능하게 하는 핵심은 바로 죄 사함입니다. 주님께서 우리 죄를 깨끗하게 씻어주시고 죄를 기억하지 않으신다고 합니다. 새 언약이 이루어지려면 먼저 죄를 용서받아야 합니다.

주님이 하신 모든 사역의 중심에는 바로 그분의 죽으심으로 인한 죄 사함이 있습니다. 주님이 대제사장이 되시는 이유도 죄를 사해 주시는 능력 때문입니다. 이 땅의 성소보다 하늘 성소가 더 좋고 완전한 것도 바로 죄를 완전히 사해 주시는 피 때문입니다. 히브리서도 최종적으로 성전의 피를 향해 달려가고 있습니다. '예수 그리스도가 누구신가'에서 점점 한 가지로 초점이 모아지는데, 바로 '피'로 인한 죽음입니다. 그리스도가 이 땅에 사는 동물의 피보다 더 좋은 제물이 되신다는 것입니다. 그 피가 죽은 행실에서 양심을 깨끗게 하여 하나님께 나아가게 합니다. 피 흘림이 없이는 죄 사함이 없다는 율법 제사의 가르침에 의거하여 그리스도의 피가 우리 죄를 사해 주셨습니다.

이를 위해서 바로 그리스도께서 죽으셨습니다. 히브리서는 바로 이 사실을 향해 나아가고 있습니다. 영광스러운 하나님이 우리의 죄를 씻어주시려고 자신의 목숨까지 내어주시고 피를 흘리셨습니다. 이것이 예수 그리스도가 누구신가의 정점입니다. 과연 그 죽음은 어떤 죽음입니까? 하늘 성소를 온전케 하는 피, 더 나은 제물이 되신 그리스도의 죽음입니다.

즉 히브리서 9장은 첫째로 하늘 성소의 완전함과 그 피의 효력을 이야기했습니다. 그리고 둘째로 바로 하늘 성소의 더 나은 제물인 예수 그리스도의 죽음에 초점을 맞추었습니다.

죽음으로 더 나은 제물이 되셨다

더 나은 제물의 핵심은 예수님의 죽음입니다. 예수님은 하나밖에 없는 목숨을 드리셨습니다.

하나밖에 없는 목숨을 드리셨다.

"한 번 죽는 것은 사람에게 정해진 것이요 그 후에는 심판이 있으리니"(히 9:27).

'한 번'은 영어로 'once'입니다. 인간의 목숨은 하나입니다. 누구나 이 세상을 단 한 번 삽니다. 우리 예수님도 한 번 사는 목숨을 가지셨습니다.

"이와 같이 그리스도도 많은 사람의 죄를 담당하시려고 단번에 드리신 바 되셨고"(히 9:28상).

그리스도는 단번에 자신을 드리셨습니다. 여기에 나오는 '단번에'도 'once'입니다. 즉 단 하나밖에 없는 목숨을 버리신 것입니다. 사람이 한 번 죽으면 끝이고 그 후에는 심판이 있습니다. 심판 이후에는 영원한 죽음(영벌)과 영원한 생명으로 나뉩니다. 영벌은 지옥에 가는 것이고, 영원한 생명은 부활하여 영원한 천국에서 하나님과 함께 사는 것입니다. 하나님은 죽으신 예수님을 의롭다고 판정하셨습니다. 이것이 심판입니다. 우리 주님도 한 번 죽으셨고, 하나님은 그를 의롭게 여기셔서 부활시키셨습니다. 그래서 주님은 부활의 몸을 입으셨습니다. 그러므로 우리 주님의 몸은 다시 죽을 수 없는 영원한 몸입니다. 예수님이 부활의 첫 열매가 되셨고, 장차 우리도 그렇게 부활할 것입니다. 우리는 주님이 죽었다가 사신 것을 마치 목숨이 여러 개라도 되는 것처럼 생각합니다. 하지만 그렇지 않습니다. 주님은 다시 죽을 수 없는 부활의 몸을 입고 영원한 생명을 얻으셨습니다. 이것이 부활입니다. 그리고 이것은 하나님의 능력이었습니다. 이제 주님은 그를 믿는 자를 당신과 같은 모양으로 부활시키실 것입니다.

죄와 상관없이 다시 오신다고 약속하셨다.

"구원에 이르게 하기 위하여 죄와 상관없이 자기를 바라는 자들에게 두 번째 나타나시리라"(히 9:28하).

이 말씀이 무엇보다 중요한 요점입니다. 주님이 단번에 자신을 드리셨다는 것은 단 한 번 있는 목숨을 드리셨다는 의미입니다. 그리고 다시 오실 때는 죄와 상관없이 나타나신다고 했습니다. 이제는 죄를 사하기 위해 희생 제사를 드리려고 오시는 것이 아닙니다. 그를 기다리는 자들을 구원하여 자기처럼 영광스러운 부활의 몸으로 부활시켜서 이끄시기 위해, 즉 최종적으로 영생을 주시려고 두 번째 나타나신다는 것입니다. 이것이 바로 재림입니다.

죽는 순간 우리의 소유, 꿈, 가족, 친구, 직장, 앞으로의 계획, 이 땅에서의 즐거움 등 모든 것이 다 끝납니다. 그래서 목숨을 바치는 것은 전부를 바치는 일입니다. 이 땅에서도 누군가가 다른 사람을 살리려고 대신 죽거나, 혹은 조국을 위해 자신의 목숨을 내어놓으면 그를 의인, 열사라고 합니다. 하물며 죽으실 수 없는 하나님의 아들이 우리를 위해 사람이 되셔서 단 하나밖에 없는 생명을 내어주셨습니다. 그것이 십자가입니다. 이 얼마나 놀랍고 영광스러운 일입니까! 그것이 바로 우리 주 예수 그리스도의 신비입니다. 하나님의 공의를 가장 잘 보여주며, 가장 크신 사랑과 가장 깊은 순종을 보여주고, 가장 아름다운 것이 무엇인가를 보여준 사건이 바로 우리 주 예수님의 십자가 죽으심입니다.

하나님의 뜻에 순종하여 자신의 몸을 드려 피 흘리셨다.

동물의 피는 해마다 죄를 기억하게 한다.

"율법은 장차 올 좋은 일의 그림자일 뿐이요 참 형상이 아니므로 해마다 늘 드리는 같은 제사로는 나아오는 자들을 언제나 온전하게 할 수 없느니라"(히 10:1).

다시 히브리서 기자는 율법 제사의 한계를 이야기합니다. 초점은 '해마다 늘 드리는 같은 제사'에 있습니다. 성전 제사는 장차 올 진정한 하늘 성전이신 그리스도의 모형이라고 합니다. 율법으로 드리는 성전 제사는 두 가지로 나타납니다. 첫 번째, 해마다 같은 제사를 드립니다. 성전 제사는 모형이므로 동물을 계속 반복해서 드립니다. 실체는 오셔서 딱 한 번 드리면 끝납니다. 두 번째, 이 제사는 하나님께 나오는 자들을 언제나 온전케 하지 못합니다. 죽은 행실에서 그 양심을 깨끗게 하지 못합니다.

"그렇지 아니하면 섬기는 자들이 단번에 정결하게 되어 다시 죄를 깨닫는 일이 없으리니 어찌 제사 드리는 일을 그치지 아니하였으리요"(히 10:2).

만약 성전 제사가 죄인들을 온전케 한다면 섬기는 자들이 단번에 영원히 정결하게 되어 다시 죄를 깨닫는 일이 없을 것입니다. 그러면 반복적으로 제사 드리는 일을 그쳤을 것입니다.

"그러나 이 제사들에는 해마다 죄를 기억하게 하는 것이 있나니 이는 황소와 염소의 피가 능히 죄를 없이 하지 못함이라"(히 10:3-4).

하지만 이 제사들은 해마다 죄를 기억나게 합니다. 이미 지난번에 피로 제사 드린 죄까지도 다시 기억이 납니다. 왜냐하면 황소와 염소의 피가 죄를 능히 없이 하지 못하기 때문입니다. 그래서 매년 대속죄일에 제사 드릴 때마다 대제사장은 자기의 수많은 죄를 기억하게 됩니다. 그러면 양심에 죄책이 가득하여 하나님 앞에 온전히 서지 못합니다. '너 같은 놈이 어떻게 하나님 앞에 설 수 있겠느냐'는 양심의 고소, 마귀의 정죄와 참소에 두려워 떠는 것입니다. 언제 죽을지 모르기에 옷에 방울을 달아야 하고, 죽으면 끌어낼 수 있도록 밧줄을 묶고 지성소에 들어가야 합니다.

예를 들어 어느 모임에서 다 같이 죄를 종이에 적으라고 합니다. 그러고는 그 종이를 촛불에 태우면서 "이제 여러분의 죄는 다 사라졌습니다"라고 합니다. 그러면 과연 그 죄가 생각나지 않고 죄의식이 사라질까요? 아닙니다. 죄가 사해지는 것이 아니라 그 죄로 인한 죄책감에 양심이 짓눌립니다. 이처럼 황소와 염소의 피가 우리를 죄에서 깨끗하게 만들어주지 못합니다.

하나님은 제사와 예물을 기뻐하지 않으셨다.

"그러므로 주께서 세상에 임하실 때에 이르시되 하나님이 제사와 예물을 원하지 아니하시고 오직 나를 위하여 한 몸을 예비하셨도다 번제와 속죄제는 기뻐하지 아니하시나니"(히 10:5-6).

히브리서 기자는 시편의 말씀을 인용합니다. "주께서 내 귀를 통하여 내게 들려주시기를 제사와 예물을 기뻐하지 아니하시며 번제와 속죄제를 요구하지 아니하신다 하신지라"(시 40:6). 그리스도가 오셔서 이렇게 말씀하셨습니다. "하나님이 제사와 예물을 원하지 않으신다!" 왜 그렇습니까? 그것이 진정으로 그들을 거룩하게 하지 못했기 때문입니다. 그들의 삶을 하나님이 받으실 만하게 만들지 못했습니다. 그래서 하나님은 삶의 변화를 전혀 가져오지 못하는 그들의 제사를 싫어하셨습니다. 이것이 하나님의 아픔이고 인간의 딜레마였습니다. 자신의 죄 문제를 해결할 수 없다는 이 사실은 인류의 문제입니다.

하나님의 뜻대로 그리스도가 순종하여 죽으셨다.

"오직 나를 위하여 한 몸을 예비하셨도다"(히 10:5하).

이것은 히브리서 기자가 칠십인역 번역에서 인용한 것입니다. 하나님은 사람의 행실을 변화시키지 못하는 구약의 제사를 싫어하셔서 한 몸을 예비하셨습니다. 결국 하나님께서 진정으로 사람들의 죄를 사해주고 변화시킬 수 있는 효력 있는 제물을 위해 하나님의 아들을 사람으로 이 땅에 보내셨다는 것입니다. 이러한 하나님의 계획에 대해서 우리 주님이 뭐라고 하셨습니까?

"이에 내가 말하기를 하나님이여 보시옵소서 두루마리 책에 나를 가리켜 기록된 것과 같이 하나님의 뜻을 행하러 왔나이다 하셨느니라"(히 10:7).

하나님의 계획과 뜻대로 자신이 왔다고 합니다. 두루마리 책에, 즉 성경에 주님을 가리켜 기록된 것처럼 하나님의 예언, 뜻을 행하러 오셨다는 것입니다. "그때에 내가 말하기를 내가 왔나이다 나를 가리켜 기록한 것이 두루마리 책에 있나이다 나의 하나님이여 내가 주의 뜻 행하기를 즐기오니 주의 법이 나의 심중에 있나이다 하였나이다"(시 40:7-8). 우리 주님은 이 두루마리 책에 자신에 대하여 기록된 말씀을 분명히 알고 계셨습니다. "이에 모세와 모든 선지자의 글로 시작하여 모든 성경에 쓴 바 자기에 관한 것을 자세히 설명하시니라" (눅 24:27).

우리 주님은 '모든 성경에 쓴 바 자기에 관한 것'을 무엇이라고 하셨습니까? 누가복음 바로 앞 절에 나옵니다. "그리스도가 이런 고난을 받고 자기의 영광에 들어가야 할 것이 아니냐 하시고"(눅 24:26). 주님은 두루마리 책에 그리스도가 고난 받고 죽어야 한다고 기록되었다는 것을 아셨습니다. 그래서 그 책에 기록된 대로 '하나님의 뜻을 행하러', 이 땅에 오셨습니다.

주님은 처음부터 이 땅에 자신을 보내신 하나님의 뜻을 아셨습니다. 그래서 제자들에게도 이미 여러 번 인자가 고난을 받고 죽어야 한다고 예고하셨습니다. 그러나 주님도 인간이셨기에 그것이 너무나 어려웠습니다. 겟세마네 동산에서 할 수 있거든 이 죽음의 잔을 옮겨달라고 기도하셨습니다. 그것이 본능이었던 것입니다. 하지만 자신의 원대로가 아닌 아버지의 뜻대로 되길 원하셨기에 결국 당신을 죽으라고 보낸 그 보내심에 순종하셨습니다. 원래 하나님이신 예수님이 이 땅에 사람의 모양으로 오셔서 결국 죽기까지 복종하시어 십자가에서 죽으셨습니다. 바울은 빌립보서에서 이것을 아주 명확하게 표현합니다. "그는 근본 하나님의 본체시나 하나님과 동등됨을 취할 것으로 여기지 아니하시고 오히려 자기를 비워 종의 형체를 가지사 사람들과 같이 되셨고 사람의 모양으로 나타나사 자기를 낮추시고 죽기까지 복종하셨으니 곧 십자가에 죽으심이라"(빌 2:6-8).

이렇게 우리 주님은 하나님의 뜻에 복종하여 죽으셨습니다. 우리 주님의 죽음은 하나님의 뜻을 따라서 죽으신 죽음이고, 하나님의 뜻에 순종한 죽음입니다. 불순종하여 죽으신 것이 아니라 죄인들을 위해서 의로우신 예수님이 100% 순종하여 죽으셨습니다. "인자는 자기에 대하여 기록된 대로 가거니와"(마 26:24). "내가 받은 것을 먼저 너희에게 전하였노니 이는 성경대로 그리스도께서 우리 죄를 위하여 죽으시고"(고전 15:3). 주님은 성경에 당신에 대해서 기록된 대로 죽으셨습니다.

왜 예수님의 죽으심이 고귀합니까? 물론 하나님의 아들이시고, 죄 없는 분의 죽음이기 때문에 고결합니다. 그러나 히브리서 기자는 예수님의 죽음은 한 번밖에 없는 생명을 우리를 위해 바치신 죽음이기 때문에 고귀하다고 말합니다. 또 한 가지, 그것이 하나님이 계획하신 뜻이었고, 그 뜻에 예수님께서 100% 순종하셔서 드린 죽음이었기 때문에 그 피가 고귀하고 효력이 있다는 것입니다. 우연한 죽음도 아니고, 만세 전부터 계획된 하나님의 뜻에 따라 오셔서 구약의 수백 년, 수천 년 전부터 예고되었던 말씀 그대로 실현된 죽음이기 때문입니다. 그래서 예수님의 피는 우리를 온전케 하는 피입니다.

더 좋은 제물로 더 나은 제사를 완성하셨다

결국 그리스도의 죽음이 무엇을 이루었습니까? 히브리서 기자는 9장 서두에서 하늘 장막으로 시작하여 그 하늘 장막의 핵심인 그리스도의 피와 죽음에 초점을 맞추었다가, 다시 하늘 장막으로 초점을 옮기고 있습니다.

더 나은 제사를 드리기 위해 자신을 단번에 드리셨다.

"위에 말씀하시기를 주께서는 제사와 예물과 번제와 속죄제는 원하지도 아니하고 기뻐하지도 아니하신다 하셨고 (이는 다 율법을 따라 드리는 것이라)"(히 10:8).

제사와 예물과 번제와 속죄제는 율법을 따라 드리는 것들이었습니다. 하지만 하나님께서는 이 땅의 성소, 첫 장막에서 드리는 것을 기뻐하지 않으셨습니다.

"그 후에 말씀하시기를 보시옵소서 내가 하나님의 뜻을 행하러 왔나이다 하셨으니 그 첫째 것을 폐하심은 둘째 것을 세우려 하심이라"(히 10:9).

그래서 하나님의 뜻을 행하러 왔는데, 그 의미가 '그 첫째 것을 폐하심은 둘째 것을 세우려 하심'입니다. 제사와 예물, 번제와 속죄제는 첫 장막의 제사를 말합니다. 그것을 폐하시고, 둘째 것, 즉 하늘 성소의 제사를 드리려고 오셨다는 것입니다.

"이 뜻을 따라 예수 그리스도의 몸을 단번에 드리심으로 말미암아 우리가 거룩함을 얻었노라"(히 10:10).

결국 중요한 초점은 무엇인가요? '이 뜻을 따라' 첫 성전이 동물의 피로 온전케 하지 못하는 것을 그리스도의 피가 드려진 둘째 성전, 즉 예수 그리스도의 죽음과 부활 승천을 통해 하늘 성소를 세워주심으로 우리가 거룩함을 얻었다는 것입니다.

단번에 영원한 제사를 드리고 앉으셨다.

"제사장마다 매일 서서 섬기며 자주 같은 제사를 드리되 이 제사는 언제나 죄를 없게 하지 못하거니와"(히 10:11).

제사장은 매일 서서 섬기면서 같은 제사를 반복해서 드립니다. 왜냐하면 죄를 없이하지 못하기 때문입니다.

"오직 그리스도는 죄를 위하여 한 영원한 제사를 드리시고 하나님 우편에 앉으사"(히 10:12).

제사장들과 달리 그리스도는 죄를 위해 한 번에 영원한 제사를 드리시고 하나님 우편에 앉아 계십니다. 여기 대조되는 모습이 나옵니다. 제사장들은 서 있고, 주님은 앉아 계십니다. 주님이 왜 앉아 계십니까? 이 모습은 '완성과 성취'를 의미합니다. 즉 주님은 죄 문제를 위한 제사를 단 한 번에 끝내셨습니다. 단번에 영원한 효력이 있는 제사를 드리셔서 모든 것을 성취하셨습니다. 하지만 구약의 제사장들은 죄 문제가 끝나지 않았기 때문에 서 있는 것입니다. 해결이 되지 않으니 계속 반복해서 해야 합니다.

"그 후에 자기 원수들을 자기 발등상이 되게 하실 때까지 기다리시나니"(히 10:13).

이것이 지금 우리에게 이루어진 일입니다. 이미 모든 것은 끝났고 이제 주님은 당신의 때에 세상을 심판하러 오실 일만 남았습니다. 주님이 이루지 못하신 것은 없습니다. 주님은 지금 다 이루시고 승천하셔서 세상을 통치하고 계시며, 종국적으로 끝날에 심판하러 오실 것입니다. 이것이 그리스도가 이루신 일입니다.

더 나은 제사는 어떤 효력을 지니는가?

거룩하게 된 자들을 영원히 온전케 하신다.

"그가 거룩하게 된 자들을 한 번의 제사로 영원히 온전하게 하셨느니라"(히 10:14).

단 한 번의 제사로 주님은 우리를 거룩하게 하셨습니다. 죄를 씻어주셨을 뿐만 아니라 우리를 영원히 온전하게 하셨습니다. 이것이 무슨 말입니까? 주님이 드린 한 번의 제사로 의롭다 하시는 칭의를 얻는 순간, 우리는 영원히 의롭게 됩니다. 완전히 거룩하게 되어 거룩한 생명을 얻습니다. 우리가 날마다 죄를 씻고 하나님 앞에 성화되어가는 것은 우리가 거룩해졌기 때문입니다. 이 거룩함은 죄를 짓는다고 해서 없어지는 것이 아닙니다. 주님의 피로 얻어진 이 거룩함은 그 어떤 때가 묻어도 잃어버릴 수 없습니다. 즉 우리는 영화롭게 하는 데까지 이르는 거룩한 존재로 완전히 변화한 것입니다. 그래서 우리는 이미 목욕한 자와 같습니다. 때가 묻으면 발만 씻으면 됩니다. 우리 주님의 피는 이와 같이 우리에게 놀라운 변화를 가져옵니다.

새 언약의 핵심인 죄 사함을 이루신다.

"또한 성령이 우리에게 증언하시되 주께서 이르시되 그 날 후로는 그들과 맺을 언약이 이것이라 하시고 내 법을 그들의 마음에 두고 그들의 생각에 기록하리라 하신 후에"(히 10:15-16).

새 언약의 중요한 핵심은 성령을 우리에게 보내주신다는 데 있습니다. 성령님은 우리를 온전히 말씀에 순종하는 사람으로 변화시켜 주십니다. 그런데 여기서 초점이 어디에 있습니까?

"또 그들의 죄와 그들의 불법을 내가 다시 기억하지 아니하리라 하셨으니"(히 10:17).

이것이 새 언약을 가능하게 하는 기초입니다. 새 언약의 사건이 어떻게 우리에게 일어날 수 있습니까? 어떻게 성령께서 우리 마음에 오시나요? 어떻게 우리를 하나님의 약속을 성취하는 존재로 만들어주십니까? 어떻게 우리가 하나님의 백성이 되고, 우리 가운데 하나님이 거하시는 공동체를 이 땅에서 이룰 수 있습니까? 어떻게 우리가 영광스러운 부활의 몸으로 천국 도성에 이를 수 있습니까? 바로 주님께서 우리 죄를 깨끗게 하셨기 때문입니다. 하나님께서 기억하지 않으실 정도로 우리를 거룩하게 하셨기 때문입니다. 그 아들의 피로 인한 죄 용서가 얼마나 효력이 있는지 아시겠습니까? 새 언약의 중보자 되신 예수님 때문에 하나님께서 우리 죄를 기억조차 하지 않으십니다.

로마서의 원리대로 설명해보겠습니다. 어떻게 성령께서 죄인된 우리 안에 오실 수 있습니까? 예수님이 죄 있는 육신의 모양으로 오셔서 십자가에서 죽으심으로 육신 안에 있는 죄를 심판하셨습니다. 이제 우리 몸이 더 이상 죄의 육신이 아닙니다. 의의 몸이 되었습니다. 바로 이 죄 사함이 성령님이 오시는 기초가 됩니다.

예수님은 우리 죄를 덮어주실 뿐만 아니라 우리 몸도 깨끗하게 씻어주십니다. 예수님을 믿고 온전히 우리 주님으로 모시는 순간, 우리는 하나님이 보시기에 완전히 깨끗하게 목욕한 존재가 되었습니다. 성령님이 우리 안에 계신 것이 바로 그 증거입니다. 그래서 성령께서 우리 마음을 새롭게 하시고, 죄를 이기게 하시고, 하나님의 뜻을 따라 우리가 율법을 성취하도록 도우십니다. 우리를 거룩하게 빚으시고 하나님의 백성으로 이끌어가십니다. 성령 안에서 그리스도인들이 교회로 한 몸이 되어 주님을 섬기다가, 내주하시는 성령께서 우리 몸을 부활시켜 영광에 이르게 하십니다. 예수님이 다시 오시는 그날에 주님이 입으신 부활의 몸으로 우리를 부활하게 해주십니다. 그래서 흰 옷을 입은 수많은 무리들이 저 천성에서 하나님 어린 양을 찬송할 때 우리가 그 자리에 서게 됩니다. 그곳에서 영원한 기업을 얻게 됩니다. 그 기초가 무엇입니까? 하나님의 아들이 이 땅에 사람이 되어 오셔서 자기 목숨을 내어주심으로 구원을 향한 하나님의 뜻을 이루신 것입니다. 예수 그리스도가 우리를 위해 온전한 제물, 온전한 제사가 되셔서 우리의 완전한 대제사장이 되셨기에 가능해진 일입니다.

이것이 예수 그리스도에 대해서 우리가 알아야 할 가장 중요한 정점입니다. 그 정점에 우리 죄를 기억지도 않으시는 죄 사함이 있습니다. 이것이 바로 예수 그리스도의 완전한 제사의 효력입니다. 주님의 더 나은 제사로 우리의 죄를 씻어주셨습니다. 등 뒤로 던져버리셨고, 동이 서에서 먼 것처럼 옮겨버리셨습니다.

"이것들을 사하셨은즉 다시 죄를 위하여 제사 드릴 것이 없느니라"(히 10:18).

이와 같이 예수님의 구속은 완전합니다. 그러므로 죄를 위하여 제사 드릴 것이 없습니다. 즉 구약의 제사는 폐하여졌습니다. 율법도 폐하여진 것입니다. 그리스도가 영원한 대제사장이 되셔서 이제 우리는 오직 그리스도를 통하여 하나님께 나아갑니다.

담대한 믿음으로 나아가라

그리스도의 피로 인해 담력을 얻었다.

"그러므로 형제들아 우리가 예수의 피를 힘입어 성소에 들어갈 담력을 얻었나니"(히 10:19).

여기에서 성소는 지성소를 말합니다. 드디어 우리가 하나님께 나아갈 담력을 얻었습니다. 예수의 피가 담력을 주는 이유는 무엇입니까?

"그 길은 우리를 위하여 휘장 가운데로 열어 놓으신 새로운 살 길이요 휘장은 곧 그의 육체니라"(히 10:20).

첫째, 휘장 가운데로 길이 열렸기 때문입니다. 예수님의 육체가 십자가에서 찢길 때 지성소 휘장이 위에서 아래로 찢어졌습니다. 여기 들어오면 죽는다는 의미인 그 휘장이 걷어치워졌습니다. 휘장은 굳게 막힌 담을 상징합니다. 주님께서 자신의 십자가 희생으로 막힌 담을 허신 것입니다. 그래서 하나님께 나아가는 길이 열렸고, 우리가 지성소에 들어갈 담력을 얻게 되었습니다.

"또 하나님의 집 다스리는 큰 제사장이 계시매 우리가 마음에 뿌림을 받아 악한 양심으로부터 벗어나고 몸은 맑은 물로 씻음을 받았으니"(히 10:21-22상).

둘째, 하나님의 집을 다스리는 대제사장이 계시기 때문입니다. 하나님께 나아갈 때 우리 앞에 누가 계십니까? 대제사장이 계십니다. 그 대제사장이 무엇을 하십니까? 우리 마음에 주님의 피를 뿌려주십니다. 그래서 우리가 악하고 부패한 양심과 죄책감에서 벗어났습니다. 그리고 맑은 물로 우리 전 존재를 깨끗하게 씻어주십니다. 이는 세례를 의미합니다. 이렇게 그리스도의 피로 인해 우리 몸이 거룩해졌고, 그리스도로 인해 우리의 몸과 마음이 거룩해졌기에 우리가 담대히 하나님께 나아갈 수 있습니다.

우리가 담대히 나아가는 원천은 우리 자신에게 있지 않습니다. 만약 우리의 행위, 우리의 거룩을 의지한다면 우리는 하나님 앞에서 떨 수밖에 없습니다. 우리 양심의 죄책을 씻어주는 것은 오직 주님의 피밖에 없습니다. 우리 주님이 십자가에서 죽으심으로 길을 열어주셨습니다. 주님이 대제사장이 되셔서 피를 뿌려 우리를 죄에서 씻어주시고 거룩하게 해주셨습니다. 예수님은 하늘 보좌 우편에 계신 성전입니다.

혈루증 앓는 여인은 부정해서 성전에 갈 수 없었습니다. 자기 손으로 만지는 모든 것이 부정해졌기 때문입니다. 제사장도 만나주지 않았습니다. 그러던 어느 날 여인은 무리에 둘러싸여 가시던 예수님의 옷자락을 자신의 부정한 손으로 만졌습니다. 그런데 이때 예수님이 부정해진 것이 아니라 여인이 깨끗해졌습니다. 왜 그렇습니까? 예수님이 실체이신 성전이기 때문입니다. 이 땅의 제사장과 성전은 모형이기 때문에 부정한 것이 오면 더러워졌습니다. 아무리 찬란한 햇빛을 사진으로 찍어서 전시를 해도, 불이 꺼지면 다 캄캄해지는 것과 마찬가지입니다. 그런데 예수님이 여인에게 피를 뿌려서 거룩하게 하는 대제사장이셨기 때문에 여인이 깨끗함을 입었습니다. 여인이 성전에 갈 수 없기에 성전이신 예수님이 여인에게 오신 것입니다. 그리고 여인이 예수님을 만지자 깨끗하게 되었습니다. 그래서 주님이 사람들에게 여인이 깨끗해졌다, 여인의 믿음이 그를 구원하였다고 선포하셨습니다.

마찬가지로 예수님이 우리를 위한 성전으로서 지금 하늘 보좌 우편에 계십니다. 옛날 사람들은 성전에 제사를 드리러 가야 했습니다. 그래도 여전히 죄책감이 남아 있고, 깨끗하게 하지 못했습니다. 그러나 이제 우리는 어떤 부정함이나 어떤 연약함이 있든 우리를 위해 대제사장이 되시고 완전한 성전이 되신 예수님께 언제든지 나아갈 수 있습니다. 이것이 히브리서 기자가 우리에게 전해주고 싶어 하는 복음입니다. 우리가 이 세상에서 숨을 거두고 하나님 앞에 설 때 우리에게는 완전한 제물이 되셔서 완전한 제사를 드리시고, 완전한 대제사장이 되신 예수님이 계십니다. 그날에 우리에게 주님의 피를 뿌려주시고, 완전히 정결케 하시고, 거룩한 부활의 몸으로 영원한 천국에 들어갈 수 있게 해주실 것입니다.

그래서 우리가 담대할 수 있습니다. 주님의 피를 믿고, 우리 대제사장의 사역을 믿기 때문입니다. 그분의 소중한 죽음을 믿기 때문입니다. 그 무엇도 우리를 흉악한 죄에서 깨끗하게 할 수 없습니다. 오직 대제사장이신 우리 주님만이 깨끗하게 씻어주실 수 있습니다. 우리가 그것을 믿고 주님이 이루어주신 것에 의지하여 담대해야 합니다. 자신을 바라보지 말고 항상 주님과 그분의 피를 바라보아야 합니다. 그때 죄책이 사라지고, 양심의 정죄하는 목소리가 사라져 우리가 담력을 갖게 됩니다.

믿음으로 나아가라

이제 우리는 믿음으로 나아가야 합니다. 그리스도께서 행하신 일은 우리에게 나태와 후퇴를 허락하지 않습니다.

"참마음과 온전한 믿음으로 하나님께 나아가자"(히 10:22하).

우리가 그리스도로 말미암아 이제 지성소에 가서 주님을 뵐 수 있습니다. 주님께 기도할 수 있습니다. 하나님은 우리의 아버지가 되셔서 그리스도의 피 안에서 우리를 그리스도처럼 보십니다. 그리고 문을 다 열어놓고 우리를 향해 은혜와 호의를 베푸십니다. 그러므로 '참마음과 온전한 믿음으로' 하나님께 나아가야 합니다. '참마음'은 변화된 마음입니다. 굳은 마음이 제해진 부드러운 마음, 양심이 깨끗해진 마음입니다. 그리고 동시에 '온전한 믿음으로' 나아가야 합니다. 이미 우리는 깨끗해졌지만 언제나 그 피를 믿고 나아가야 합니다. 우리는 참마음과 믿음으로 하나님과 교제해야 합니다. 착하고 선한 마음과 양심은 그리스도인의 표식입니다. 그러나 동시에 믿음을 가져야 합니다. 이 두 가지를 가지고 주님께 나아가야 합니다. 나아간다는 것은 교제한다는 의미도 있지만, 이제 하나님 안에서의 삶과 사명, 새로운 삶의 가능성을 붙잡으라는 의미입니다.

"또 약속하신 이는 미쁘시니 우리가 믿는 도리의 소망을 움직이지 말며 굳게 잡고"(히 10:23).

약속하신 하나님은 신실하십니다. 우리가 이미 본 것처럼 약속하신 분은 맹세하셨습니다. 그래서 그가 약속하신 것을 반드시 이루십니다. 그러므로 믿는 도리의 소망을 굳게 잡으라고 합니다. 이것은 두 가지 의미를 내포합니다.

하나는 소망을 가지라는 의미입니다. 이미 앞에서 살펴본 것처럼 이 소망은 닻과 같아서 우리를 휘장 안으로 인도한다고 하였습니다(히 6:19). 연약한 대제사장보다 멜기세덱의 반차를 좇아 불멸의 능력으로, 즉 부활의 능력으로 대제사장이 되신 주님은 더 나은 소망이 되십니다. 우리 주님을 향한 소망은 결코 우리를 부끄럽게 하지 않습니다. 그 주님이 맹세로 대제사장이 되셨다고 하지 않습니까? 복음은 약속과 맹세로 이루어졌습니다. 그러므로 아브라함처럼 인내하면서 끝까지 믿어야 합니다. 그래야 구원을 빼앗기지 않습니다.

또 다른 의미는 복음이 주는 소망, 즉 미래의 완성을 의심하지 말라는 말입니다. 장차 이루어질 그 나라, 도성, 영원하신 기업을 의심하지 말아야 합니다. 그 어떤 핍박과 세상의 유혹이 와도 흔들리지 말고 굳게 잡아야 합니다.

서로 사랑하라.

"서로 돌아보아 사랑과 선행을 격려하며"(히 10:24).

그리스도께서 그 피로 인하여 우리에게 이루어주신 새 언약은 우리 마음에 법으로 새겨져 우리로 순종하게 합니다. 그러므로 우리가 그 피로 변화되었다면 이제 서로 사랑과 선행을 격려해야 합니다. 그리스도께서 우리를 구원하신 목적은 하나님의 법을 성취하기 위해서입니다. 그 법의 핵심은 사랑입니다. 그런데 사랑은 결코 혼자 하는 것이 아닙니다. 서로 하는 것입니다. 우리가 서로 사랑하면 그 사랑이 선행으로 드러나고 섬김으로 나타납니다. 그것을 위해 서로 돌아보아야 합니다.

원문대로 하면, 어떻게 사랑과 선행을 격려할지 마음을 써야 합니다. 아무리 상대가 미워도 끝까지 사랑하도록 어떻게 그를 격려할까, 이렇게 마음을 쓰라는 것입니다. 이것이 바로 예수님의 모습이고, 율법을 성취하는 것입니다. 우리가 서로 돌아보아야 하는 이유입니다. 세상에 그 어떤 핍박과 시험과 고난이 있어도 그가 끝까지 사랑과 선행의 길을 가도록 그의 믿음을 붙잡아주고 격려해주고 힘을 북돋워주어야 합니다. 이것이 우리가 모이는 목적이고 성도가 교제하는 목적입니다. 혼자서는 어렵습니다. 우리가 믿음으로 살아가는 것이 혼자서는 바보 같습니다. 하지만 함께 걸어갈 때, 서로 도전받고 격려하면서 주님이 가신 그 길을 갈 수 있습니다.

함께 모여 서로 섬기라.

"모이기를 폐하는 어떤 사람들의 습관과 같이 하지 말고 오직 권하여 그 날이 가까움을 볼수록 더욱 그리하자"(히 10:25).

그리스도께서 새 언약의 중보자가 되심으로 우리에게 약속하신 것은 바로 교회입니다. 주님은 우리가 모이길 원하십니다. 우리가 모일 때 주님이 함께하신다고 약속하셨습니다. 하나님께서는 우리를 개인으로 부른 것이 아니라 백성으로 부르셨습니다. 몸으로, 공동체로 부르셨습니다. 그러기에 우리는 가족입니다. 그리고 그리스도는 모이는 교회의 머리가 되십니다.

우리는 함께 모여서 은사로 서로의 몸을 섬겨야 합니다. 그리면 그것이 사랑과 선행으로 나타납니다. 그러기 위해서 우리는 모여야 합니다. 그것이 우리의 본질입니다. 그래서 예수님을 믿으면 성령께서 다른 형제자매들을 보고 싶어 하게 만드십니다. 교회 모임이 기다려지고 두근두근해집니다. 교회 안에 그리스도의 모든 비밀이 있습니다. 모이는 교회 안에 주님이 거하십니다. 서로 돕고, 격려하고, 믿음을 세워주고, 함께 기도할 때 놀라운 기적을 경험합니다. 교회가 하나님의 방법이고 대안입니다. 그러므로 모여야 합니다.

모이기를 폐하는 어떤 사람들이 있었습니다. 하지만 히브리서 기자는 그런 사람들처럼 하지 말라고 합니다. 말세가 될수록 바빠지고 모이기 어렵지만, 성경은 그럴수록 더 모이라고 합니다. 세상이 악할수록 모여야 합니다. 그것만이 이기는 방법입니다. 핍박이 있던 이 당시에는 아마도 모임에 가는 것 자체가 믿음의 표시이고, 나오지 않는 것 자체가 배교의 표시였을 것입니다. 오늘날도 마찬가지입니다. 바쁘고 할 일 많은 세상에서 우리가 모여서 사랑과 선행을 격려하고 함께 믿음으로 세워져 간다는 것은 진정한 믿음의 표시입니다. 매일 모이라는 것이 성경의 권면입니다. 교회 안에서 우리 믿음이 자라고, 영적으로 성숙하고, 서로 권면하면서 죄를 이길 수 있습니다. 하나님의 뜻을 이루는 온갖 하나님의 충만한 것들이 교회 공동체 안에서 이루어집니다. 혼자서 신앙생활을 하면 빈약합니다. 주님이 우리에게 새 언약으로 허락하신 것이 교회입니다. 이 교회가 얼마나 큰 유익인지요! 물론 오늘날 교회는 불완전하고 우리에게 상처를 주기도 합니다. 그럼에도 불구하고 교회가 얼마나 아름다운지요! 우리는 교회가 아름다움을 유지하도록 정말 애써야 합니다.

경고, 뒤로 물러서면 망한다.

타락하면 속죄 제사가 없다.

"우리가 진리를 아는 지식을 받은 후 짐짓 죄를 범한즉 다시 속죄하는 제사가 없고"(히 10:26).

나아가지 않고 오히려 후퇴하고 믿음에서 떨어지는 것을 우려

하여 히브리서 기자는 경고합니다. 타락하면 끝장이라고 말입니다. 짐짓 죄를 범한다는 것은 고의로 죄를 짓는다는 말입니다. 이 죄는 이미 6장에서 이야기한 타락으로서 '배교'를 의미합니다. 자신의 신앙고백과 그리스도에게서 돌아서고, 은혜에서 의식적으로 떠나는 것입니다. 이것은 예수를 믿고 죄를 범하면 용서받지 못한다는 의미가 아닙니다. 단순히 일회적인 탈선이나 개개의 잘못된 행실을 뜻하는 것이 아닙니다. 만약 그런 뜻이라면 우리에게 지금 하늘 보좌 우편에 계신 자비하신 대제사장이 무슨 의미가 있겠습니까? "만일 우리가 우리 죄를 자백하면 그는 미쁘시고 의로우사 우리 죄를 사하시며 우리를 모든 불의에서 깨끗하게 하실 것이요"라는 요한1서의 말씀이 무슨 의미가 있겠습니까? 우리가 하나님 앞에 연약하기 때문에 주님이 대제사장으로 계셔서 우리를 위해 완전한 제사를 드리시고, 계속해서 우리를 깨끗하게 보존해 주시는 것입니다. 그렇기 때문에 우리가 예수님을 믿고 나서 죄를 지으면, 주님 앞에 빨리 나아가서 씻어야 합니다.

여기에서 말하는 죄는 '배교'입니다. 다시 속죄하는 제사가 없다고 한 말에 결정적인 차이가 있습니다. 예수님은 우리 모든 죄를 영원토록 속죄하는 제사를 드리셨습니다. 영단번의 제사로 이제 영원토록 속죄하십니다. 그런데 그 속죄 제사가 되신 예수님에게서 돌아서면 다시 그를 속죄할 길이 없습니다.

"오직 무서운 마음으로 심판을 기다리는 것과 대적하는 자를 태울 맹렬한 불만 있으리라"(히 10:27).

이제 그에게 남은 것은 무서운 마음으로 심판을 기다리는 일밖에 없습니다. 그를 변호해줄 대제사장이 없기 때문입니다. 대적하는 자를 태울 맹렬한 불만 있을 뿐입니다. 예수님이 계시기 때문에 우리는 죽음 이후의 심판을 두려워하지 않습니다. 그러나 만약 예수님을 믿지 않는다면, 그는 무서운 마음으로 심판을 기다리는 수밖에 없습니다. 그를 태울 영원한 지옥불만 있습니다.

속죄받지 못하는 죄가 있다.

"모세의 법을 폐한 자도 두세 증인으로 말미암아 불쌍히 여김을 받지 못하고 죽었거든"(히 10:28).

모세의 법을 폐한 자도 불쌍히 여김을 받지 못하고 죽었습니다. 폐한다는 것은 우발적으로 어긴다는 말이 아닙니다. '고의로' 무시하는 것입니다. 율법을 어긴다고 다 죽이진 않았습니다. 그러나 사람을 죽이거나 우상숭배를 저지르면 죽였습니다. 노골적으로 율법을 폐하고 성전을 모독하고 신성모독을 하면 죽였습니다.

"하물며 하나님의 아들을 짓밟고 자기를 거룩하게 한 언약의 피를 부정한 것으로 여기고 은혜의 성령을 욕되게 하는 자가 당연히 받을 형벌은 얼마나 더 무겁겠느냐 너희는 생각하라"(히 10:29).

이 구절은 '하물며'로 시작합니다. 다시 모세의 법과 비교해서 설명합니다. 모세의 법도 그렇다면 배교하는 자들이 범한 죄가 어떤 죄들이겠습니까?

첫째, 하나님의 아들을 짓밟는 죄입니다. 그들은 존귀하신 하나님의 아들을 부인하고 거역했습니다. 예수님을 그냥 십자가에서 죽은 인간으로 여겼습니다. 결국 예수를 믿지 않은 것입니다.

둘째, 자기를 거룩하게 한 언약의 피를 부정하게 여기는 죄입니다. 주님께서 흘리신 피를 가치 없게 여기거나, 그저 흘려진 피처럼 더럽게 생각하는 것입니다. 그들은 결국 예수님의 사역을 믿지 않았습니다.

셋째, 은혜의 성령을 욕되게 하는 죄입니다. 그들은 성령께서 베푸신 은혜를 거부하고 노골적으로 받아들이지 않았습니다. 성령께서 은혜를 주셨음에도 불구하고 거부했습니다. 이미 우리가 6장에서 본 것처럼 복음 전함을 받고 많은 은혜를 경험해서 주님을 알았으면서도 고의로 돌아서고 거역하고 대적했습니다. 받아들이지 않고 다 소멸해버렸습니다. 바로 그러한 죄를 말합니다.

우리가 때로는 실수하여 공동체나 부모님에게 누를 끼칠 수 있습니다. 하지만 그것은 일부러 부모를 짓밟거나, 부정하게 여기거나, 욕한 것은 아닙니다. 그때는 우리가 사죄하고 용서를 빌면 회복됩니다. 하지만 누군가 일부러 부모나 상관이나 친구를 배신하고 짓밟고 그들을 부정하게 여기고 욕되게 한다면, 그는 용서받기 어렵습니다. 이미 큰 사랑과 은혜를 받았는데 고의적으로 그러한 행동을 한다면, 그는 애초에 마음을 돌이킬 의도가 없었다고 보아야 합니다.

교회를 다녔어도 복음을 듣지 못했거나 제대로 은혜를 경험하지 못하여 죄악의 길로 가는 경우에는 복음을 제대로 듣고 회개할 수 있습니다. 설사 이단으로 갔어도 다시 제대로 된 복음을 듣고 은혜를 경험하면 돌이킬 기회가 있습니다. 그들이 주님을 몰라서 넘어간 것이기에 주님을 알면 돌아올 수 있는 희망이 있습니다.

그러나 분명히 복음을 듣고 회개하여 진리를 알았고, 성령의 은혜와 복음의 능력도 경험했는데, 그가 복음을 부인하는 자리로 간다면 방법이 없습니다. 예를 들어, 이렇게 복음을 설교하던 제가 어느 날 노골적으로 그동안 내가 한 이야기는 다 가짜였고, 예수는 지어낸 이야기이며, 성령의 은혜는 심리적인 것에 불과하다고 말하고 교회를 떠나 이단으로 간다면, 도대체 무엇으로 저를 다시 건질 수 있겠습니까? 그렇게 많은 은혜와 깨달음, 성령의 빛과 체험, 수많은 죄 용서의 은총을 경험했는데 주님을 거부한다면, 첫째, 그를 다시 회복시킬 은혜의 방편이 없습니다. 둘째, 회개하고 주님께로 돌아서지 않기에 용서받을 방법이 없습니다. 가룟 유다와 같습니다. 은혜를 받았다가 돌아서는 것은 이렇게 위험한 일입니다. 은혜를 받은 자가 타락의 길을 갈 때, 미지근해지고, 첫사랑을 잃어버리고, 점점 형식적인 신자로 변화되어갈 때, 그 결과가 얼마나 무시무시한지 알아야 합니다. 이런 사람은 아예 예수님을 만나지 못한 사람보다 백 배, 천 배, 만 배 위험합니다. 그런 사람은 어떻게 됩니까?

"원수 갚는 것이 내게 있으니 내가 갚으리라 하시고 또 다시 주께서 그의 백성을 심판하리라 말씀하신 것을 우리가 아노니 살아 계신 하나님의 손에 빠져 들어가는 것이 무서울진저"(히 10:30-31).

결국 원수 갚으시고 심판하시는 살아계신 하나님의 손에 빠져 들어갑니다. 무서운 일입니다. 신자가 이러한 상태에 이를 수 있음을 깨달아야 합니다. 그래서 믿는 도리의 신앙을 굳게 붙들라는 것입니다. 서로 모여서 격려해야 합니다.

격려와 권면, 믿음의 전진을 계속하라

처음에 큰 고난을 견딘 것을 생각하라.

"전날에 너희가 빛을 받은 후에 고난의 큰 싸움을 견디어 낸 것을 생각하라"(히 10:32).

전에 그들이 빛을 받은 후 즉 예수님을 믿은 이후에 그들은 큰 고난의 싸움을 견뎠습니다. 그들이 이겨낸 고난의 큰 싸움이 무엇이었는지 그 내용이 열거됩니다.

"혹은 비방과 환난으로써 사람에게 구경거리가 되고"(히 10:33상).

첫째, 예수 믿는다고 비방과 환난을 당해서 사람들에게 구경거리가 되었습니다. 그들은 공개적으로 모욕과 환란을 당했습니다.

사람들이 보는 앞에서 욕을 먹고 구타를 당한다고 생각해보십시오. 얼마나 치욕적입니까? 그러나 이것들을 이겨냈습니다.

"혹은 이런 형편에 있는 자들과 사귀는 자가 되었으니"(히 10:33하).

둘째, 또는 이런 형편에 있는 자들을 사귀었습니다. 비방을 당하고 고난을 겪는 자와 사귀면 나도 같은 취급을 받을 수 있습니다. 그러나 그들을 형제자매라고 부르기를 부끄러워하지 않았습니다. 자신도 같은 환란을 당할 것을 두려워하지 않았기 때문입니다.

"너희가 갇힌 자를 동정하고"(히 10:34상).

셋째, 갇힌 자를 동정하였습니다. 누군가 그리스도를 믿다가 감옥에 갇혔습니다. 그런데 그가 얼마나 힘들지, 그가 당하는 것을 자신이 당하는 것처럼 아파하며 그의 처지를 긍휼히 여겼습니다. 그래서 그를 찾아가서 위로하고 도왔습니다. 이것은 그들이 진정한 가족이었음을 보여줍니다. 우리가 다른 형제자매의 처지를 깊이 동정하지 못하는 것은 한 가족처럼 지내지 않기 때문입니다. 자신의 자녀나 남편이 감옥에 있다면 어떻게 평안할 수 있으며, 그를 외면할 수 있겠습니까?

"너희 소유를 빼앗기는 것도 기쁘게 당한 것은 더 낫고 영구한 소유가 있는 줄 앎이라"(히 10:34하).

넷째, 소유를 빼앗겼습니다. 그러나 그것도 기쁘게 당했습니다. 더 낫고 영구한 소유가 있는 줄 알았기 때문입니다. 이것이 그들이 당한 큰 환란이고 그들이 견뎌낸 싸움입니다.

왜 이러한 이야기를 할까요? 히브리서 기자는 과거 그들이 첫 열심을 가지고 주님을 향한 믿음을 가졌던 때를 생각해보라고 합니다. 우리가 처음 주님을 사랑했을 때 비슷한 경험이 있지 않습니까? 예수님을 깊이 만난 사람들에게는 첫 열심이 다 있습니다. 주님 때문에 손해 보고 욕을 먹어도, 교회를 사랑하고 주님 사랑하는 일에 전혀 몸을 사리지 않던 때가 있습니다. 왜 그때를 기억해야 합니까? 우리가 지금 제대로 서 있는지, 그렇지 않은지를 판가름하는 잣대는 다른 사람이 아니라 나의 처음 사랑, 나의 처음 열심이기 때문입니다. 그것이 바로 내가 떨어져 있는지, 식었는지를 보여주는 잣대입니다. 그때의 마음을 동일하게 끝까지 유지해야 합니다.

담대하여 확신을 가지라.

"그러므로 너희 담대함을 버리지 말라 이것이 큰 상을 얻게 하느니라"(히 10:35).

우리가 상을 얻고 싶다면 담대해야 합니다. 고난 앞에서 담대해야 합니다. 바울은 그래서 복음과 함께 고난을 받으라고 말합니다. 담대하지 않으면 움츠러들게 됩니다. 사람들은 흔들려도 우리는 담대함, 즉 확신을 가지고 믿어야 합니다. 이것을 버리지 않아야 큰 상을 얻습니다.

인내하여 끝까지 믿으라.

"너희에게 인내가 필요함은 너희가 하나님의 뜻을 행한 후에 약속하신 것을 받기 위함이라"(히 10:36).

우리는 담대함, 확신만이 아니라 더 나아가 인내가 필요합니다. 확신을 해도 인내가 없으면 안 됩니다. 인내가 있어야 하나님의 뜻을 행한 후에 약속하신 것을 받습니다. 우리가 하나님의 뜻대로 행해도 아무런 일이 일어나지 않을 수 있습니다. 하지만 인내해야 합니다. 그래야 결국 약속하신 것을 받습니다. 우리는 확신 가운데 순종하며 사랑하며 섬기며 인내해야 합니다. 끝까지 참아야 합니다.

"잠시 잠깐 후면 오실 이가 오시리니 지체하지 아니하시리라"(히 10:37).

왜냐하면 주님이 곧 오시기 때문입니다. 지체하지 않으실 것입니다.

"나의 의인은 믿음으로 말미암아 살리라 또한 뒤로 물러가면 내 마음이 그를 기뻐하지 아니하리라 하셨느니라 우리는 뒤로 물러가 멸망할 자가 아니요 오직 영혼을 구원함에 이르는 믿음을 가진 자니라"(히 10:38-39).

의인은 믿음으로 말미암아 삽니다. 절대 뒤로 물러가면 안 됩니다. 신앙이 후퇴하면 끝장입니다. 신앙은 자라고 전진하는 것이지, 올라갔다가 떨어지는 것이 아닙니다. 물론 연약하기에 기복은 조금 있을 수 있지만, 궁극적으로는 계속 올라가야 합니다. 믿은 지 30년이 되었다면 30년 전보다도, 1년 전보다도 더 성장해 있는 것이 정상입니다.

뒤로 물러가면 주님이 기뻐하시지 않습니다. 우리는 뒤로 물러나서 멸망하는 자가 아니라 영혼을 구원함에 이른 믿음을 가진 자입니다.

즉 이 믿음은 끝까지 믿는 믿음입니다. 우리의 믿음이 결코 뒤처지면 안 됩니다. 계속 자라야 하고, 계속 전진해야 합니다. 계속 성장하고, 폭이 넓어지고, 그 용량이 커져야 합니다. 그래서 과거에는 흔들리고 주저하던 사람이 이젠 서슴없어야 합니다. 한때 잘 달리고 엄청나게 헌신하다가 그것이 그저 과거의 추억이 되면 안 됩니다. 우리는 늘 과거보다 더 잘 믿으면 믿었지, 더 약해지면 안 됩니다. 구원에 이르는 믿음은 결국 그리스도에게까지 자라는 것이고, 끝까지 믿는 것입니다. 이 믿음이 약해지거나 믿음이 물러나면 망합니다. 다른 후퇴는 있어도 믿음의 후퇴란 그 어떤 경우에도 없어야 합니다. 이것이 주님이 행하신 놀라운 일 앞에서 우리가 가져야 할 자세입니다.

우리가 이 소망을 가지고 있는 것은
영혼의 닻 같아서 튼튼하고 견고하여
휘장 안에 들어 가나니
(히 6:19)

PART 3

신자의 삶

훗날 우리 중에 누가
증인의 명단에 올라갈
수 있을까요? 절대로
타협하거나 뒤처지거나
뒤로 물러나지 말고,
확신과 담대함을 가지고
끝까지 믿음의 경주를 할 수
있길 바랍니다.

12 장

이제 어떻게 믿을 것인가?

: 믿음의 선진들이 걸어온 길
(히 11:1-40)

CHAPTER 12

이제 어떻게 믿을 것인가?

: 믿음의 선진들이 걸어온 길 (히 11:1-40)

히브리서 11장부터는 적용입니다. 우리가 이제 어떻게 믿을 것인지 그리고 어떻게 약속의 말씀에 믿음을 화합할 것인지 살펴보겠습니다. 히브리서 말씀은 먼저 믿음이 무엇인지부터 밝힙니다.

믿음이란 무엇인가?

"믿음은 바라는 것들의 실상이요 보이지 않는 것들의 증거니 선진들이 이로써 증거를 얻었느니라"(히 11:1-2).

여기 '실상', '증거'라는 말은 '확신'이라는 말입니다. 즉 '바라고, 보이지 않지만 그것이 이루어질 줄 확신한다'는 의미입니다. "믿음의 조상들이 이로써 증거를 얻었느니라"는 말은 선진들이 믿음으로 하나님께 인정받고 칭찬받았다는 말입니다. 그러면 '바라는 것', '보이지 않는 것'은 무엇일까요?

"믿음으로 모든 세계가 하나님의 말씀으로 지어진 줄을 우리가 아나니 보이는 것은 나타난 것으로 말미암아 된 것이 아니니라"(히 11:3).

세계는 나타난 것으로 말미암지 않았다고 합니다. 즉 보이지 않는 것으로 되었다고 말합니다. 그것이 무엇입니까? 말씀입니다. 3절에 의하면 말씀은 '보이지 않는 것'입니다. 보이지 않는 말씀이 보이는 세계를 만들었다는 말입니다. 그래서 말씀은 '바라는 것'입니다. 말씀이 이루어지기까지는 미래적이기에 바라는 것입니다. 그래서 말씀이 주신 약속은 기다리는 자에게는 '소망'입니다.

또 말씀은 이루어지기 전까지는 '보이지 않는 것'입니다. 하나님은 약속하십니다. 그러나 어떤 방식으로, 어떻게, 언제 하실지 전혀 말씀하시지 않습니다. 그래서 우리는 그분의 계획을 헤아릴 수 없습니다. 예를 들어 이세돌이 바둑 한 점을 딱 두면 초보는 그 수를 이해할 수 없습니다. 이처럼 우리는 하나님의 말씀이 어떻게 어떤 계획으로 펼쳐질지 모릅니다. 다만 하나님을 신뢰하기에 그분의 말씀을 확신할 뿐입니다. 그래서 믿음이란 우리 눈에 보이지 않는 하나님의 말씀을 확신하는 것입니다.

'실상이고 증거다'라는 말은 확신한다는 말입니다. 보이지 않고,

아직은 기다리는 중이지만, 이루어질 것을 확신한다는 의미입니다. 그러므로 믿음은 '보이지 않는 하나님의 말씀을 확신하는 것'입니다. 성경이 말하는 믿음은 긍정적인 사고나 담대함 같은 태도가 아니라 주님의 말씀을 굳건하게 믿는 것입니다. 우리가 이미 살펴본바 그 아들을 신뢰하는 것입니다. 선진들이 바로 그러한 믿음으로 인정을 받았습니다. 이제 그 선진들의 믿음을 살펴봅시다.

아벨, 에녹, 노아의 믿음

더 나은 제사를 드린 아벨의 믿음

"믿음으로 아벨은 가인보다 더 나은 제사를 하나님께 드림으로 의로운 자라 하시는 증거를 얻었으니 하나님이 그 예물에 대하여 증언하심이라 그가 죽었으나 그 믿음으로써 지금도 말하느니라"(히 11:4).

믿음으로 아벨은 보이지 않는 하나님의 말씀을 믿었기 때문에 가인보다 더 나은 제사를 드렸습니다. "세월이 지난 후에 가인은 땅의 소산으로 제물을 삼아 여호와께 드렸고 아벨은 자기도 양의 첫 새끼와 그 기름으로 드렸더니 여호와께서 아벨과 그의 제물은 받으셨으나 가인과 그의 제물은 받지 아니하신지라"(창 4:3-5). 각

자의 직업이 달라서 자기 소산을 드린 것에는 문제가 없습니다. 차이가 있다면 아벨은 첫 새끼와 기름, 즉 소중한 것을 드린 것입니다. 첫 것과, 과거 먹지 못하던 시대에 기름은 매우 소중한 것이었습니다. 여기에서 아벨의 마음이 실린 것을 엿볼 수 있습니다. 이러한 예배 자세, 제물을 드리는 자세가 보이지 않는 하나님을 믿는 믿음을 그대로 반영하고 있습니다. 예배에 10분 전에 오고, 찬송도 열심히 부르고, 말씀도 집중해서 듣고, 헌금도 정성스럽게 준비한다면, 그 사람은 보이지 않는 하나님을 정말 믿는 것입니다.

진정한 믿음은 예배를 통해서 드러나기 마련입니다. 그래서 히브리서 기자는 엄청난 것을 이야기하기 전에 내 예배 생활과 헌금 생활부터 돌아보라고 말하는 것입니다. 거기에 내 믿음의 현주소를 먼저 반영하라고 합니다.

하나님을 기쁘시게 한 에녹의 믿음

"믿음으로 에녹은 죽음을 보지 않고 옮겨졌으니 하나님이 그를 옮기심으로 다시 보이지 아니하였느니라 그는 옮겨지기 전에 하나님을 기쁘시게 하는 자라 하는 증거를 받았느니라 믿음이 없이는 하나님을 기쁘시게 하지 못하나니 하나님께 나아가는 자는 반드시 그가 계신 것과 또한 그가 자기를 찾는 자들에게 상 주시는 이심을 믿어야 할지니라"(히 11:5-6).

에녹은 믿음으로 죽음을 보지 않고 옮겨졌습니다. 즉 승천했다고 합니다. 어떻게 그러한 일이 일어났을까요? 그는 옮겨지기 전에 하나님을 기쁘시게 했습니다. 에녹은 하나님을 기쁘시게 한 사람입니다. 그러면 하나님이 가장 기뻐하시는 일은 무엇일까요? 에녹이 어떻게 하나님을 기쁘시게 했을까요?

히브리서 11장 6절에 나옵니다. 그런데 이것은 몇 단계로 나누어져 있습니다. 먼저 에녹은 믿음으로 하나님을 기쁘시게 했습니다. 그러면 에녹은 어떤 믿음을 가졌습니까? 그는 하나님이 계신 것과 그가 자기를 찾는 자에게 상 주시는 이심을 믿었습니다. 그 믿음의 결과, 그가 어떻게 했습니까? 하나님께 나아갔습니다. 즉 믿으면 하나님께 가까이 나아갑니다. 하나님과 교제합니다. 구약에 보면 그가 무려 300년 동안 하나님과 동행했다고 나옵니다. 하나님께서 기뻐하신 것은 바로 이것입니다.

우선 그가 하나님께 나아간 믿음의 내용을 살펴봅시다. 첫째, 그는 하나님이 계시다는 것을 믿었습니다. 하나님이 살아 계신다는 사실을 믿습니까? 둘째, 하나님이 자기를 찾는 자에게 상 주시는 이심을 믿었습니다. 이것이 에녹의 믿음이었습니다. 저는 하나님을 가까이하는 사람이 풍성한 삶을 누리지 못하는 것을 본 적이 없습니다. 바로 이 믿음이 하나님께 나아가게 합니다. 매 순간 하나님을 찾고, 교제하고, 동행하게 합니다. 우리는 어떤 모습입니까?

경외함으로 순종한 노아의 믿음

"믿음으로 노아는 아직 보이지 않는 일에 경고하심을 받아 경외함으로 방주를 준비하여 그 집을 구원하였으니"(히 11:7상).

노아는 하나님께서 물로 세상을 심판하실 것이라는 말씀을 받았습니다. 이에 대해서 그는 경외함으로 방주를 준비하여 집을 구원했습니다. 그는 의심하거나 불평하지 않았습니다. 그에게는 홍수의 개념도 없어서 그에게 주어진 말씀을 이해할 수 없었지만, 그 말씀에 대한 노아의 반응은 '경외함'이었습니다. 아브라함도 이삭을 드리라는 말씀에 순종한 것이 '경외'였습니다. 이성과 합리보다 노아는 하나님에 대한 경외심이 먼저였습니다. 그래서 순종합니다. 방주를 준비하여 집을 구원합니다. 경외하면 순종하고, 순종하면 구원받습니다. 이것이 믿음입니다. "홍수가 날 것이다. 그런데 방주를 만들면 구원받는다." 이것이 노아를 향한 복음이었습니다. 그런데 따지지 않고 거기에 경외함으로 순종하는 것, 이것이 노아의 믿음입니다.

아무리 복음을 들었어도, 경외함으로 순종하지 않으면 구원받지 못합니다. 우리도 마찬가지입니다. 우리가 지금 듣는 하나님의 말씀은 노아의 때와 별다른 것이 없습니다. 이때 우리에게 준비된 방주가 무엇입니까? 바로 예수 그리스도입니다.

"이로 말미암아 세상을 정죄하고 믿음을 따르는 의의 상속자가 되었느니라"(히 11:7하).

노아는 그 믿음으로 세상을 정죄하였습니다. 노아가 방주를 만드는 행동은 세상이 죄 때문에 물로 심판받는다는 것을 보여주는 믿음입니다. 노아가 120년 동안 배를 짓는다는 것 자체가 그들의 삶을 향한 경고입니다. 노아의 삶이 세상을 정죄하고 있습니다. 이것이 그리스도인의 삶입니다. 성경의 그 시대처럼 이 세상이 불로 망할 것이라고 경고하는 것입니다. 우리가 노아처럼 경외함으로 믿고 순종하는 삶을 산다면 세상은 우리를 통해 정죄를 받습니다. 우리 삶이 그들이 잘못 가고 있음을 증거합니다.

우리가 정말 이 세상이 망하고 죽은 후에 심판과 부활이 있음을 믿는다면 무엇을 해야 할까요? 첫째로 예수 그리스도를 믿고 그의 복음을 증거해야 합니다. 둘째로 죄와 싸우며 거룩하게 살아야 합니다. 셋째로 교회를 섬김으로 영원한 하나님 나라를 섬기는 일에 최선을 다해야 합니다. 이렇게 사는 것이 세상 사람들을 향한 메시지입니다. 믿음입니다.

결국 노아는 믿음을 좇는 의의 후사가 되었습니다. 노아가 의롭게 되어 새롭게 된 땅, 모든 죄악이 휩쓸려간 땅의 상속자가 됩니다. 이것은 우리가 믿음으로 그 나라를 얻을 것을 예고하는 모형입니다. 방주 되신 예수님으로 말미암아 구원을 받고 천국을 상속받게 되는 것을 예표합니다. 그런데 그 믿음은 바로 노아처럼 순종하는 모습으로 나타납니다.

아브라함과 사라의 믿음

갈 바를 알지 못하고 간 아브라함의 믿음

"믿음으로 아브라함은 부르심을 받았을 때에 순종하여 장래의 유업으로 받을 땅에 나아갈새 갈 바를 알지 못하고 나아갔으며"(히 11:8).

아브라함 믿음의 첫 번째 특징은 부르심을 받았을 때 순종했다는 것입니다. 고대 사회에서 자기가 살던 곳을 떠난다는 것은 정말 어려운 일이었습니다. 고대 세계의 세계관은 운명론입니다. 태어나고 자라도록 주어진 땅을 운명처럼 여기고 살아갑니다. 고대는 씨족 중심의 사회이기에 친족은 삶의 울타리입니다. 그런데 그것을 벗어난다는 것은 스스로 위험한 길로 나서는 것입니다.

더 기가 막힌 것은 어디로 가야 할지 알지 못하고 나아갔다는 사실입니다. 정확한 목적지도 없이 가라고 했습니다. 이 말씀에 순종한다는 것은 정말 어려운 결단입니다. 그런데 헬라어 원문을 보면 아브라함이 부르심을 받자마자 '즉시' 순종했다고 합니다. 이것이 아브라함이 보여주는 삶의 특징입니다.

고든 맥도날드 목사는 마치 우주 왕복선이 지구의 중력에서 떨어져 나가도록 밀어내는 힘찬 로켓의 분사력 같은 것이 없었다면, 아브라함의 떠남은 불가능했을 것이라고 말합니다. 그렇다면 무엇이 아브라함에게 로켓의 분사력과 같이 떠나는 힘이 되었을까요? 그것도 즉각적으로 말입니다. 그것은 바로 믿음이라고 본문이 말합니다.

"믿음으로 그가 이방의 땅에 있는 것같이 약속의 땅에 거류하여 동일한 약속을 유업으로 함께 받은 이삭 및 야곱과 더불어 장막에 거하였으니"(히 11:9).

아브라함은 그렇게 도착한 약속의 땅에서 죽을 때까지 나그네로 살았습니다. '장막에 거했다'는 말은 계속 이동을 하는 텐트 생활을 했다는 것입니다. 정착하지 못하고 나그네 생활을 한 것입니다. 사도행전에서도 "그러나 여기서 발붙일 만한 땅도 유업으로 주지 아니하시고"(행 7:5상)라고 증언합니다. 그런데도 순종하며 거기에 거한 이유가 무엇일까요?

"이는 그가 하나님이 계획하시고 지으실 터가 있는 성을 바랐음이라"(히 11:10).

16절에 보면 그것은 궁극적으로 하늘에 있는 성입니다. 아브라함은 보이지 않는 것을 바라보고 믿었기에 안전한 곳을 떠나 나그네 삶을 살았습니다. 이것이 믿음입니다.

죽은 몸을 회복한 사라의 믿음

"믿음으로 사라 자신도 나이가 많아 단산하였으나 잉태할 수 있는 힘을 얻었으니 이는 약속하신 이를 미쁘신 줄 알았음이라"(히 11:11).

사라는 나이가 많아 단산하였습니다. 그런데 믿음으로 잉태할 수 있는 힘을 얻었습니다. 사라가 나이 89세가 되었을 때, 천사가 나타나 아이를 가질 것이라고 이야기하자, 장막 뒤에서 듣던 사라는 피식 웃었습니다. 불신앙의 웃음입니다. 이에 여호와의 사자가 그녀가 웃은 것을 알고 하나님께는 능치 못함이 없다며 책망하였습니다. 자신의 불신앙을 들킨 사라는 그때 정신을 차렸습니다. 그리고 믿음으로 하나님의 말씀을 받아들입니다. 사라가 바로 이 믿음을 가졌을 때, 잉태할 수 있는 힘을 얻었다고 합니다. 늙었던 몸이 다시 젊어진 것입니다.

이후에 아브라함은 아비멜렉에게 90세가 넘은 사라의 아름다움 때문에 누이라고 속이는 사건이 나옵니다. 예전에 있었던 사건을 다시 이야기하는 것이 아닙니다. 자세히 살펴보면 그녀가 아이를 잉태할 만큼 젊어졌다는 것을 말해 줍니다. 그는 약속하신 이가 미쁘심을 믿었습니다. 믿음을 회복한 것입니다. 그러자 그녀의 죽은 몸이 다시 살아납니다.

"이러므로 죽은 자와 같은 한 사람으로 말미암아 하늘의 허다한 별과 또 해변의 무수한 모래와 같이 많은 후손이 생육하였느니라"(히 11:12).

결국 죽은 자와 같은 한 사람을 통해서 별과 모래처럼 많은 후손이 생육되었습니다. 믿음은 이렇게 우리 몸도 회복시키는 줄 믿습니다. 하나님의 약속을 믿고 꿈과 사명을 회복하면 우리의 몸

상태도 거기에 맞춰질 줄 믿습니다. 그래서 결국 꿈을 이루게 될 줄 믿습니다.

멀리 내다보고 본향을 사모하는 아브라함과 사라의 믿음

"이 사람들은 다 믿음을 따라 죽었으며 약속을 받지 못하였으되 그것들을 멀리서 보고 환영하며"(히 11:13상).

아브라함과 사라의 믿음을 두 가지로 정리할 수 있습니다. 첫째, 그들의 믿음은 '멀리 내다보는 믿음'이었습니다. 그들이 다 믿음을 따라 죽었지만 죽을 때까지 약속을 받지 못했습니다. 겨우 아들 하나입니다. 그러나 그들은 믿음으로 그 약속을 멀리서 보고 환영하였습니다. 이 한 사람 안에서 한 민족을 보았고, 430년을 내다보았습니다. 겨우 아들 하나 낳았다고 초라해하지 않았고 오히려 기뻐하였습니다.

더 나아가 그는 이삭 안에서 예수 그리스도를 보았습니다. "너희 조상 아브라함은 나의 때 볼 것을 즐거워하다가 보고 기뻐하였느니라"(요 8:56). 그는 믿음으로 2천 년을 내다보았습니다. 그뿐입니까? 예수님 안에서 이루어질 거대한 민족, 하나님 나라를 바라보았습니다. 정말로 셀 수 없는 민족을 바라본 것입니다. 오늘날 예수 그리스도로 말미암아 우리가 아브라함의 자손이 되는 그것을 내다보며 환영했습니다. 무려 4천 년을 내다본 것입니다.

믿음이란 무엇입니까? 지금 자신의 인생, 내가 살아가며 성취하는 것만 바라보는 것이 아닙니다. 믿음이란 내 죽음 이후 4백 년, 2천 년, 4천 년을 내다보는 것입니다.

"또 땅에서는 외국인과 나그네임을 증언하였으니"(히 11:13하).

둘째, 그들의 믿음은 '더 나은 본향을 사모하는 믿음'이었습니다. 그들은 자신들을 '외국인과 나그네'라고 증언하면서 살았습니다. 창세기 23장 4절에서 아브라함은 헷 족속의 사람들에게 "나는 당신들 중에 나그네요 거류하는 자이니"라고 하였습니다. 그들은 분명히 그 땅을 약속으로 받았습니다. 그런데 그 약속의 땅에 와서도 자신들은 나그네라고 하였습니다. 그 이유가 무엇입니까?

"그들이 이같이 말하는 것은 자기들이 본향 찾는 자임을 나타냄이라"(히 11:14).

그들이 본향을 찾는 자이기 때문입니다. 그렇다면 이 본향은 어디입니까?

"그들이 나온 바 본향을 생각하였더라면 돌아갈 기회가 있었으려니와"(히 11:15).

그들이 나온 갈대아 우르가 아니었습니다. 그곳이었다면 돌아갔을 것이라는 말입니다. 그러면 어디입니까?

"그들이 이제는 더 나은 본향을 사모하니 곧 하늘에 있는 것이라 이러므로 하나님이 그들의 하나님이라 일컬음 받으심을 부끄러워하지 아니하시고 그들을 위하여 한 성을 예비하셨느니라"(히 11:16).

그들은 더 나은 본향, 즉 하늘에 있는 본향을 사모했습니다. 그래서 하나님은 그들의 하나님이라 일컬음 받으심을 부끄러워하지 않으셨습니다. 기뻐하셨다는 것입니다. 그래서 한 성을 예비하셨습니다. 결국 그들의 믿음은 하늘 본향을 내다보면서 이 땅에서는 나그네로 살아가는 믿음이었습니다. 그래서 땅 한 평 없이 장막에 거했습니다.

우리가 외국 여행을 가면 그곳에 우리 집이 없습니다. 잠자리도 불편합니다. 그런데 여행하면서 '나는 왜 집이 없지? 왜 차도 없고 옷장도 없지?'라며 심각하게 고민하지 않습니다. 돌아갈 집이 있고 거기 가면 내 집, 내 차가 있기 때문입니다. 마찬가지입니다. 정말 돌아갈 본향을 바라본다면 이 땅에 너무 집착하지 않습니다. 사실 다 떠나야 합니다. 늙으면 하나둘 가고 우리를 환영하지 않는 땅이 됩니다. 이 땅에 머무르면 안 됩니다. 가야 합니다. 갈 준비를 하고 살아야 합니다.

부활의 하나님을 바라본 아브라함이 이삭을 드린 믿음

"아브라함은 시험을 받을 때에 믿음으로 이삭을 드렸으니 그는 약속들을 받은 자로되 그 외아들을 드렸느니라"(히 11:17).

'시험을 받을 때에'라는 말씀에서 우리 믿음은 시험을 받는다는 것을 알 수 있습니다. 아브라함이 이삭을 너무 좋아하자, 하나님께서 그가 아직도 하나님을 경외하는지 시험하셨습니다. 이에 그는 외아들 이삭을 드립니다. 이삭은 약속을 받은 자였습니다. 그러면 아브라함이 이삭을 드린 믿음은 무엇입니까?

"그에게 이미 말씀하시기를 네 자손이라 칭할 자는 이삭으로 말미암으리라 하셨으니"(히 11:18).

아브라함은 하나님이 그의 아들을 드리라고 하셨을 때 이삭을 통해서 하늘의 별처럼 많은 자손을 주시겠다고 하신 약속을 기억했습니다. 그 약속은 반드시 이루어질 하나님의 말씀임을 믿었습니다. 그다음에 아브라함이 무엇을 생각했습니까?

"그가 하나님이 능히 이삭을 죽은 자 가운데서 다시 살리실 줄로 생각한지라 비유컨대 그를 죽은 자 가운데서 도로 받은 것이니라"(히 11:19).

아브라함은 하나님이 이삭을 다시 살리실 줄로 생각했습니다. 다시 살리셔서 자기에게 허락하신 약속의 말씀을 반드시 이루실 것이라고 믿었습니다. 그래서 하나님께 드렸습니다. 실제로 창세기에 보면 아브라함이 사환을 두고 가면서 "내가 아이와 함께 경배하고 너희에게로 돌아오리라"(창 22:5)라고 말합니다. 여기의 '돌아오리라'는 '우리가 돌아오리라'입니다. 그는 부활의 하나님을 믿었습니다. 결국 이삭을 죽은 자 가운데서 도로 받은 것과 마찬가지입니다.

이것은 그리스도의 부활을 예표합니다. 갈보리 산에서 하나님 아버지가 당신의 아들을 십자가에 내어주는 사건을 예표합니다.

그리고 그 아들은 부활하여 주가 되십니다. 그의 깊은 순종 속에서 하나님의 계획이 드러납니다. 이것이 믿음입니다.

아브라함은 하나님께서 죽은 자를 살리시는 분임을 믿었습니다. 그렇기 때문에 약속의 말씀을 믿었습니다. 하나님께서 예수님을 통해서 놀라운 약속을 하셨습니다. 예수님은 죽으셨고 하나님이 다시 살리셨습니다. 결국 예수님 안에 있는 모든 약속을 실현하셨습니다. 아브라함의 역할을 하나님이 하셨고, 이삭의 역할을 예수님이 했습니다. 결국 아브라함은 하나님 아버지가 당신의 아들을 내어주는 예표의 역할을 하고 있습니다. 이렇게 믿음으로 우리가 순종할 때, 우리를 통해서 하나님의 마음과 계획이 드러나는 것을 알 수 있습니다.

아브라함의 후손 이삭, 야곱, 요셉의 믿음

약속을 깨달은 이삭의 믿음

"믿음으로 이삭은 장차 있을 일에 대하여 야곱과 에서에게 축복하였으며"(히 11:20).

사실 이삭은 원래 에서에게 축복하려고 했습니다. 리브가가 임신했을 때 하나님께서 "큰 자가 어린 자를 섬기리라"고 말씀해 주셨음에도 이삭은 이를 인정하지 않았고, 당연히 장자권은 큰아들의 몫이라고 생각하였습니다. 그러나 결국 속아서 야곱에게 축복합니다. 나중에 에서가 와서 축복을 구할 때, 창세기 27장 33절에 보면 "이삭이 심히 크게 떨며"라고 말씀합니다. 그때 이삭은 자기의 생각과 다르게 하나님의 말씀이 이루어진다는 것을 깨달았습니다. 그래서 에서가 울면서 축복을 요청했지만, 이삭은 에서를 축복해줄 수 없었습니다. 이삭에게 준 약속을 계승할 자는 야곱이기 때문입니다. 에서는 그 약속 밖에 있었으므로 그에게 빌어줄 것이 없었습니다. 이삭의 축복 기도는 바로 그가 약속을 믿고 있음을 보여주는 것입니다. 이삭은 하나님께서 그 축복대로 이루실 것을 믿었습니다.

유업을 미리 보고 축복한 야곱의 믿음

"믿음으로 야곱은 죽을 때에 요셉의 각 아들에게 축복하고 그 지팡이 머리에 의지하여 경배하였으며"(히 11:21).

야곱은 믿음으로 요셉의 아들, 에브라임과 므낫세에게 축복했습니다. 왜 그들에게 축복했습니까? 이 둘이 야곱의 아들들처럼 지파가 되어서 그 땅을 유업으로 받을 것이기 때문입니다(창 48:3-6). 아직 수백 년 후에 이루어실 일이지만 야곱은 그들이 그 땅을 유업으로 받을 것이고, 요셉의 두 아들이 그 유업을 받는 일에 참여하게 될 것을 미리 보고 축복했습니다. 하나님이 주신 약속을 믿은 것입니다.

'지팡이 머리에 의지하여 경배했다'는 것은 무슨 말입니까? 야곱은 요셉을 불러다가 자신을 애굽 땅에 장사하지 않도록 맹세하게 한 후에 지팡이에 의지하여 하나님께 경배했습니다. 하나님이 그 땅을 주실 것을 확신하면서 감사를 드린 것입니다. 이것이야말로 그가 믿었다는 증거입니다.

소망의 유언을 남긴 요셉의 믿음

"믿음으로 요셉은 임종시에 이스라엘 자손들이 떠날 것을 말하고 또 자기 뼈를 위하여 명하였으며"(히 11:22).

요셉도 동일합니다. 요셉은 이집트에서 아주 평안하게 살았지만 결국 이스라엘 자손이 거기에서 떠날 것을 말하고, 그들이 출애굽할 때 자기 뼈를 가지고 가라고 유언합니다. 아무리 애굽에서 누리는 영광이 커도 요셉은 하나님의 약속을 위해서 살았고 그것을 소망하면서 살았다는 것을 보여줍니다.

우리 믿음은 죽을 때 우리가 남기는 유언에 고스란히 나타납니다. 자녀에게 무슨 말을 남기고 싶습니까? 과연 우리가 평생 추구한 것이 하나님 나라임을 죽으면서 이야기해줄 수 있습니까? 진정한 유산으로 하나님 나라를 남겨줄 수 있습니까? 그날에 유언으로 믿음을 증거할 수 있길 바랍니다.

모세와 약속의 땅에 들어간 자들의 믿음

하나님의 계획을 본 모세 부모의 믿음

"믿음으로 모세가 났을 때에 그 부모가 아름다운 아이임을 보고 석 달 동안 숨겨 왕의 명령을 무서워하지 아니하였으며"(히 11:23).

믿음으로 모세의 부모는 모세가 '아름다운 아이인 줄 보았다'(no ordinary child. NIV)라고 합니다. 평범한 아이가 아님을 보았습니다. 부모는 그 아이를 향한 하나님의 특별한 은총, 목적을 보는 사람입니다. 모세의 부모는 "하필이면 이런 시대에 태어나다니, 넌 기구한 운명을 가지고 태어난 아이구나"라고 하지 않고, 보이지 않는 하나님의 계획을 볼 줄 아는 안목을 가졌습니다. 그래서 어떻게 했습니까? 아기를 죽이라는 바로의 명령을 무서워하지 않았습니다. 석 달 동안 숨기며 최선을 다했습니다. 이것이 믿음의 증거입니다.

오늘날 우리도 하나님께서 우리 자녀를 향한 놀라운 계획을 가지고 계심을 믿는다면, 이 세상 교육의 잣대로 자녀를 보며 낙심하지 않습니다. 우리가 세상 교육을 두려워하면, 우리는 천국의 씨앗으로 태어난 아이들을 질식시키는 부모가 됩니다. 오늘날도 이 세상의 바로는 하나님의 귀한 자녀들을 나일강에 던지라고 협박합니다. 하지만 믿음의 부모는 두려움을 이기고 아이를 그 계획대로 양육해야 합니다. 결국 그 가정에서 태어난 아론과 모세, 미리암, 이 세 자녀가 모두 이스라엘의 지도자가 되지 않습니까?

하늘을 바라본 모세의 믿음

믿음이란 하늘의 가치를 볼 줄 아는 것이다.

"믿음으로 모세는 장성하여 바로의 공주의 아들이라 칭함 받기를 거절하고 도리어 하나님의 백성과 함께 고난 받기를 잠시 죄악의 낙을 누리는 것보다 더 좋아하고 그리스도를 위하여 받는 수모를 애굽의 모든 보화보다 더 큰 재물로 여겼으니 이는 상 주심을 바라봄이라"(히 11:24-26).

믿음으로 모세는 장성하여 바로의 공주의 아들이라 칭함 받기를 거절하였습니다. 당시에 그것이 얼마나 대단한 일입니까? 그런데 그것을 거절하고 그 대신 하나님의 백성과 함께 고난 받는 것, 그리스도를 위하여 수모를 받는 것을 선택했습니다.

왜 그랬을까요? 25절에 애굽의 삶을 '잠시 죄악의 낙'이라고 말합니다. 그리고 26절에 그는 주를 위한 고난을 '애굽의 모든 보화보다 더 큰 재물'로 여겼다고 합니다.

왜 이러한 가치판단을 내렸을까요? 상 주심을 바라보았기 때문입니다. 그는 하늘에서 받을 상을 생각해보았고, 그것을 이 땅의 낙과 재물과 비교해보았습니다. 그 결과 바로의 공주의 아들로 있는 것보다 이스라엘 백성을 위해서 고난 받는 것이 더 이익이라는 결론을 내렸습니다.

천국은 마치 밭에 감추어진 보화와 같습니다. 그것을 발견한 사람은 모든 것을 팔아서 그 밭을 삽니다. 우리가 믿음으로 사는 것은 희생이 아닙니다. 세상의 것이 가치 있다고 생각하는 사람은 그러한 삶을 희생이라고 보겠지만, 진정한 믿음이란 더 나은 가치를 선택하고 그것을 좇는 것입니다.

우리가 작은 것을 버리고 큰 것을 선택했는데, 그것을 희생이라고 할 수 없습니다. "고민 끝에 전문대학을 포기하고 하버드에 입학했어"라고 말할 수 없습니다. "30평 아파트를 희생하고, 80평 아파트에서 살기로 했어"라고 말할 수 없습니다. 믿음은 이처럼 보이지 않는, 하늘에서 받을 상의 가치를 보는 것입니다. 그것을 즐거움으로 선택하는 것입니다.

믿음은 하나님을 보기에 두려움을 이기는 것이다.

"믿음으로 애굽을 떠나 왕의 노함을 무서워하지 아니하고 곧 보이지 아니하는 자를 보는 것같이 하여 참았으며"(히 11:27).

모세는 처음에 바로를 두려워하여 바로의 낯을 피해 떠났습니다. 하지만 부르심을 받아 애굽으로 갔을 때는 그를 무서워하지 않았습니다. 바로에게 가서 말씀을 전할 때, 바로는 제안을 거부하고 진노했습니다. 그럼에도 불구하고 모세는 계속 바로에게 나아가야 했고, 급기야 마지막에는 바로가 모세에게 "너는 나를 떠나가고 스스로 삼가 다시 내 얼굴을 보지 말라 네가 내 얼굴을 보는 날에는 죽으리라"(출 10:28)고 하였습니다. 그래도 모세는 바로를 무서워하지 않았습니다. 이스라엘 백성들이 애굽을 떠나자 성난 바로는 군대를 이끌고 이스라엘을 추격했습니다. 홍해 앞에서 갇혔다고 생각한 이스라엘 백성들이 무서워했습니다(출 14:10). 그때 모세는 백성들에게 두려워하지 말고 하나님이 하시는 일을 보라고 외칩니다(출 14:13-14). 이와 같이 믿음은 사람을 두려워하지 않는 것입니다.

믿음은 권력자에 맞설 때 조금도 두려워하거나 무서워하지 않는 것입니다. 어떻게 그렇게 할 수 있을까요? '보이지 아니하는 자를 보는 것같이 하여', 즉 보이지 않는 하나님을 보면 보이는 사람을 두려워하지 않습니다. 믿음은 이렇게 사람을 두려워하지 않는 모습으로 나타납니다.

믿음은 구원의 방법을 신뢰하고 전하는 것이다.

"믿음으로 유월절과 피 뿌리는 예식을 정하였으니 이는 장자를 멸하는 자로 그들을 건드리지 않게 하려 한 것이며"(히 11:28).

출애굽할 때 하나님은 양을 잡고 그 피를 문설주에 바르는 이스라엘 집에는 장자가 죽는 재앙이 내리지 않을 것이라고 하셨습니다. 집마다 양 한 마리씩 잡으면 수십만 마리의 양을 잡아서 죽여야 합니다. 모세는 의심 없이 장로들을 불러다가 그 예식을 정했습니다. 그리고 모두 그대로 했습니다. 그날 밤 장자를 멸하는 자가 문설주에 양의 피가 묻어 있는 이스라엘의 집은 그냥 넘어갔습니다. 이것이 유월절입니다.

믿음은 하나님의 구원 방법을 믿는 것입니다. 오직 예수 그리스도의 피로만 구원받을 수 있다고 하신 하나님의 방법을 믿고, 그 피를 믿는 자가 죄 사함을 받습니다. "십자가의 도가 멸망하는 자들에게는 미련한 것이요 구원을 받는 우리에게는 하나님의 능력이라"(고전 1:18). 십자가가 인간적인 이성으로 보면 미련해 보이지만, 사실은 하나님의 능력입니다. 인류의 죄 문제를 해결해주는 것은 오직 그리스도의 피 외에는 없습니다.

홍해를 건넌 이스라엘의 믿음

"믿음으로 그들은 홍해를 육지같이 건넜으나 애굽 사람들은 이것을 시험하다가 빠져 죽었으며"(히 11:29).

믿음으로 그들은 홍해를 육지같이 건넜습니다. 단지 홍해를 갈랐다는 것이 아니라 믿음으로 그곳을 건너갔습니다. 홍해가 갈라져 물 벽이 생기고 이스라엘 백성들은 그 벽 사이 바다에 난 길로 걸어갔습니다. 언제 물 벽이 넘어질지 모르기에 그 길은 사망의 음침한 골짜기 같았습니다. 마치 줄에 묶인 사자 사이로 지나가는 것과 같습니다. 그러나 믿음은 그 물 벽 사이를 걷는 것입니다. 그것이 하나님이 주신 구원의 길임을 믿기 때문입니다.

복음은 홍해가 갈라져서 그 가운데로 구원의 길을 보여주는 것입니다. 그런데 그 자체로는 구원을 받지 못합니다. 어떻게 해야 합니까? 내가 그 길로 걸어가야 합니다. 하나님이 우리를 들어서 저쪽에다 옮겨주시지 않습니다. 믿음으로 걸어가야 구원받습니다. 복음을 들어도 믿음을 화합해야만 합니다.

백성들 뒤를 이어서 애굽 군사들이 그 물에 들어섰다가 모두 죽임을 당합니다. 그들은 하나님이 이루신 구원 역사를 자연현상이요 이변이라고 보고 갔기 때문입니다. 하나님의 기적이라고 생각했다면 절대로 그 안에 들어가지 않았을 것입니다. 하나님을 시험하다가 죽임을 당한 것입니다. 믿음으로 가면 삽니다. 하지만 시험하면 죽습니다.

말 없이 여리고를 도는 믿음

"믿음으로 칠 일 동안 여리고를 도니 성이 무너졌으며"(히 11:30).

믿음으로 이스라엘 백성은 7일 동안 여리고 성을 돌았습니다. 하나님의 말씀에 불평 없이 모두 다 순종했습니다. 만약 40년 전 출애굽 1세대에게 이 일을 하자고 하면 대부분이 무슨 쓸데없는 짓이냐며 순종하지 않았을 것입니다. 그러나 2세대는 모두 순종했고 기적이 나타났습니다. 믿음이란 약속을 두고 이성으로 따지는 것이 아닙니다. 믿음은 오직 한 가지, 이것이 정말 하나님의 말씀인가를 묻고, 하나님의 말씀이 맞다면 순종하는 것입니다.

하나님을 붙잡은 라합의 믿음

"믿음으로 기생 라합은 정탐꾼을 평안히 영접하였으므로 순종하지 아니한 자와 함께 멸망하지 아니하였도다"(히 11:31).

여호수아가 여리고 성에 정탐꾼을 보냈을 때 기생 라합이 그들을 영접하고 숨겨주었습니다. 발각되면 자기 목숨이 위험한데도 그렇게 한 것은 믿었기 때문입니다. 그는 이방인이고 기생으로, 약속 밖의 사람이었습니다. 하지만 믿음으로 목숨을 걸었고 구원을 받았습니다. 특별히 그녀는 자기와 같은 사람도 구원하시는 하나님의 은혜를 붙잡았습니다. 하나님은 자격을 따지시지 않습니다. 중요한 것은 믿음입니다.

세상이 감당치 못하는 믿음의 사람들

사사 시대와 다윗 시대의, 세상을 이기는 믿음

"내가 무슨 말을 더 하리요 기드온, 바락, 삼손, 입다, 다윗 및 사무엘과 선지자들의 일을 말하려면 내게 시간이 부족하리로다"(히 11:32).

이 말씀에 나오는 사람들은 모두 약점이 있는 사람들입니다. 기드온은 겁쟁이이고, 바락은 여선지자 드보라를 의지해야 했으며, 삼손은 들릴라에게 넘어졌습니다. 또 입다는 딸을 서원으로 드렸고, 다윗은 밧세바를 취했으며, 사무엘은 아들들이 문제였습니다. 하지만 그들은 믿음으로 기적을 경험했습니다.

"그들은 믿음으로 나라들을 이기기도 하며 의를 행하기도 하며 약속을 받기도 하며 사자들의 입을 막기도 하며 불의 세력을 멸하기도 하며 칼날을 피하기도 하며 연약한 가운데서 강하게 되기도 하며 전쟁에 용감하게 되어 이방 사람들의 진을 물리치기도 하며 여자들은 자기의 죽은 자들을 부활로 받아들이기도 하며"(히 11:33-35상).

여기 나열된 것은 그들이 믿음으로 하나님만 의지하고 순종할 때 나타난 기적들입니다. 그들은 세상을 이기는 믿음을 보여주었습니다. 이렇게 믿음은 내 약점에도 불구하고 이기는 것입니다. 이들은 모두 연약하지만, 세상을 이기는 역사를 보여주었습니다. 믿음은 이와 같이 내 자원이 어떠하든지 이기는 것입니다.

핍박당한 선지자와 백성들의, 세상이 감당치 못하는 믿음

"또 어떤 이들은 더 좋은 부활을 얻고자 하여 심한 고문을 받되 구차히 풀려나기를 원하지 아니하였으며 또 어떤 이들은 조롱과 채찍질뿐 아니라 결박과 옥에 갇히는 시련도 받았으며 돌로 치는 것과 톱으로 켜는 것과 시험과 칼로 죽임을 당하고 양과 염소의 가죽을 입고 유리하여 궁핍과 환난과 학대를 받았으니 (이런 사람은 세상이 감당하지 못하느니라) 그들이 광야와 산과 동굴과

토굴에 유리하였느니라"(히 11:35하-38).

이 말씀에는 극심한 핍박과 죽음이 나옵니다. 하나님의 말씀을 증거하다가 선지자들이 이런 고통을 당했고, 하나님을 섬기는 백성이란 이유로 이런 핍박을 당했습니다. 그들은 '구차히 풀려나기를 원하지 아니하였으며'(35절) '시련도 받았으며'(36절) '죽임을 당하고…유리하여…학대를 받았'습니다(37절). 믿음 때문에 당하는 모든 시련을 견디고 결국 죽었습니다. 믿는다는 이유로 이 세상에서 극심한 고통을 당하다가 죽은 것입니다.

이들에 대해서 38절은 "이런 사람은 세상이 감당하지 못하느니라"고 합니다. 세상은 그들이 줄 수 있는 것을 빼앗음으로써 자기 뜻대로 조종하려고 합니다. 하지만 믿음은 세상이 아니라 저 천국을 바라보기에 세상이 통제할 방법이 없습니다. 유혹도, 핍박도, 죽음도 굴복시키지 못하는 것, 이것이 믿음입니다.

당신이 마지막 믿음의 주자이다

"이 사람들은 다 믿음으로 말미암아 증거를 받았으나 약속된 것을 받지 못하였으니"(히 11:39).

구약의 선진들은 자신의 삶을 통해 믿음을 보여주었습니다. 그들은 믿음으로 증거를 받았지만 약속된 것을 받지 못했습니다.

메시아 그리스도를 보지 못했으며 그리스도를 통해 실현될 모든 약속을 보지 못했습니다. 하늘의 별처럼 무수한 자손들이 다스리는 하나님 나라를 끝까지 보지 못하고 죽었습니다. 그러면 실패한 삶입니까? 그렇게 애를 썼는데 헛된 일이었나요? 그렇지 않은 이유를 말해 줍니다.

"이는 하나님이 우리를 위하여 더 좋은 것을 예비하셨은즉 우리가 아니면 그들로 온전함을 이루지 못하게 하려 하심이라"(히 11:40).

우리에게는 하나님이 더 좋은 것을 예비하셨다고 합니다. 우리에게는 자신의 거룩한 피로 완전한 제사를 드린 대제사장이시요, 새 언약의 중보자가 되시는 그리스도가 계십니다. 그분이 이미 승리하시고 하나님 보좌 우편에 앉아 계십니다.

"우리가 아니면 그들로 온전함을 이루지 못하게 하려 하심이라"는 말씀이 좀 어려운데, 결국 우리가 그들의 소망이었다는 의미입니다. 그들은 약속을 바라보고 믿음으로 살았습니다. 그 약속은 메시아와 메시아로 말미암은 주의 백성들입니다. 예수님을 믿는 하나님의 백성들(우리들)의 나타남, 이것이 바로 구약 성도들이 바라본 약속이었습니다. 우리가 나타나야 구약의 성도들이 믿었던 약속들이 성취된다는 의미입니다.

그들이 바라본 것이 오늘 그리스도 안에서 구속받은, 하늘의 별처럼 수많은 하나님의 백성들입니다. 온 땅의 백성들이 하나님을 찬양하고 경배하는 그 나라를 그들은 바라보았습니다. 궁극적으로 그 숫자가 다 차서 주님의 재림으로 하나님 나라가 임할 때 그들의 소망이 완성됩니다. 거기에 그들도 참여하는 것입니다. 그러므로 우리는 그들의 바통을 이어받은 마지막 때의 주자들입니다. 이 바통이 어떻게 우리에게 왔는지를 한번 생각해보십시오. 우리 선조들의 믿음으로 여기까지 왔습니다. 그들은 약속을 보지도 받지도 못한 채 다 이 세상을 떠났지만, 끝까지 믿음으로 여기까지 온 것입니다. 이제 우리가 그들이 고대한 열매요, 마지막 완성을 향해 달려가는 주자입니다. 그들의 소망이 우리를 통해 완성되어야 합니다. 그러므로 우리가 어떻게 해야 하겠습니까? 그들은 믿음으로 달려왔고, 견뎠고, 죽었습니다. 그들의 모든 수고가 우리에 의해서 완성되도록 하나님이 예비하셨습니다. 그리고 우리에게는 모든 자원이 하늘에 계신 대제사장으로 말미암아 주어졌습니다. 우리는 어떻게 달려가야 할까요?

칼빈이 이런 말을 했습니다. "은혜의 빛이 비춰지지 않았어도 그들은 그 악한 날에 위대한 일관성을 보였다. 그러면 복음의 충만한 빛을 받은 우리는 어떻게 살아야 하는가? 작은 빛이 그들을 하늘로 이끌었다. 그러나 우리에게는 저 하늘의 태양이 빛나고 있다. 그런데 여전히 세상만 생각하고 있다면 무슨 핑계로 그들 앞에 설 것인가?"

그들은 약속이 성취되는 것을 희미하게도 보지 못하고 믿음으로 살다가 죽었는데, 우리는 환히 예수 그리스도를 보고, 그분이 하늘 보좌 우편에 앉아 계신데도 세상의 것만 바라보다가 믿음으로 경주하지 못한다면, 도대체 우리가 믿음의 조상들에게 뭐라고 말할 수 있겠습니까? 훗날 우리 중에 누가 증인의 명단에 올라갈 수 있을까요? 절대로 타협하거나 뒤처지거나 뒤로 물러나지 말고, 확신과 담대함을 가지고 끝까지 믿음의 경주를 할 수 있길 바랍니다. 우리가 이제까지 본 수많은 믿음의 본이 내 삶의 어떤 영역에서 어떻게 적용되고, 우리가 어떻게 본받아야 하는지는 다 다릅니다. 하지만 이것을 바라보고 끝까지 믿음의 경주를 걸어가라, 이렇게 주님이 말씀하십니다. 이 말씀에 믿음으로 화합하여 믿음으로 걸어갈 수 있길 바랍니다.

13장

믿음의 경주를 완주하라

: 예수, 믿음의 주요
온전케 하시는 분
(히 12:1-29)

CHAPTER 13

믿음의 경주를 완주하라

: 예수, 믿음의 주요 온전케 하시는 분 (히 12:1-29)

구약은 예선전, 우리는 본선

히브리서 11장에서 믿음의 선조들은 우리가 아니면 온전함을 이루지 못한다고 하였습니다. 믿음의 선조들이 궁극적으로 바라본 나라는 바로 오늘날 우리를 통해서 이루어지는 하나님 나라이기 때문입니다. 그러므로 우리가 잘해야만 그들의 믿음이 완성될 수 있습니다.

아벨, 에녹, 노아, 아브라함부터 시작하여 예수님이 오시기 전까지 모든 믿음의 증인들은 예선전을 치렀습니다. 이제 지금부터 본선입니다. 그런데 지금은 주님이 어디에 계신다고 합니까? 보좌 우편에 앉아 계신다고 했습니다. 이제 주님이 다 이루셨고, 추수의 시대가 왔습니다. 누구든지 주의 이름을 부르면 구원을 얻고, 성령이 모든 육체에 부어지는 시대가 임했습니다. 거룩한 하나님의 백성이 되어 하늘의 별처럼 수많은 백성이 모이는 그 나라가 시작되었습니다. 예수 그리스도로부터 2천 년 동안 20억이 넘는 인구의 하나님 나라가 만들어졌습니다. 우리가 땅 끝까지 복음을 전해서 모든 족속이 예수님을 믿으면 그때 주님이 재림하시고 하나님 나라가 완성될 것입니다. "이 천국 복음이 모든 민족에게 증언되기 위하여 온 세상에 전파되리니 그제야 끝이 오리라"(마 24:14). 아브라함과 선진들은 바로 이 나라를 바라보았습니다. 믿음의 조상들은 바로 그 완성을 기다리고 있습니다. 그것은 지금 본선 무대에 있는 우리가 얼마나 뛰어주는가에 달려 있습니다.

허다한 증인들의 응원을 힘입으라

"이러므로 우리에게 구름같이 둘러싼 허다한 증인들이 있으니"(히 12:1상).

월드컵 경기를 보면 지역별 예선을 치르고 본선이 시작되면 선수들이 한 나라에 모입니다. 전 세계 축구팬들도 비행기를 타고 응원하러 오고, 텔레비전 중계를 통해 수억 명이 시청합니다. 오늘 히브리서 말씀은 이처럼 우리에게도 믿음의 경주를 하는 경기장을 소개합니다. 먼저 구름같이 많이 몰려온 관중석을 보여줍니다. 이미 예선전을 치른 믿음의 선배들이 이제 우리가 그 나라를 완성해주기를 바라는 마음으로 응원하기 위해서 구름 떼같이 몰려들었습니다.

지금 저 하늘에서 믿음의 선조들이 지켜보며 응원하고 있습니다. 저기 보이십니까? 믿음으로 더 나은 예배를 드린 아벨이 응원하고 있습니다. 주님과 동행하다가 승천한 에녹이 우리를 격려합니다. 비웃음 속에서 방주를 만들던 노아, 갈 바를 모르고 순종하며 100세에 아들을 낳고 그 아들을 드리기까지 순종한 아브라함, 애굽의 보화보다 백성들과 고난 받는 것을 소중히 여긴 모세 등 수많은 선배가 여기저기서 응원을 펼칩니다. 관중석 한쪽 편에 순교의 피를 흘린 믿음의 사람들이 피로 빨갛게 물든 옷을 입고 응원하는 모습도 보입니다. 그럼 우리는 이제 어떻게 해야 합니까?

늘 넘어지는 죄에서 벗어나라.

"모든 무거운 것과 얽매이기 쉬운 죄를 벗어 버리고"(히 12:1중).

'무거운 것'은 경주하는 사람에게 어울리지 않는 무거운 체중을 의미합니다. 경기장에서 뛰는 선수들을 보십시오. 군살이 없습니다. 우리가 육체의 소욕, 세상의 유혹으로 세상 것에 취하면 영적 뱃살이 나와서 경주를 할 수 없습니다.

또 하나는 '얽매이기 쉬운 죄'라고 말합니다. 경주하는 선수들은 복장이 간편해야 합니다. 축구 선수가 버버리 코트를 입고 뛴다거나 수영 선수가 양복을 입고 물에 뛰어든다면 경기를 잘할 수 없습니다. 이처럼 우리를 얽매어서 달리지 못하게 하는 죄가 있습니다. 각자가 잘 빠지는 죄가 있습니다. 믿음의 선조들이 기대하면서 바라보고 있는데, 늘 넘어지는 습관 때문에 믿음의 경주를 하지 못한다면 얼마나 억울합니까? '내가 이것만 끊어버리면 정말 신앙생활 잘할 텐데'라고 생각하는 것이 있습니까? 바로 그것을 벗어버려야 합니다. '이 습관만 고치면 될 텐데' 하는 그것을 고쳐야 합니다. 그것을 끊어버리고 벗어버리기 전까지는 믿음의 경주를 잘할 것이라는 기대를 버려야 합니다.

인내로 끝까지 달려가라.

"인내로써 우리 앞에 당한 경주를 하며"(히 12:1하)

인내함으로 달려야 합니다. 처음 몇 바퀴는 잘 달렸는데 마지막에 인내하지 못하여 포기하면 안 됩니다. 끝까지 달려야 합니다. 히브리서의 강조점이 여기에 있습니다. 믿음의 증인들이 가르쳐주는 본이 그것입니다. 인내로써 달려가라고 합니다. 오늘로 끝이 아닙니다. 계속, 주님이 부르시는 그날까지 달려가는 것입니다.

믿음을 완성하신 예수를 바라보라

"믿음의 주요 또 온전하게 하시는 이인 예수를 바라보자"(히 12:2상).

믿음의 증인들도 중요하지만, 우리가 믿음으로 살아갈 때 정말 바라보아야 할 분은 예수님입니다. 구약의 많은 선진들도 우리에게 도전이 되고 귀감이 되지만, 그들은 경기로 치면 관중입니다. 응원하는 존재들입니다. 그러나 예수님은 코치이고 감독입니다. 그런데 보통 감독이 아니라 그 종목을 완전 제패한 탁월한 금메달리스트입니다.

히브리서는 그분을 '믿음의 주요 또 온전하게 하시는 이'라고 합니다. '믿음의 주'는 믿음의 창시자라는 말입니다. 예수님이 먼저 믿음의 길을 가셨기 때문입니다. 그리고 '온전하게 하시는 이'는 주님께서 믿음을 완성하셨기 때문입니다. 주님은 끝까지 믿음으로 순종하셨고 결국 하나님 보좌 우편에 앉아 계십니다. 그렇게 주님은 믿음을 시작하시고, 마침내 완성하셨습니다. 즉 믿음으로 사는 것이 무엇인지를 처음부터 끝까지 완전하게 보여주셨습니다. 히브리서 기자는 우리에게 수많은 믿음의 증인을 소개하였습니다. 하지만 그들은 약점도 있고, 흔들리기도 했습니다. 여러 가지 부족한 점이 많았습니다. 그리고 그들 모두가 약속을 받지 못했습니다. 아직 믿음이 완성되지 않았습니다.

하지만 우리가 최종적으로 바라보아야 할 믿음의 증인이 있습니다. 바로 예수님입니다. 예수님은 믿음으로 사는 것이 무엇인가를 완벽하게 보여주시고, 그 믿음을 통해서 결국 약속하신 그 자리에 앉으셨습니다. 그러므로 우리는 예수님을 통해서 믿음이 무엇인지 그리고 믿음으로 사는 결말이 어떤지를 다 볼 수 있습니다. 그분에게 일어난 일은 모두 우리에게 일어날 일입니다. 따라서 우리가 주님을 바라보는 것이 정말 중요합니다.

예수님은 믿음으로 기뻐하셨다.

"그는 그 앞에 있는 기쁨을 위하여"(히 12:2중).

주님은 고난 앞에 있는 기쁨을 생각하셨습니다. 고난 앞에 있는 것, 즉 십자가 너머를 바라보셨습니다. 그 고통 너머에 무엇이 있습니까? 바로 부활과 승천, 곧 하나님 보좌 우편에 등극하시는 것입니다. 주님은 그것을 바라보셨습니다. 그런데 그것을 기쁨이라고 합니다. 믿음은 바라보는 것들의 실상입니다. 보이지 않는 것을 바라보는 믿음이 얼마나 확실하셨는지, 주님은 기쁨을 느끼셨습니다. 마치 현재 누리는 것처럼 기쁨을 느끼셨습니다. 이것이 주님께서 현재의 고난을 이겨내시는 방법이었습니다.

주님처럼 보이지 않는 것을 바라보는 것이 믿음의 경주를 하는 방식입니다. 아브라함이 그랬습니다. "이는 그가 하나님이 계획하시고 지으실 터가 있는 성을 바랐음이라"(히 11:10). 모세도 그랬습니다. "이는 상 주심을 바라봄이라"(히 11:26하). 바울은 뭐라고 했습니까? "현재의 고난은 장차 우리에게 나타날 영광과 비교할 수 없도다"(롬 8:18)라고 하였습니다. 운동선수들도 경주가 힘들지만 그 경주 뒤에 있는 상을 바라보고 달립니다. 믿음의 경주도 마찬가지입니다. 왜 인내하라고 합니까? 인내할 상황이 주어지기 때문입니다. 그때 지금 고난 뒤에 있는 것을 바라보십시오. 궁극적인 영광을 바라볼 수 있어야 합니다.

예수님은 믿음으로 수치를 견디셨다.

십자가를 참으사 부끄러움을 개의치 아니하시더니 하나님 보좌 우편에 앉으셨느니라"(히 12:2하).

주님은 십자가의 수치와 모욕을 참으셨습니다. 부끄러움을 개의치 않으셨습니다. 과거에는 특별히 수치를 죽기보다 싫어하는 문화가 팽배했는데, 십자가에 달리는 형벌은 공개적인 모욕이었습니다. 그런데 그 십자가에 주님이 달리셨습니다. 사람들이 주님에게 침을 뱉고 뺨을 때리고, 주먹으로 치고, 옷을 벗기고, 채찍으로 치며 대역 죄인처럼 취급하였습니다. 결국 모든 사람이 보도록 십자가에 못 박혀 내걸렸을 때, 주님이 느끼는 수치심과 모욕은 얼마나 컸겠습니까? 십자가는 이런 수치를 당하는 과정이었습니다. 그러나 주님은 부끄러움을 개의치 않으셨습니다. 부끄러우면 십자가에 달리지 못합니다. 십자가를 지고 걸어갈 수도 없습니다. 하지만 주님은 오히려 당당하셨습니다. 그래서 침 뱉고 뺨을 때리고 수염을 뽑는 자에게 얼굴을 내미셨습니다. 수치심을 이겨내셨습니다. 이것이 사명의 길임을 알고 걸어가셨습니다.

그런 후에 주님은 하나님 보좌 우편에 앉으셨습니다. 수치를 참으면 하나님께서 이렇게 영광스런 자리에 이르게 해주십니다. 우리가 주님을 따라가면서 겪는 어려움, 수치, 모욕을 결코 부끄러워하지 말아야 합니다. 당당해야 합니다.

예수님의 본을 생각하라

그리스도가 보여주신 믿음의 모범을 제시한 히브리서 기자는 이제 그들이 주님을 따라야 한다고 이야기합니다.

거역한 일을 참으신 이를 생각하라.

"너희가 피곤하여 낙심하지 않기 위하여 죄인들이 이같이 자기에게 거역한 일을 참으신 이를 생각하라"(히 12:3).

첫째로 주님의 두 번째 모범을 먼저 따를 것을 제시합니다. 우리가 피곤하고 낙심하면 경주를 할 수 없습니다. 달려가야 하는데 낙심이 되면 뛰지 못합니다. 하다못해 매일 하는 운동도 마음이 낙심되면 하지 못합니다. 하물며 믿음의 경주는 얼마나 더 그렇겠습니까? 그래서 제시하는 방법이 "죄인들이 이같이 자기에게 거역한 일을 참으신 이를 생각하라"는 것입니다. '이같이'는 바로 앞에서 '주님이 경험하신 부끄러운 십자가'를 말합니다. 주님께 십자가는 죄인들이 자기에게 거역한 사건이었습니다.

우리는 언제 낙심합니까? 우리가 섬기는 사람들이 우리를 거역할 때입니다. 나는 그들을 위하여 목숨을 걸었는데 그들이 나를 외면할 때입니다. 부모가 자녀를 위해 모든 것을 다 희생하는데 자녀가 부모를 거역할 때 낙심이 됩니다. 내가 열심히 도와준 누군가가 배신하고 나를 비난할 때 낙심이 됩니다. 우리가 주님을 사랑해서 성도들을 섬기려고 교회에서 봉사하는데, 격려는커녕 욕을 먹고, 비난을 듣고, 상처를 받으면 낙심하게 됩니다. 그러면 봉사고 뭐고 다 때려치우고 싶은 마음이 듭니다. 이때 거역한 일을 참으신 주님을 생각하라는 것입니다. 그리고 뜬금없이 말합니다.

"너희가 죄와 싸우되 아직 피 흘리기까지는 대항하지 아니하고"(히 12:4).

왜 이 말을 할까요? 우리 주님이 자기에게 거역한 일을 참으신 것은 바로 죄와 피 흘리기까지 대항한 과정이었습니다. "욕을 당하시되 맞대어 욕하지 아니하시고 고난을 당하시되 위협하지 아니하시고"(벧전 2:23). 주님은 악을 악으로 갚지 않으셨습니다. 이것이 주님이 우리에게 보여주신 모범입니다.

누군가 우리를 모욕하고 거역하면 분노가 올라옵니다. 맞서 싸우고 싶습니다. 그래서 맞서 싸운다면 그것은 죄를 짓는 일입니다. 상처 받아 분노하고, 자존심 상해서 낙심하고, 우울해지는 것도 마찬가지입니다. 우리 주님이 하신 것처럼 죄와 맞서 싸워야 합니다. 피 흘리기까지 싸우신 예수님을 바라보면서 그런 일로 낙심하지 말고 싸워서 일어나야 합니다.

예수님처럼 고난 뒤에 숨겨진 복을 바라보라.

"또 아들들에게 권하는 것같이 너희에게 권면하신 말씀도 잊었도다 일렀으되 내 아들아 주의 징계하심을 경히 여기지 말며 그에게 꾸지람을 받을 때에 낙심하지 말라"(히 12:5).

두 번째로 히브리서 기자는 주님의 첫 번째 모범, 즉 십자가 앞에 있는 것을 바라본 태도를 적용하도록 합니다. 고난을 당할 때, 즉 징계를 받을 때의 태도입니다. 갑자기 왜 징계, 꾸지람을 이야기할까요? 우리가 당하는 모든 고난에는 징계의 성격이 있습니다. 우리 죄 때문에 하나님이 징계하실 때가 있습니다. 하지만 특정한 죄가 아니어도 하나님이 우리를 거룩하게 연단하시려고 고난을 허락하실 때가 있습니다. 그것이 죄로 인한 것이든 아니든 우리에게 주어지는 고난은 하나님께서 우리를 연단하시는 징계(채찍)의 의미를 가지고 있습니다. 우리가 예수님을 믿는 여정 속에서 하나님이 허락하시는 고난은 사랑하는 자녀를 징계하시는 손길입니다. 그래서 잠언의 말씀을 인용하여 징계하심을 경히 여기지 말고 꾸지람 받을 때 낙심하지 말라는 것입니다. 왜 그럴까요?

"주께서 그 사랑하시는 자를 징계하시고 그가 받아들이시는 아들마다 채찍질하심이라 하였으니"(히 12:6).

첫째, 하나님은 당신이 사랑하는 자녀를 징계하시기 때문입니다. 징계 뒤에 있는 사랑하는 아버지의 손길을 볼 줄 알아야 합니다. '받아들이시는 아들'이란 아들로 여기시기에 회초리를 든다는 말입니다. 아들로 여기시지 않는다면 때리지도 않으실 것입니다.

"너희가 참음은 징계를 받기 위함이라 하나님이 아들과 같이 너희를 대우하시나니 어찌 아버지가 징계하지 않는 아들이 있으리요"(히 12:7).

또 이 징계는 하나님이 우리를 아들같이 대우하시는 것입니다. 아들이라면 다 징계를 받고, 징계가 없으면 사생자요 친아들이 아닌 것입니다. 인생에서 고난을 당하는 것은 낙심할 일이 아닙니다. 항상 고난 뒤에는 하나님의 놀라운 계획이 있습니다. 고난을 겪어본 사람과 겪어보지 않은 사람의 차이는 놀랍습니다. 그래서 아들이면 다 징계를 받습니다.

"징계는 다 받는 것이거늘 너희에게 없으면 사생자요 친아들이 아니니라"(히 12:8).

오히려 내가 시원찮게 사는데도 고난이 없다면 이상하게 여겨야 합니다. 버림 받은 것은 아닌지 의심해봐야 합니다.

"또 우리 육신의 아버지가 우리를 징계하여도 공경하였거든 하물며 모든 영의 아버지께 더욱 복종하며 살려 하지 않겠느냐"(히 12:9).

그러므로 우리가 어떻게 해야 합니까? 육신의 아버지가 징계해도 우리는 아버지를 공경합니다. 매를 맞고 자란 아이가 오히려 부모를 공경합니다. 제 절친한 친구 중에 총신대학교 교수가 있습니다. 이 친구가 교장이셨던 제 장인의 제자인데, 선생님 중에 저희 장인을 가장 존경한다고 합니다. 그 이유가 자기를 사랑하셔서 매를 아끼지 않으셨기 때문이랍니다. 중학교 다닐 때 영어 선생님이셨는데 아무나 때리지 않으셨답니다. 때려서 될 놈만 혼내셨다는 것입니다. 그래서 자신이 가장 존경한다고 합니다. 육신의 아버지, 육신의 선생님에게도 우리가 이런 마음을 품습니다. 그렇다면 우리가 하나님께 징계를 받을 때 어떻게 해야 합니까? 더욱 복종하며 살아야 합니다. 결국 징계란 우리를 올바르고 거룩하게 만드시기 위한 것이기 때문입니다. '내가 아직도 거룩하지 못해서 하나님이 나를 빚으시려고 징계하시는구나.' 이렇게 생각하고 더욱 복종하는 것이 고난을 대하는 옳은 태도입니다.

"그들은 잠시 자기의 뜻대로 우리를 징계하였거니와 오직 하나님은 우리의 유익을 위하여 그의 거룩하심에 참여하게 하시느니라"(히 12:10).

둘째, 징계에 유익이 있기 때문입니다. 그러므로 징계 뒤에 하나님이 숨겨놓으신 뜻과 계획, 복을 바라볼 수 있어야 합니다. 육신의 부모는 자기 생각, 자기 뜻대로 징계합니다. 그러나 하나님의 징계는 우리의 유익을 위한 것입니다. 그분의 거룩에 참여하게 하시는 것이 바로 그 유익입니다. 즉 고난 뒤에는 우리의 유익을 위한 하나님의 실패할 수 없는 좋은 목적이 있습니다.

"무릇 징계가 당시에는 즐거워 보이지 않고 슬퍼 보이나 후에 그로 말미암아 연단 받은 자들은 의와 평강의 열매를 맺느니라" (히 12:11).

징계 받을 당시에는 슬퍼 보입니다. 인생이 다 망한 것 같고, 여기서 내 인생이 끝인가 싶고, 때때로 하나님이 나를 미워하시는 것 아닌가 하는 마음도 듭니다. 그러나 잘 견디면 결국 '연단 받은 자들'이 됩니다. 풀무불에서 금을 정금으로 제련하듯이 연단을 받으면 그 후에 의와 평강의 열매를 맺습니다. 의와 평강은 항상 연결되어 있습니다. 우리가 의롭게 되면 우리에게 평강이 주어집니다. 우리 삶에 늘 고난의 문제가 있는 것은 우리가 거룩하지 않아서, 즉 죄 때문입니다. 그러나 우리가 고난을 통해서 연단을 받으면 의롭고 거룩하게 됩니다. 그 결과 우리 삶에 평강의 열매가 찾아옵니다. 그래서 의와 평강은 밀접한 연관이 있습니다.

우리가 의롭지 않아도 누리는 편안함은 일시적입니다. 그 편안함이 결국 연단되지 않은 우리 육체에는 유혹이 되어 죄를 짓고 넘어지게 합니다. 결국 다시 고난을 당합니다. 하지만 징계를 통해서 우리가 거룩해지면 평강의 열매를 맺게 됩니다. 그러므로 지금 당하는 고난 뒤에 의와 평강의 열매가 있는 것을 바라보아야 합니다. 하나님은 오히려 평강을 주시려고 우리를 징계하십니다.

이렇게 고난 뒤에 거룩하게 된 자가 결국에는 영원한 평화의 나라에 도달할 수 있습니다. 그 사람에게 주어지는 평강은 무너지지 않습니다. 평강 속에서 사명을 위해 거침없이 달려갈 수 있게 됩니다. 가정도, 사업도, 교회도 싸우지 않고 별 문제 없이 평안하면 모든 것이 번성합니다. 결국 징계 뒤에 복이 옵니다.

제 젊은 날은 쉼 없는 고난이었습니다. 폐결핵이 그 시작이었습니다. 게다가 여러 가시 사정 문제까지 겹쳐왔습니다. 하지만 그런 고난과 연단의 과정이 없었다면 40세 이후 내 삶이 있었을까 하는 생각이 듭니다. 제가 나이 만 40세일 때 교회를 개척했습니다. 하나님께서 저를 빚으셨기에 그나마 이렇게 걸음걸음 열매를 허락하시는 것이지, 그렇지 않았으면 힘들었을 것입니다. 그러므로 젊은 날의 고난은 웰컴입니다. 잘 견디면 결국 의와 평강의 열매가 우리 삶에 항상 따를 것입니다. 징계 뒤에 하나님께서 형통과 부흥의 복을 부어주실 줄 믿습니다.

힘을 내어 일어나 고침을 받으라

"그러므로 피곤한 손과 연약한 무릎을 일으켜 세우고"(히 12:12).

고난 속에서 낙심하지 말아야 합니다.

"너희 발을 위하여 곧은길을 만들어 저는 다리로 하여금 어그러지지 않고 고침을 받게 하라"(히 12:13).

이것이 하나님이 징계하시는 채찍인 줄 알고 곧은길을 가야 합니다. 그러면 어그러진 길로 가던 다리가 고침 받을 것이라고 말합니다. 징계의 때에 낙심하지 말고, 오히려 내 잘못된 행실과 습관을 고쳐 변화될 수 있는 기회로 만들어야 합니다.

장애물을 조심하라

이렇게 징계의 유익을 이야기한 히브리서 기자는 이제 성도가 조심해야 할 경고의 말씀을 합니다. 하나님이 우리에게 징계를 주시는 이유는 다음과 같은 죄에 빠지지 않게 하기 위해서입니다.

화평함과 거룩함을 따르라.

"모든 사람과 더불어 화평함과 거룩함을 따르라 이것이 없이는 아무도 주를 보지 못하리라"(히 12:14).

신자가 따라야 할 두 가지는 모든 사람과 화평하는 것과 거룩을 추구하는 것입니다. 모든 사람과 화평하는 것이 공동체의 거룩입니다. 하나님은 공동체가 서로 싸우고 분열할 때, 이것이 당신의 전을 더럽힌 것이라고 하십니다. 고린도교회가 바울파, 아볼로파, 게바파로 갈라져 분쟁할 때 최종적으로 바울이 이렇게 경고합니다. "누구든지 하나님의 성전을 더럽히면 하나님이 그 사람을 멸하시리라 하나님의 성전은 거룩하니 너희도 그러하니라"(고전 3:17). 분쟁하는 것이 더럽히는 것이고, 하나님께서 그런 사람을 멸하신다고 경고합니다. 서로 화평한 공동체가 거룩한 공동체요, 그러한 공동체 속에 하나님이 함께하십니다. 우리가 싸우는 순간 주님의 임재는 싹 사라지고 맙니다.

또 하나, 개인적으로는 거룩을 추구해야 합니다. 관계에서는 화평의 거룩을, 개인적으로는 모든 죄에서 깨끗한 거룩을 추구할 때 우리는 주님을 볼 수 있습니다. 거룩하지 않으면 주를 보지 못합니다. 하지만 이것은 전혀 죄가 없어야 한다는 말이 아닙니다. 날마다 거룩을 추구해야 한다는 뜻입니다. 그래서 점점 거룩해져 가야 합니다. 그런 자가 결국 저 천국에서 하나님을 볼 것입니다. 하지만 거룩의 열매가 없고 성화되어가지 않는다면 그 사람은 천국에 들어갈 확률이 희박합니다.

쓴 뿌리가 나지 않게 하라.

"너희는 하나님의 은혜에 이르지 못하는 자가 없도록 하고 또 쓴 뿌리가 나서 괴롭게 하여 많은 사람이 이로 말미암아 더럽게 되지 않게 하며"(히 12:15).

하나님의 은혜에 이르지 못하는 자가 없도록 하라는 말은 많은 은혜를 받고도 결국 구원에 이르지 못하는 자가 없도록 하라는 것입니다. 즉 배교하지 않도록 하라는 말입니다. 타락하지 않게 해야 합니다.

또 쓴 뿌리가 나서 사람들을 괴롭히고 더럽게 되지 않게 하라고 합니다. 여기의 '쓴 뿌리'는 신명기 29장 18–19절에서 인용한 말로, '여호와 하나님을 떠나 다른 신을 섬기면서도 자신들은 안전할 것이라고 생각하는 사람들'을 가리킵니다. 그러므로 여기서는 '신자 안에 하나님의 은혜에서 떨어지도록 하는 사람들'을 말합니다. 믿음에서 떠나게 하는 사람, 다시 말해 의심, 다른 교훈, 이단, 방탕, 불평, 불만을 심어서 은혜에 이르지 못하게 하는 사람입니다. 그들로 인해서 많은 사람이 더러워집니다. 그러므로 공동체 안에 그러한 자들이 나지 않도록 하라는 것입니다.

특별히 이단이 가장 악질적인 쓴 뿌리입니다. 한 번 이단에 감염되면 영혼이 더러워져서 말씀을 항상 왜곡해서 듣게 되어 은혜에 이르지 못합니다. 이단에서 들은 말씀 때문에 전혀 다른 생각을 하고, 순수한 말씀의 정수에 이르기가 힘듭니다. 그래서 이단에 빠졌다가 돌아온 사람은 전문적으로 그러한 사람들을 교육하는 기관에서 1~2년간 훈련을 받으며 생각의 세척을 거쳐야 합니다.

말씀이 말하는 바를 그대로 받아들이려고 할 때 은혜가 느껴지고 성장이 일어납니다. 신앙이 성장하지 않는 사람의 특징은 과거에 가지고 있던 자신의 생각에 말씀을 꿰맞추는 것입니다. 20년, 30년 신앙생활을 했어도 제대로 성경을 공부해본 적도 없으면서 자기가 가지고 있는 것이 전부인 것처럼 생각하고 말씀을 그대로 받아들이지 않은 채 자기 틀 안에 집어넣으려고 하는 것입니다. 자기 틀에 맞지 않으면 다 흘려버립니다. 이런 사람의 신앙은 자라지 않습니다. 특히 교역자들은 자기가 신학교에서 배운 지식의 틀로 판단을 하고 꿰맞추면 잘 성장하지 못합니다. 마찬가지로 이단도 생각이 감염되어 설교가 들어가지 않습니다. 모든 것을 꼬아놓고 이상하게 해놓았기 때문입니다.

하나님의 특별한 은혜가 있어야 말씀의 눈이 열리고 깨달을 수 있습니다. 하지만 깨닫는 것이 중요하지 않습니다. 깨달음에 믿음을 적용해야 합니다. 깨달음에 자부심을 느끼고, 자신이 남들과 다르고 특별하다고 생각하면서 자기를 주인공으로 만들어낼 때 이단이 발생합니다. 이단에 가면 다 말씀을 열심히 공부합니다. 하지만 모든 말씀을 예수가 아닌 다른 길로 꼬아놓았습니다. 거기서 교육을 받으면 영혼에 쓴 뿌리가 가득해져서 순결한 하나님의 말씀이 자리 잡을 틈이 없습니다. 그래서 이단을 조심하고 그들과는 교제도 하지 말아야 합니다.

음행을 조심하라.

"음행하는 자와 혹 한 그릇 음식을 위하여 장자의 명분을 판 에서와 같이 망령된 자가 없도록 살피라"(히 12:16).

'음행하는 자'를 에서에 비교합니다. 에서를 함께 언급하는 이유는 에서가 장자의 명분을 팔아넘긴 배후에 음행이 있음을 말해주기 위해서입니다. 그는 헷 여인을 아내로 삼아서 부모의 근심이 됩니다. 성적으로 방탕한 그의 모습은 그가 거룩한 일에 무관심한 육적인 사람임을 말해 줍니다. 결국 그는 장자권을 팔아버립니다. 자기 마음껏 육체적인 정욕대로 살고, 이방 여인과 결혼해서 살아가는 데 장자권이 거추장스러웠던 것입니다. 하나님이 에서의 장자권을 빼앗은 것이 아니라 사실 그가 팔았습니다.

"너희가 아는 바와 같이 그가 그 후에 축복을 이어받으려고 눈물을 흘리며 구하되 버린 바가 되어 회개할 기회를 얻지 못하였느니라"(히 12:17).

결국 에서는 야곱에게 축복을 빼앗긴 후에 아버지에게 축복해 달라고 눈물을 흘리며 구했지만, 받지 못했습니다. 성경은 이에 대해서 "버린 바가 되어 회개할 기회를 얻지 못했다"라고 합니다. 그가 흘린 눈물은 회개의 눈물이 아니라 복을 달라는 눈물입니다. 우리도 에서처럼 장자권을 가졌다고 해도, 즉 복음의 약속이 있어도 음행과 육체적 방탕에 빠지면 결국 자기 육체대로 살고 싶어서 그것을 거추장스럽게 여기게 됩니다. 팥죽 한 그릇에 팔아버리고 맙니다. 이렇게 은혜를 다 쏟아버리면 정죄하는 하나님에게서 등을 돌리고 그리스도에게서 떨어집니다. 믿음을 배반하면 에서처럼 회개할 기회를 얻지 못합니다. 우리가 가진 소중한 구원을 등한히 하면 결국 잃어버리고 다시 구할 기회가 없습니다. 이것을 조심해야 합니다.

믿음의 경주를 위한 마지막 경고를 유념하라

시내산과 시온산의 차이를 알라.

바울은 자꾸 유대교 율법으로 돌아가려는 본질이 무엇인지 알아야 한다고 합니다. 히브리서 기자는 그들이 구원을 잃어버리지 않게 하기 위해서 지금 얼마나 복된 곳에 서 있는지를 이야기합니다. 그리고 그들이 돌아가려는 유대 율법이 얼마나 무서운 것인지도 알려줍니다.

불붙는 시내산(유대인들이 있는 곳)

"너희는 만질 수 있고 불이 붙는 산과 침침함과 흑암과 폭풍과 나팔 소리와 말하는 소리가 있는 곳에 이른 것이 아니라"(히 12:18-19상).

시내산은 율법이 주어진 곳입니다. 이 말씀은 과거 이스라엘이 시내산에서 율법을 받을 때의 분위기를 말해주는데, 너무 무섭습니다.

"그 소리를 듣는 자들은 더 말씀하지 아니하시기를 구하였으니"(히 12:19하).

이스라엘 백성은 그 산에서 나는 음성이 너무 무서워서 더 이상 말씀하시지 않기를 구했습니다. 모세에게 듣고 와서 이야기해 달라고 했습니다.

"이는 짐승이라도 그 산에 들어가면 돌로 침을 당하리라 하신 명령을 그들이 견디지 못함이라 그 보이는 바가 이렇듯 무섭기로 모세도 이르되 내가 심히 두렵고 떨린다 하였느니라"(히 12:20-21).

그리고 그 산에는 짐승이라도 들어가면 돌로 쳐 죽임을 당하였습니다. 그래서 모세가 보기에도 너무 무서워서 두렵고 떨린다고 했습니다.

이것이 시내산입니다. 율법의 실상이기도 합니다. 이것이 그들이 다시 돌아가려는 첫 언약의 상태입니다. 지금 히브리서 기자는 율법으로, 즉 첫 언약 아래로 돌아가는 것이 얼마나 무서운 명령 아래로 가려고 하는 것인지 보여주고 있습니다. 실체를 밝혀줍니다. 겉으로 보면 근사해 보이고, 장엄해 보이고, 빛나 보이는 유대 성전이 실상은 무서운 곳입니다. 네가 그렇게 살지 않으면 돌로 쳐 죽임을 당할 것이라고 말합니다. 인간의 행위를 강조하는 종교의 실상을 알아야 합니다. 사람의 행위를 말하는 종교는 이런 무자비함으로 우리를 끌고 갑니다. 율법 선생이 되어 맨날 야단칩니다. 이단이 바로 이런 곳입니다. 가면 결국 죽습니다.

영광스러운 시온산(신자가 이른 곳)

"그러나 너희가 이른 곳은 시온산과 살아계신 하나님의 도성인 하늘의 예루살렘과 천만 천사와 하늘에 기록된 장자들의 모임과 교회와 만민의 심판자이신 하나님과 및 온전하게 된 의인의 영들과 새 언약의 중보자이신 예수와 및 아벨의 피보다 더 나은 것을 말하는 뿌린 피니라"(히 12:22-24).

'시온산'은 예루살렘이 있는 산입니다. 다윗의 성이 있던 곳으로 시온성이라고도 합니다. 하나님의 거룩한 산으로, '하나님이 거하시는 곳' 또는 '살아계신 하나님의 도성'이라고 불립니다. 그러니 얼마나 든든합니까? 그분이 지켜주십니다. '하늘의 예루살렘'은 영광스러운 신부와 같이 아름답습니다. 우리가 이미 그런 곳에 이르렀습니다. 거기에 하나님이 거하십니다. '천만 천사'는 수많은 천군 천사가 하나님을 찬양하는 곳에 이르렀다는 것입니다. '장자들의 모임'은 하나님의 사랑을 받는 자들의 모임을 의미합니다. 우리는 하나님의 사랑을 받는 대상이란 말입니다. '교회'는 세상으로부터 부름 받은 하나님의 선택받은 백성들의 모임입니다. '만민의 심판자이신 하나님'은 어떤 분이십니까? 믿는 자들을 핍박하고 잡아 죽인 자들을 모두 심판해서 공의로 신자들의 원한을 갚아주실 분입니다. '온전하게 된 의인의 영들'은 수많은 의인이 핍박 속에 죽었지만 다 하나님 앞에서 온전하게 되어, 요한계시록에 나온 하나님과 함께 있는 거룩한 성도들을 말합니다.

'새 언약의 중보자이신 예수'는 그곳에 영광스러운 언약을 이루어주실 중보자 예수님이 계심을 말합니다. '아벨의 피보다 더 나은 것을 말하는 뿌린 피'는 무엇일까요? 아벨의 피는 소리를 질러서 자신의 의를 부르짖습니다. 그러나 그리스도의 피는 용서를 말합니다. 예수님의 피는 당신의 죄를 위해 내가 죽었다고 말합니다. 그를 의지하는 사람들을 깨끗하게 하는 피에 이르렀다는 것입니다. 그래서 정죄가 없습니다. 하나님의 영광이 함께합니다. 이런 엄청난 영광에 이르렀는데 다시 시내산으로 돌아가겠느냐는 것입니다. 새 언약 아래 있는 그들은 이렇게 아름답고 영광스러운 곳에 이르는 것입니다.

땅의 경고와 하늘의 경고의 차이를 알라.

"너희는 삼가 말씀하신 이를 거역하지 말라 땅에서 경고하신 이를 거역한 그들이 피하지 못하였거든 하물며 하늘로부터 경고하신 이를 배반하는 우리일까 보냐"(히 12:25).

땅에서 경고하시는 이의 소리는 땅을 진동하였습니다.

"그때에는 그 소리가 땅을 진동하였거니와 이제는 약속하여 이르시되 내가 또 한 번 땅만 아니라 하늘도 진동하리라 하셨느니라"(히 12:26).

하늘에서 경고하신 이는 땅만 아니라 하늘도 진동케 할 것이라고 합니다. 학개서 2장 6절을 인용하여 땅만 아니라 하늘도 진동하리라고 하십니다.

"이 또 한 번이라 하심은 진동하지 아니하는 것을 영존하게 하기 위하여 진동할 것들 곧 만드신 것들이 변동될 것을 나타내심이라"(히 12:27).

왜 진동시키십니까? 진동하지 않을 나라를 영원히 있게 하기 위해서 진동하는 것, 곧 이 땅과 땅의 피조물들을 없애버리신다는 것입니다.

이 땅에는 진동하는 나라와 진동하지 않는 나라가 있습니다. 진동하지 않는 나라가 바로 시온산, 예수님을 통해 주어진 나라입니다. 이 나라가 이 땅에 번성하면 번성할수록 궁극적으로 사라질 진동할 나라는 점점 더 흔들리게 됩니다. 그래서 이 세상은 점점 더 흔들릴 것입니다.

이것은 이전 솔로몬의 영광을 본 사람들이 스룹바벨 성전의 초라한 영광을 보고 울 때 학개가 하는 이야기입니다. "초라해 보이느냐? 장차 보배가 열리니 그를 통해 하나님의 영광이 충만하고, 하나님이 땅과 하늘을 진동시켜버리실 것이다. 대단해 보이는 모든 열국이 다 사라질 것이고, 성전의 실체가 되시는 우리 예수님이 오심으로 영원히 진동하지 않을 나라가 세워질 것이다. 눈에 보이는 것에 현혹되어 흔들리지 말라."

지금 눈에 보이는 교회가 초라하다고 흔들리지 말아야 합니다. 이것이 장차 영광스러운 하나님 나라가 될 것입니다. 이 땅의 것은 대단해 보이지만 결국 흔들리고 없어질 것입니다. 정말로 예루살렘 성전은 A.D. 70년에 무너져버립니다. 즉 온 우주가 불에 타서 멸망하게 되고, 영원한 하나님 나라와 그의 백성들만 영존하게 될 것이라는 말입니다. 우리가 그런 곳에 이르렀다는 것입니다.

하나님께 감사하며, 경건함과 두려움으로 기쁘시게 섬기라.

"그러므로 우리가 흔들리지 않는 나라를 받았은즉 은혜를 받자"(히 12:28상).

우리는 흔들리지 않는 나라를 받았습니다. 그러므로 여기서 '은혜를 받자'는 말은 원문대로 하면 '감사하자'로 번역하는 것이 더 옳습니다. 감사하자는 말입니다.

"이로 말미암아 경건함과 두려움으로 하나님을 기쁘시게 섬길지니"(히 12:28하).

그리고 경건함과 두려움으로 하나님을 기쁘시게 섬겨야 합니다. 그런데 이 기쁨은 경건하고 두려워하는 기쁨입니다.

"우리 하나님은 소멸하는 불이심이라"(히 12:29).

왜냐하면 하나님은 소멸하는 불이시기에 그렇습니다. 우리는 절대로 세상으로 향하거나 흔들리지 말고, 우리가 서 있는 곳의 영광이 얼마나 큰 것인지 기억하며 믿음으로 가야 합니다. 만약 이 경고를 외면해서 그리스도를 떠나면 결국 그는 소멸하는 불이신 하나님을 맞닥뜨릴 뿐입니다.

14장

합당한 열매를 맺으며 살라

: 신자는 이렇게 산다

(히 13:1-17)

CHAPTER 14

합당한 열매를 맺으며 살라

: 신자는 이렇게 산다 (히 13:1-17)

히브리서 1~10장은 딱딱한 교리입니다. 그리고 11~13장은 우리가 어떻게 살아야 하는가를 말해주는 적용입니다. 과연 구원받은 신자는 어떻게 살아야 할까요? 11장에서 믿음을 이야기하였습니다. 거듭난 사람은 말씀을 그냥 듣는 사람이 아니라 말씀에 믿음을 화합하여 믿음의 역사를 이루는 사람입니다. 그래서 믿음의 증인들을 소개했습니다. 믿음을 화합하지 않으면 아무 유익이 없지만, 믿음을 화합하면 놀라운 역사가 일어나는 것을 볼 수 있습니다. 12장에서는 거듭난 사람은 믿음의 경주를 끝까지 인내하면서 완주한다는 것을 보여줍니다. 앞에 있는 즐거움을 바라보면서 지금은 힘들고 어려워도 낙심하지 않고 인내합니다. 거듭난 사람은 하늘의 소망을 바라보기에 '소망의 인내'를 이야기합니다. 마지막 13장은 사랑을 이야기합니다. 사랑의 수고, 사랑의 섬김에 대한 말씀입니다. 거듭난 사람에게 나타나는 구원의 확실한 증거는 세 가지입니다. 바로 믿음의 역사, 소망의 인내, 사랑의 수고입니다. 이제 신자가 살아가야 하는 사랑의 삶, 사랑의 섬김에 대해 살펴보겠습니다.

형제 사랑이 믿음의 증거다

"형제 사랑하기를 계속하고"(히 13:1).

형제 사랑하기를 계속하라고 합니다. 이미 하고 있는데 계속하라는 말입니다. 형제 사랑이 예수를 믿는 사람의 증거입니다. 왜 예수 믿는 사람의 증거가 '형제 사랑'일까요? 우리는 예수님의 사랑을 입었습니다. 그 사랑의 본질이 형제 사랑입니다. 예수님을 믿음으로 하나님의 자녀가 된 우리는 예수님과 한 아버지를 가졌습니다. 그런데 예수님이 비천한 우리를 형제라 부르기를 부끄러워하지 않으셨습니다. 비천한 우리를 위해서 목숨을 내어주셨습니다. 우리의 맏형이신 예수님이 형제인 우리를 사랑하신 것입니다. 우리가 그런 은혜를 입었기에 당연히 예수님을 믿고 변화된 사람의 특징은 형제를 사랑하는 모습입니다. 그 사람의 신분, 직업, 외모, 학력, 빈부 등에 상관없이 예수님을 믿고 한 아버지의 형제라는 이유 하나로 서로 사랑하는 것입니다. 그래서 예수님을 믿고 정말로 거듭나면 다른 믿는 사람이 너무나 좋습니다. 아무 연관이 없는 사람들이 모여서 서로 바쁜 시간을 나누고, 삶을 나누고, 사랑을 나누고 섬기게 됩니다. 이것은 예수님을 사랑하는 사람들(교회)의 중요하고 특이한 특징입니다.

"그 형제를 사랑하지 아니하는 자는 하나님께 속하지 아니하니라"(요일 3:10하). 우리가 하나님의 자녀라는 가장 강력한 증거는 하나님의 다른 자녀를 사랑하는 태도입니다. 그를 사랑하는지 여부를 보면 그가 하나님의 자녀인지 아닌지 알 수 있습니다. "그가 우리를 위하여 목숨을 버리셨으니 우리가 이로써 사랑을 알고 우리도 형제들을 위하여 목숨을 버리는 것이 마땅하니라"(요일 3:16). 정말 놀랍고 이해하기 어려운 부르심입니다.

제가 부목사 시절에 알던 한 동료 목사님 이야기입니다. 유학도 다녀오고 실력이 있는 분이었습니다. 이분의 목회 비전은 대도시나 분당, 판교 같은 수도권에 있었습니다. 그런데 어느 날 이 목사님이 갑자기 위독해져서 사경을 헤매게 되었습니다. 거의 몇 주간 사투를 벌이면서 온 교회가 목사님을 위해 간절히 부르짖어 기도했습니다. 정말 기적적으로 살아난 후에 이분이 그동안 자기를 위해서 기도해준 성도들의 이야기를 들었습니다. 심지어 어느 한 성도가 자기를 데려가시고 목사님을 살려달라고 부르짖으며 기도했다는 이야기에 이 목사님이 충격을 받았습니다. '자기를 잘 알지도 못하는 성도들이 어떻게 자기를 위해서 이렇게 기도한단 말인가?' 그 후로 회복이 되고 좀 시간이 지나서 변두리 중소도시의 한 교회에서 청빙 요청이 왔습니다. 이전 같으면 절대로 간다고 하지 않았을 텐데, 이분이 완전히 바뀌었습니다. '나도 주님의 형제들을 위해서 내 목숨을 버려야겠다.' 그리고 그들에게 자신의 삶을 내어주러 가셨습니다. 이것이 바로 그리스도 안에 있는 형제 사랑입니다. 그러면 구체적으로 형제 사랑은 어떤 것일까요?

환대함으로 사랑하라.

"손님 대접하기를 잊지 말라 이로써 부지중에 천사들을 대접한 이들이 있었느니라"(히 13:2).

형제 사랑은 다른 사람을 환대하는 모습으로 나타납니다. 여기에서 '손님'은 나그네 된 형제입니다. 초대교회 당시에는 많은 사람이 복음 때문에 핍박을 받고 나그네가 되었습니다. 또 복음 때문에 사명을 받고 집을 떠나 순회전도자가 되었습니다. 그들은 먹을 것을 주님께 의뢰하고 생명의 복음을 위해 걷는 자들이었습니다. 그들을 기꺼이 맞이하고 대접하라는 것입니다.

그렇게 손님을 대접할 때 부지중에 천사들을 대접한 이들이 있다고 합니다. 아브라함이 그랬습니다. "여호와께서 마므레의 상수리나무들이 있는 곳에서 아브라함에게 나타나시니라 날이 뜨거울 때에 그가 장막 문에 앉아 있다가 눈을 들어 본즉 사람 셋이 맞은편에 서 있는지라 그가 그들을 보자 곧 장막 문에서 달려나가 영접하며 몸을 땅에 굽혀 이르되 내 주여 내가 주께 은혜를 입었사오면 원하건대 종을 떠나 지나가지 마시옵고 물을 조금 가져오게 하사 당신들의 발을 씻으시고 나무 아래에서 쉬소서 내가 떡을 조금 가져오리니 당신들의 마음을 상쾌하게 하신 후에 지나가소서 당신들이 종에게 오셨음이니이다 그들이 이르되 네 말대로 그리하라"(창 18:1-5). 아브라함은 이들을 나그네로 알고 영접했는데 천사였습니다. 그리고 그들이 아브라함에게 내년에 아들을 낳을 것이라고 약속의 말씀을 전해줍니다.

소돔 고모라에 살던 롯도 마찬가지입니다. "저녁 때에 그 두 천사가 소돔에 이르니 마침 롯이 소돔 성문에 앉아 있다가 그들을 보고 일어나 영접하고 땅에 엎드려 절하며 이르되 내 주여 돌이켜 종의 집으로 들어와 발을 씻고 주무시고 일찍이 일어나 갈 길을 가소서 그들이 이르되 아니라 우리가 거리에서 밤을 새우리라 롯이 간청하매 그제서야 돌이켜 그 집으로 들어오는지라 롯이 그들을 위하여 식탁을 베풀고 무교병을 구우니 그들이 먹으니라"(창 19:1-3). 나그네를 환대했는데 그들은 천사였고, 롯은 구원을 받았습니다.

누가복음에서 엠마오 마을로 내려가던 제자들이 예수님을 알아보지 못했습니다. 그런데 언제 그들이 부활하신 예수님을 알아봅니까? "그들이 가는 마을에 가까이 가매 예수는 더 가려 하는 것같이 하시니 그들이 강권하여 이르되 우리와 함께 유하사이다 때가 저물어가고 날이 이미 기울었나이다 하니 이에 그들과 함께 유하러 들어가시니라 그들과 함께 음식 잡수실 때에 떡을 가지사 축사하시고 떼어 그들에게 주시니 그들의 눈이 밝아져 그인 줄 알아보더니 예수는 그들에게 보이지 아니하시는지라"(눅 24:28-31). 이렇게 나그네를 대접하다가 그들은 예수님을 영접했습니다. 그래서 초대교회에서 감독의 자격 중 하나로 나그네 대접하기를 잘하는지 보았습니다(딤전 2:2).

나그네 환대만 생각하면 제가 20년 전 우리 아이들과 미국을 방문했을 때 환대 받은 일이 떠오릅니다. 20년 전 한 살, 세 살, 다섯 살 된 아이들을 데리고 안식월을 받아서 미국에 간 적이 있습니다. 아는 선배 목사님의 초대로 그분만 믿고 갔습니다. 그런데 그 교회 장로님 눈치가 보여서 더 있을 수가 없었습니다. 결국 차를 빌려서 무조건 떠났습니다. 아는 사람은 아무도 없고, 20년 전 내비게이션도 없을 때입니다. 아내나 저나 첫 미국 방문이고, 영어도 잘 못하는데, 차를 빌려 지도 하나 들고 떠났습니다. 그때부터 기가 막힌 만남을 통한 환대가 이어졌습니다. 아는 후배를 만났는데 사기 집에 머물다 가라고 우리를 붙잡았습니다. 거의 일주일을 머물렀는데 그때 받은 환대가 지금도 잊히지 않습니다. 우연히 알게 된 어느 장로님이 그냥 젊은 목사라는 한 가지 이유로 자기 집에서 며칠을 재워주고, 뉴욕에서 만난 한 조선족 그리스도인 가정은 자기들 안방을 내주면서 3일을 대접해 주었습니다. 지금도 그분들 생각이 납니다. 그분들을 찾을 길이 없어서 늘 기도로 축복하곤 합니다. 제가 나그네 되었던 그때, 이 환대가 얼마나 큰 사랑인지 깊이 깨달았습니다.

오늘날 이 땅에서 나그네 된 사람들이 누구일까요? 대표적인 분들이 선교사님들입니다. 외국에서 사역하다 오면 집이 없습니다. 부모님이나 형제의 집도 눈치가 보입니다. 그런 면에서 선교사님들이 한국에 들어오면 나그네를 대접하는 마음으로 그분들을 환대하는 일이 필요합니다. 식사를 대접하고, 필요를 공급해주고, 쉴 곳을 제공해줄 때 그분들은 큰 힘을 얻습니다. 그 외에도 내 가정을 오픈하여 형제자매들을 대접하는 일도 환대입니다. 그런 과정을 통해 천사가 방문하고, 주님이 방문하고, 뜻밖의 축복을 경험할 수 있습니다.

돌봄으로 사랑하라.

"너희도 함께 갇힌 것같이 갇힌 자를 생각하고 너희도 몸을 가졌은즉 학대받는 자를 생각하라"(히 13:3).

또한 형제 사랑은 갇힌 자와 학대받는 자를 돌보는 일입니다. 그들을 대할 때, 우리가 갇힌 듯이 생각하고, 내 몸이 학대받는 것처럼 아픔을 공감하라고 합니다. 왜 그럴까요? 형제이기 때문입니다. 형제 중에 누가 아프고 힘들면 그 아픔을 내 것처럼 여기고 돌보아야 합니다.

특별히 이들은 그리스도의 복음 때문에 갇히고 학대받았습니다. 우리는 대한민국을 위해서 독립운동을 하다가 돌아가신 분들, 나라를 지키다가 죽은 분들을 순국선열이라고 합니다. 그분들을 유공자로 대우하고 그분들의 생계를 국가에서 지원합니다. 미국에서는 군인이 비행기를 타거나 기차를 타면 자리를 양보합니다. 영국 여왕은 상이군인이 행군할 때 자리에서 일어나 경의를 표했다고 합니다. 우리도 그리스도를 섬기다가 희생한 분들을 나 몰라라 하면 안 됩니다. 우리가 그들을 돌보고 그들의 고통을 내 고통처럼 생각할 때, 그늘과 함께 하나님 나라의 복음을 섬기는 일꾼이 되는 것입니다. 그리고 그러한 사랑이 있어야 기꺼이 복음을 들고 헌신할 수 있습니다. 복음을 전하다 은퇴한 선교사님들은 한국에 들어오면 노후대책이 하나도 없습니다. 가난하게 사역하던 농촌 교회 목회자님들도 은퇴하고 나면 앞길이 막막합니다. 여전도사님들도 마찬가지입니다. 우리가 그런 분들을 깊이 생각하고 돌아보아야 합니다.

주를 섬기다가 아픈 분들이나 어려운 일을 당한 분들을 내 가족처럼 돌보며 격려하시기 바랍니다. 개척교회나 농촌교회 목회자들, 선교사들을 기억하고, 그들의 아픔을 함께 나누어주길 바랍니다. 그들의 어려움을 나와 우리 가족의 아픔처럼 여기고 함께 아파하며 돌보아줄 때 그들이 다시 일어나서 교회의 일꾼으로 세워질 수 있습니다. 우리 주변에는 주의 복음 때문에 아픔을 감수하는 분들이 많이 있습니다. 그들의 아픔을 내 자신의 아픔처럼 생각하고 돌보는 일이 바로 형제를 사랑하는 일입니다.

형제 사랑을 방해하는 두 가지 사랑

쾌락을 사랑하면 형제를 사랑할 수 없다.

"모든 사람은 결혼을 귀히 여기고 침소를 더럽히지 않게 하라 음행하는 자들과 간음하는 자들을 하나님이 심판하시리라"(히 13:4).

갑자기 결혼을 귀히 여기고 침소를 더럽히지 말라는 권면이 나옵니다. 왜 이 말씀을 할까요?

첫째, 우리가 자기 가정을 거룩하게 지키지 못하고, 몸을 거룩하게 지키지 못하면서 형제를 사랑한다면, 그것은 하나님 앞에 가증한 일입니다. 자기 몸을 방탕하게 두면서 이웃 사랑과 인류 평화를 말하는 것은 결코 하나님이 받으시는 선이 아니며, 기독교적인 경건이 아닙니다. 말씀에도 음행하고 간음하는 자들을 하나님이 심판하시리라고 합니다.

둘째, 우리가 형제를 사랑하려면 먼저 가정이 행복해야 합니다. 그래야 나그네를 환대할 수 있습니다. 가정이 행복하려면 형제를 사랑하기 전에 먼저 아내를 사랑해야 합니다. 그러려면 침소를 더럽히면 안 됩니다. 혼인을 귀하게 여기라는 말은 결혼 관계를 잘 지키라는 말입니다. 부부가 사랑으로 하나 될 때 그 힘으로 형제를 사랑할 수 있습니다. 형제를 사랑한다고 하면서 정작 자신의 아내나 남편에게 소홀하다면 그 사랑은 지속될 수 없습니다.

셋째, 쾌락을 사랑하면 형제를 사랑할 수 없습니다. 형제 사랑은 주님을 사랑하기에 나타납니다. 하지만 주님이 아니라 쾌락을 사랑하면 그것은 형제 사랑을 가로막는 장애물이 됩니다.

돈을 사랑하면 형제를 사랑할 수 없다.

"돈을 사랑하지 말고 있는 바를 족한 줄로 알라"(히 13:5상).

우리가 형제를 사랑하지 못하게 하는 또 다른 사랑이 바로 돈을 사랑하는 것입니다. 돈은 필요하지만 결코 사랑의 대상이 아닙니다. 사랑한다는 것은 그것을 위해서 내 삶을 헌신하는 대상으로 삼는다는 것입니다. 삶의 목적이 되는 것입니다. 형제를 사랑하고, 나그네를 대접하고, 갇힌 자를 동정하려면 경제적인 섬김이 따릅니다. 돈은 사랑의 도구입니다. 하지만 돈이 목적이 되면, 돈을 내주기 어렵고, 돈을 버느라 바빠서 사랑할 시간도 없고, 돈을 벌기 위해 사랑해야 할 형제를 오히려 이용하고 착취합니다. 바로 이러한 돈 사랑이 형제 사랑의 장애물입니다.

오히려 성경은 우리에게 있는 바를 족한 줄로 알라고 합니다. 사도 바울도 "우리가 먹을 것과 입을 것이 있은즉 족한 줄로 알 것이니라"(딤전 6:8)고 하였습니다. 그러면 어떻게 족하게 여길 수 있습니까?

"그가 친히 말씀하시기를 내가 결코 너희를 버리지 아니하고 너희를 떠나지 아니하리라 하셨느니라"(히 13:5하).

주님이 함께하시기 때문입니다. 하나님은 우리의 필요를 공급하시는 아버지이십니다. 그분이 채워주실 것을 믿기 때문입니다.

"그러므로 우리가 담대히 말하되 주는 나를 돕는 이시니 내가 무서워하지 아니하겠노라 사람이 내게 어찌하리요 하노라"(히 13:6).

또한 주님은 우리를 도와주시고 지켜주시는 분입니다. 우리가 돈을 사랑하는 이유는 돈이 내 생명과 안전을 좌우한다고 믿기 때문입니다. 하지만 돈이 아니라 하나님이 내 공급자이시고 보호자이십니다.

그러므로 돈은 필요한 만큼만 있으면 자족하고, 그것을 목표로 삼지 말아야 합니다. 그래야 형제를 사랑할 수 있습니다. 하나님을 사랑하고 신뢰해야 형제를 사랑할 여유가 생기고 시간과 힘이 생깁니다. 결국 우리가 형제를 사랑하려면, 쾌락 대신에 주님을 사랑하고, 돈 대신에 주님을 신뢰해야 합니다.

어떻게 형제 사랑의 열매를 맺는가?

이어서 나오는 말씀도 어떤 연관성을 찾기가 쉽지 않아 보입니다. 그런데 유심히 보면 결국 형제 사랑의 열매는 바른 복음과 가르침에서 나오는 것임을 알 수 있습니다.

말씀을 가르쳐준 지도자들의 삶과 믿음을 본받으라.

"하나님의 말씀을 너희에게 일러 주고 너희를 인도하던 자들을 생각하며 그들의 행실의 결말을 주의하여 보고 그들의 믿음을 본받으라"(히 13:7).

먼저 그들에게 하나님의 말씀을 가르치며 인도하던 자들을 생각하라고 합니다. 그들의 행실의 결말을 주의하여 보라는 것은 그들이 어떻게 살다가 죽었는지 살펴보라는 말입니다. 그리고 그들의 믿음을 본받으라고 합니다. 우리에게 세상적인 유혹이 찾아올 때, 말씀대로 살아간 믿음의 선배들을 떠올리는 것은 큰 도전이 됩니다. 세상 욕심에 마음이 미혹되면 분별력이 떨어집니다. 쾌락을 사랑하고 돈을 사랑하며 사는 삶을 정상으로 여기게 됩니다. 그때 우리는 먼저 존경하는 믿음의 선배들이 어떻게 살다가 죽었는지 떠올려야 합니다. 그러면 오늘 우리가 어떻게 살아가야 할지 답이 나오기 때문입니다. 여기에서 결말이라고 한 것은 인생의 열매를 말합니다. 결국 그 결말이 좋다는 것을 내포합니다. 어려운 중에도 형제를 사랑하라는 말씀에 순종하며 산 선배들의 결말이 어떠했습니까? 아름다웠습니다. 사도 요한은 가이오 장로가 나그네를 대접하는 것을 보고 "네 영혼이 잘됨같이 네가 범사에 잘되고 강건하기를 내가 간구하노라"(요삼 1:2)고 하였습니다. 나그네를 대접하는 가이오 장로를 축복했습니다.

"예수 그리스도는 어제나 오늘이나 영원토록 동일하시니라"(히 13:8).

그들의 결말을 아름답게 인도하신 주님은 오늘도 동일하십니다. 그러므로 우리가 그런 분들의 믿음을 본받아 형제 사랑하기를 계속해야 합니다.

다른 교훈이 아니라 은혜로서 마음을 굳게 하라.

"여러 가지 다른 교훈에 끌리지 말라 마음은 은혜로써 굳게 함이 아름답고 음식으로써 할 것이 아니니 음식으로 말미암아 행한 자는 유익을 얻지 못하였느니라"(히 13:9).

다른 교훈은 바로 유대 율법의 제사를 좇는 것입니다. 여기에서 음식은 제사 음식의 규례를 말합니다. 그것들로 마음을 변화시키지 못합니다. 제사가 아니라 은혜로써 해야 합니다.

"이에 따라 드리는 예물과 제사는 섬기는 자를 그 양심상 온전하게 할 수 없나니 이런 것은 먹고 마시는 것과 여러 가지 씻는 것과 함께 육체의 예법일 뿐이며"(히 9:9하-10상). 이 말씀은 그들이 과거에 몸담았던 유대의 제사로 다시 돌아가려는 유혹 가운데 있음을 전제합니다. 마음은 그러한 음식으로 굳건해지는 것이 아니라 은혜로써 굳건해집니다. 즉 앞에서 이야기한 육체의 정욕, 탐심으로부터 우리 마음을 지키는 것은 유대 제사로는 안 된다는 것입니다. 그것은 오직 은혜로만 가능합니다.

"우리에게 제단이 있는데 장막에서 섬기는 자들은 그 제단에서 먹을 권한이 없나니"(히 13:10).

유대 제사에는 한계가 있었지만, 우리에게는 은혜를 얻는 제단이 있습니다. 바로 하늘 성소의 제단으로서 그리스도의 십자가를 말합니다. 이 땅의 장막에서 섬기는 자들은 이 제단에서 먹을 권한이 없다고 합니다.

"이는 죄를 위한 짐승의 피는 대제사장이 가지고 성소에 들어가고 그 육체는 영문 밖에서 불사름이라"(히 13:11).

그 이유는 그들이 드리는 속죄제에서 짐승의 피는 대제사장이 가지고 성소에 들어가지만, 그 육체는 영문 밖에서 불사르기 때문입니다. 즉 제사장들이 화목제의 제물은 먹을 수 있지만, 속죄제의 제물은 모두 영문 밖에서 태우기 때문에 먹을 수 없었습니다. 이처럼 주님은 속죄 제물이 되셨기에 그 십자가의 제단 앞에서는 이 땅의 장막에서 섬기는 자들, 즉 여전히 율법 아래서 섬기는 자들은 먹을 권한이 없습니다.

그러면 우리의 제단에서 먹는다는 것은 무엇일까요? 이것은 성만찬을 의미하는 것이라고 봅니다. 주님이 제정하신 성만찬, 즉 떡과 포도주를 나누며 주님께서 나를 위해 죽으심을 기념하는 성찬식을 말합니다. 이것을 행한다는 것은 내가 주님의 구속을 입었고, 주님이 내 생명이 되신다는 고백입니다. 만약에 아직도 십자가로 폐지된 율법의 성전 제사로 돌아가서 음식 규례를 행해야 한다고 주장한다면, 혹은 하나님의 교회처럼 율법이 정한 유월절 음식을 먹어야 한다고 주장한다면, 그런 자들은 속죄제로 죽으신 주님의 제단에서 먹을 권한이 없습니다. 즉 십자가의 은혜에 참여할 권한이 없다는 말입니다. 십자가의 은혜에 참여하려면 그 성전 제사에서 나와야 합니다.

영문 밖으로 나아가자.

"그러므로 예수도 자기 피로써 백성을 거룩하게 하려고 성문 밖에서 고난을 받으셨느니라"(히 13:12).

제물로 드려지는 동물들이 영문 밖에서 불살라진 것처럼, 예수님도 자기 피로 백성을 거룩하게 하시려고 성문 밖에서 고난을 받으셨습니다. 예루살렘 성문 밖인 골고다 언덕에서 못 박혀 죽으셨습니다. 그러므로 은혜를 얻으려면 어떻게 해야 합니까?

"그런즉 우리도 그의 치욕을 짊어지고 영문 밖으로 그에게 나아가자"(히 13:13).

우리도 그의 치욕을 지고 영문 밖으로, 즉 예루살렘 성 밖으로 그에게 나아가야 합니다. 이것은 첫째, 그리스도의 은혜를 얻으려면 성전 제사에서 나와야 한다는 의미입니다. 둘째, 영문 밖, 즉 예루살렘 성 밖으로 나가야 한다는 말입니다. 예루살렘은 성전을 중심으로 한 율법 사회입니다. 누군가 성전 제사에 참여하지 않는다면 그는 곧 예루살렘에서 왕따가 되고 고난과 치욕을 당하며 손해를 보게 됩니다. 그러므로 그들에게 예수를 믿는다는 것은 예수님이 치욕을 지고 영문 밖에서 죽으신 그 고난을 따르는 길이었습니다. 믿음을 지키기 위해 안정된 예루살렘의 삶을 과감하게 버릴 각오를 해야 했습니다.

"우리가 여기에는 영구한 도성이 없으므로 장차 올 것을 찾나니"(히 13:14).

그러나 히브리서 기자는 이 예루살렘은 영구한 도성이 아니라고 말합니다. 우리에게는 장차 올 하늘에 하나님이 당신의 백성들을 위해서 마련하신 성이 있다는 것입니다.

영문 밖으로 나가는 것은 어떤 의미인가?

오늘날은 성전도, 예루살렘 성도 우리에게 없습니다. 그러면 우리가 영문 밖으로 나간다는 것은 어떤 의미를 가질까요?

형식주의의 영문 밖으로 나가야 한다.

성전 제사는 우리 주님의 모형입니다. 모형이기에 동물의 피와 제사는 우리의 양심을 온전하게 하는 데 효력이 없습니다. 그것은 장차 오실 주님을 알려주는 그림자요, 형식에 불과합니다. 그것들은 무너지고, 실체이신 예수님께 나아가야 그 피로 양심이 깨끗해지며 죄를 이길 수 있습니다. 하지만 유대인들은 효력 없는 형식과 제도 뒤에 숨어서 거룩한 척하며 실상은 탐욕을 행했기에 주님이 질책하셨습니다.

오늘날 영문 밖으로 나가라는 것은 이런 종교적 형식주의에서 나오라는 의미입니다. 습관적으로 주일에 교회에 와서 예배드리는 것이 우리를 거룩하게 해줍니까? 이 형식이 중요한 것이 아니라, 과연 내가 정말 죄를 이기는 주님의 은혜를 경험하고 있는지가 중요합니다. 형식과 전통을 강조하지만 정작 예수님은 없는 종교로 우리가 화석화되고, 제도화되고, 형식화되지 않도록 몸부림쳐야 합니다.

세속주의의 영문 밖으로 나가야 한다.

경건해 보이는 형식주의 안에 그들이 숨긴 것은 쾌락과 탐욕입니다. 그 성을 실제로 지배하는 것은 바로 세속주의입니다. 전통과 형식을 무시하고 현대적인 음악과 예배가 도입되는 것이 세속화가 아니고, 그 형식 아래 숨어서 자신의 정욕과 욕심을 추구하는 것이 세속화입니다. 세속주의는 언제나 경건한 제도와 형식으로 자신을 위장합니다. 단단한 전통주의와 형식주의의 껍질 안에 사실은 정욕과 욕심이 숨어 있습니다. 주님이 오셨는데도 예루살렘의 성전 제사를 붙잡고 있는 것이 바로 그들의 탐욕입니다. 주님은 거기서 나오라고 하십니다. 그 정욕과 욕심을 가지고 주님 앞에 나와서 죄를 깨끗게 하고 죄를 이기게 하시는 주님의 은혜를 받으라는 것입니다.

하나님이 받으시는 진성한 제사는 무엇인가?

하나님이 받으시는 것은 율법의 제사가 아닙니다. 어떤 예배 형식과 전통이 아닙니다.

찬송의 제사로 주를 고백하라.

"그러므로 우리는 예수로 말미암아 항상 찬송의 제사를 하나님께 드리자 이는 그 이름을 증언하는 입술의 열매니라"(히 13:15).

우리가 드려야 할 제사는 찬송의 제사입니다. 이 찬송의 제사가 그 이름을 증언하는 입술의 열매라고 합니다. 증언하는 입술은 고백하는 입술입니다. 우리가 정말 구원하신 주님을 믿는다면, 그분이 주님이심을 고백합니다. 그 고백을 위해 우리가 할 수 있는 것은 찬송입니다. 그래서 구원받으면 제일 먼저 찬송이 흘러나옵니다. 하루 종일 찬송을 부르고, 찬송가 1장에서부터 마지막 장까지, 복음성가집 1쪽부터 마지막 쪽까지 아는 곡을 다 불러도 기쁘고 좋습니다.

이것이 구원 목적입니다. 에베소서에 보면 삼위 하나님의 구원 사역이 나오고, 그 이유가 후렴마다 반복됩니다. "그의 영광을 찬송하게 하려 하심이라"(엡 1:14하). 우리가 감사하고 찬양하는 것이 우리가 드려야 하는 진정한 제사입니다. 그냥 예배 형식을 준수하는 것이 아니라 우리 입술과 마음으로 진실되게 찬송하길 원하시는 것입니다. 그 입술의 고백과 그 마음을 하나님이 원하십니다.

선행과 나눔의 제사로 서로 사랑하라.

"오직 선을 행함과 서로 나누어 주기를 잊지 말라 하나님은 이 같은 제사를 기뻐하시느니라"(히 13:16).

또 주님이 기뻐하시는 제사는 선행과 나눔으로 사랑을 실천하는 것입니다. 바로 형제 사랑의 삶을 살아가는 것, 이것이 바로 우리가 삶으로 주님께 올려드리려야 할 제사입니다. 우리가 진정으로 하나님을 기쁘시게 하는 예배는 우리가 사랑하는 삶입니다. 그 예물을 가지고 주님을 예배할 때 하나님이 기뻐하십니다.

우리가 주님께 드리는 헌금도 단지 예배의 형식이 아니라 나눔입니다. 우리의 것을 이웃과 나누는 제사로서 헌금을 드려야 합니다. 이 예물이 다른 형제들을 위해, 주의 복음을 위해, 하나님의 선한 사역을 위해 나뉘고 쓰입니다. 이런 마음으로 하나님께 예배를 드릴 때, 하나님이 이 예배를 기쁘게 받으십니다.

영적 지도자의 가르침에 순종하라

우리가 진정한 복음인 예수님께 나아가려면 영적 지도자의 인도가 중요합니다. 그런 면에서 영적 지도자를 향하여 두 가지 자세를 가져야 합니다.

그들을 인도하는 지도자들에게 순종하고 복종해야 한다.

"너희를 인도하는 자들에게 순종하고 복종하라 그들은 너희 영혼을 위하여 경성하기를 자신들이 청산할 자인 것같이 하느니라 그들로 하여금 즐거움으로 이것을 하게 하고 근심으로 하게 하지 말라 그렇지 않으면 너희에게 유익이 없느니라"(히 13:17).

우리에게는 영적 지도자가 필요합니나. 영적 지도자는 누구일까요? '너희 영혼을 위하여 경성하기를 자신들이 청산할 자인 것같이 하는 자'입니다. 즉 그들은 우리 영혼을 지키는 사람들이요, 이 일을 장차 하나님께 보고드릴 사람들입니다. 마치 양 떼를 지키기 위해서 깨어 있는 목자처럼 하나님께서 성도들의 영혼을 지키라고 세운 지도자입니다. 이처럼 영적 지도자는 혹이라도 성도의 영혼이 사탄에게 노략질당하고 이단에 넘어갈까 깨어서 그들을 지키고, 나중에 그 양 떼의 상황을 목자장이신 주님께 보고해야 합니다.

그러므로 히브리서 기자는 우리 영혼을 위해 목양하는 그들에게 순종하고 복종하라고 강조합니다. 순종은 그들의 가르침을 따르라는 말이고, 복종은 그 권위를 존중하라는 뜻입니다. "그들로 하여금 즐거움으로 이것을 하게 하고 근심으로 하게 하지 말라." 대부분의 목회자들은 주의 사역을 하면서 부귀영화를 얻지 못합니다. 그래도 이 일을 자랑스럽게 생각하는 것은 이 사역을 하나님이 맡겨주셨다는 사명 의식과, 이 일을 존중하고 존경해주는 성도들 때문입니다. 이로 인해서 힘을 얻고 즐겁게 사역합니다. 하지만 우리가 말씀을 따르지 않고 그들의 권위를 무시한다면, 즐거움이 아닌 근심으로 목회할 것이고, 그렇다면 서로에게 유익이 없습니다. 기왕이면 목회자가 즐거움으로 돌볼 수 있도록 따르십시오.

영적 지도자들을 위하여 기도해야 한다.

"우리를 위하여 기도하라 우리가 모든 일에 선하게 행하려 하므로 우리에게 선한 양심이 있는 줄을 확신하노니 내가 더 속히 너희에게 돌아가기 위하여 너희가 기도하기를 더욱 원하노라"(히 13:18-19).

히브리서 기자는 우리를 위하여 기도하라고 요청합니다. 선한 양심을 말하는 것을 보면 그가 감옥에 갇혀 있었는지도 모릅니다. 그래서 돌아가지 못하고 있었을 가능성이 있습니다. 여기 보면 '더' 속히 돌아가기 위해서 '더욱' 기도해주길 원한다고 합니다. 간절히 기도해달라는 부탁입니다. 이러한 기도가 있을 때 영적 지도자의 사역의 길이 열립니다. 제가 약한 몸을 가지고 목회를 할 수 있는 것은 성도님들의 중보기도 때문입니다. 영적인 사역은 기도 없이는 한 걸음도 나가지 못합니다. 하지만 기도의 일꾼은 언제나 부족합니다. 중보기도 사역에 헌신하여 교회를 세우는 데 바통을 잇는 우리가 되길 바랍니다.

은혜가 너희 모든 사람에게 있을지어다

마지막으로 히브리서 기자는 축복 기도와 문안으로 히브리서를 마칩니다.

너희 삶이 하나님께 쓰임 받길 원하노라.

"양들의 큰 목자이신 우리 주 예수를 영원한 언약의 피로 죽은 자 가운데서 이끌어 내신 평강의 하나님이 모든 선한 일에 너희를 온전하게 하사 자기 뜻을 행하게 하시고 그 앞에 즐거운 것을 예수 그리스도로 말미암아 우리 가운데서 이루시기를 원하노라 영광이 그에게 세세무궁토록 있을지어다 아멘"(히 13:20-21).

주님을 '양들의 큰 목자'라고 합니다. 우리가 양 떼이고, 주님이 큰 목자이시며, 영적 지도자들은 작은 목자입니다. 서신의 마지막 부분인 여기에서 히브리서 기자는 계속하여 목자들, 즉 영적 지도자들의 중요성을 부각하며 그들이 그 목자를 따라야 하는 양 떼임을 강조합니다.

결국 우리 주님을 큰 목자로 세워주신 하나님이 이제 그분 안에서 그들을 모든 선한 일에 온전하게 하여 자기 뜻을 행하게 해 달라고 기도합니다. 그리고 그 앞에 즐거운 것을 이루시길 원한다고 합니다. 여기에서 '자기 뜻'은 하나님의 뜻이고 '그 앞에 즐거운 것'은 하나님이 기뻐하시는 것입니다. 결국 너희 삶이 하나님께 쓰임 받길 원한다는 의미입니다.

우리 삶의 진정한 복은 한 번밖에 없는 우리 인생이 주님께 어떻게 쓰임 받았느냐는 것입니다. 회사에 가면 자기 일이 있습니다. 영업부, 기획부, 비서실 등 어느 부서에서 무슨 일을 해야 할지 자신은 압니다. 그러면 하나님 앞에서는 어떻습니까? 교회에서는 어떻습니까? 우리가 분명히 하나님께 부름 받고, 교회로 부름 받았는데 내가 주를 위해서 뭘 해야 할지, 교회에서 뭘 해야 할지 알고 계십니까? 이 시대에 주를 위해 내가 할 일이 무엇인지 알고 계신가요? 아직도 모른다면 그것을 발견할 때까지 우리 삶은 아무것도 아닙니다. 사회에서 인정해주고 아무리 바쁘게 살아도 내가 왜 부름을 받았는지, 어떻게 하나님께 쓰임 받아야 하는지 모른다면 시간을 잘못 보내는 것입니다. 인생을 낭비하는 것입니다. 오늘 이 히브리서의 마지막 기도가 우리의 기도가 되어야 합니다.

관심을 기울이고 먼저 안부를 묻는 믿음으로 성장하라

"형제들아 내가 너희를 권하노니 권면의 말을 용납하라 내가 간단히 너희에게 썼느니라"(히 13:22).

"권면의 말을 용납하라"는 말은 이 편지를 용납하고 거절하지 말라는 것입니다. 말씀을 받아들이라고 권하는 것입니다. 그러면서 그는 간단히 썼다고 합니다. 사실이 편지의 내용을 보면 엄청 축약했습니다. 자세히 쓰면 얼마나 두꺼울까요? 우리가 이미 살펴보았지만, 이 히브리서 안에 신구약 66권이 다 들어가 있습니다. 엄청나게 방대한 양입니다.

"우리 형제 디모데가 놓인 것을 너희가 알라 그가 속히 오면 내가 그와 함께 가서 너희를 보리라"(히 13:23).

디모데가 감옥에 들어갔다가 나왔다고 합니다. 그의 상황을 자세히 이야기하진 않지만, 당시에는 이것이 주를 섬기는 그들의 삶이었습니다.

"너희를 인도하는 자들과 및 모든 성도들에게 문안하라 이달리야에서 온 자들도 너희에게 문안하느니라"(히 13:24).

히브리서 기자는 너희를 인도하는 자들과 모든 성도들에게 문안하라고 합니다. 인도하는 자를 특별하게 생각합니다. 그리고 서로 문안하라고 합니다. 성도들은 서로 문안해야 합니다. 늘 서로의 안부를 물으며 관심을 가져야 합니다. 서로에게 무관심해서는 안 됩니다. 성숙이란 늘 다른 사람에게 관심을 가질 줄 아는 마음입니다. 다른 사람에게 관심을 가지고 문안할 수 있는 만큼 성숙합니다. 성경을 많이 알아서, 또는 기도를 많이 해서 성숙한 것이 아닙니다. 나에게서 시선을 돌려 내 주변 사람에게 얼마나 관심을 가지는지가 성숙의 지표입니다.

"은혜가 너희 모든 사람에게 있을지어다"(히 13:25).

주님의 은혜가 여러분과 함께하길 주님의 이름으로 축복합니다. 아멘.

“인내로써 우리 앞에 당한 경주를 하며
믿음의 주요 또 온전하게 하시는 이인
예수를 바라보자 그는 그 앞에 있는
기쁨을 위하여 십자가를 참으사
부끄러움을 개의치 아니하시더니
하나님 보좌 우편에 앉으셨느니라”

(히 12:1-2)

깊이 읽는 히브리서 복음

단단한 믿음

믿음이 흔들리는 이들에게

초판 인쇄 2021년 10월 5일
초판 발행 2021년 10월 15일

지은이 이인호
발　행 익투스

기획 정건수 **편집** 김귀분
마케팅 김경환 **마케팅지원** 박찬영
경영지원 임정은 **행정지원** 현지혜
제작 서우석 **온라인마케팅** 박경헌
홍보 김지연 **교정** 최보람

주소 서울 강남구 영동대로 330
대표전화 02-559-5655~6 **팩스** 02-564-0782
인터넷 서점 www.holyonebook.com
출판등록 제2005-000296호

ISBN 979-11-86783-32-0 03230